KB148854

《매사냥의 서》
(바티칸도서관 소장)

se inveniret nisi ad certum locum. Expectant se invicem aliquando in locis prope nidum suum consuetum, qui a quibusdam area dicitur. Pluries etiam visus est mas prius venisse ad nidum expectans illic feminam per multos dies quousque veniret. Et similiter femina expectat marem, et aliquando simul veniebant ad nidum. Antiquibus ves omnes regionibus et loca rapaces nidificans nidificant in septimo clima sexto quinto et quarto climate. Et credimus quod in aliis climatibus nidificent. Alie autem in uno climate et alie in alio. Girofalci autem quia sunt maiores fortiores audaciores et velociores omnibus aliis falconibus, ideo primo de ipsis tamquam de dignioribus tractare volumus et subsequenter de aliis speciebus falconum. Nidificant autem girofalci in fine septimi climatis et ultra in rupibus altis, videlicet in fixuris, criptis, foraminibus saxorum montium. Quorum quidam nidificant in saxis remotis a maritima, et quidam in rupibus propinquis maritime. Et isti sunt meliores et nobiliores illis qui nidificant in remotis a maritima. Et quidam nidificant in insulis maris septemtrionalibus, scilicet in altis rupibus ipsarum, videlicet in quadam insula que est inter Norwegiam et Gallandiam, et vocatur theutonice Ysslandia, et latine interpretatur contrata seu regio glaciei. Et isti sunt meliores omnibus aliis. Girofalco enim dicitur a iero quod est sacer, inde gerofalco id est sacer falco, vel a gyri quod est dominus, inde girofalco id est dominus falco secundum grecam linguam. Circa septimum clima non nidificant neque morantur etiam, neque elongantur ab ipso versus sextum quintum aut quartum. Sed a septimo climate ultra versus polum articum nidificant et morantur. Falcones vero sacri nidificant in minus frigidis regionibus quam girofalci, que nidificant in septimo climate et circa, et frequentius in Britania et Bulgaria. Audivimus etiam quod ubi nascuntur nidificant super arbores, quia in partibus dictis non sunt montes sed arbores tantum. Credimus tamen quod si in dictis regionibus essent montes libentius in rupibus nidificarent, cum sint de genere falconum. Falcones autem qui dicuntur gentiles peregrini nascuntur in septemtrionalibus regionibus valde longinquis ultra septimum clima prope occeanum, et nidificant in insulis septemtrionalibus et in altis locis sicut nidificant girofalci. Falcones autem absolute gentiles nascuntur

a septimo climate uersus regio
nes meridionales. et nidificant sic
et peregrini. Peregrini uero dicuntur
quasi de pelago uenientes pro eo quod
ueniunt a remotis. et per oceanum
transeunt. dicunt autem multi quod
falcones gentiles peregrini. et falco
nes absolute gentiles sunt due
diuerse species falconum et non una. Vi
dent enim maiorem diuersitatem inter
gentiles peregrinos et gentiles
absolute. quam inter peregrinos ad
inuicem. et quam inter gentiles ad
inuicem. uidelicet quod peregrini tardius
mutantur. et maiores et pulcriores
sunt. Nos uero nullam uidentes
substancialem differentiam inter
ipsos. dicimus quod sunt una species
falconum non diuerse. sed sunt similes
et propinqui. et utrique gentiles. Di
uersitas uero que est inter ipsos ac
cidit propter diuersitatem regionum in
quibus nascuntur. Nam peregrini
tardius mutant. quia tardius nas
cuntur. tardius autem nascuntur
et maiores. et pulcriores sunt propter
frigiditatem locorum in quibus nas
cuntur. Diuersitas enim regionum colorum
et morum non facit homines aut a
nimalia esse diuerse speciei.
Falcones autem laynerii nidifi
cant in omnibus climatibus et in
locis predictis sic et alii falcones et
sic nidificant in illis regionibus
in quibus sacri. nidificant in arbo
ribus sicut et sacri. Predicte uero
species falconum generaliter nidifi
cant in rupibus altis et in locis
predictis. ut aues quas capere uo
lunt pro pastu suo et pullorum suorum
quasi et pullolentiam longi uolatus
quem habent acquirunt facilius inde
ant et auantagium habeant
capiendi eas et quod homines et alie a
ues rapaces seu animalia alia
ipsos offendere nequeant. De acci
ustures et pitribus
A nisi nidificant in omnibus
climatibus in nemoribus
uidelicet supra arbores et quanto sunt
magis ime tanto credunt esse au magis imae
daciores. Et communis opinio est
quod hoc faciant quia capiunt ma
gnas aues. ut eas ad nidum fa
cilius deferant. et in conuallibus. ut
predam quam capiunt in locis
altioribus circum circa nidum ad ni
dum suum uolando a sursum de
orsum facilius ferant. immo quando ca
piunt predam in planis aut in
conuallibus. ipsam licet cum labore tra
hunt. et deferunt trahendo ad
locum altiorem nido. et de illo lo
co uolant descendendo ad nidum
facilius cum preda. et propter aquas
que plus sunt illic quam in altis
locis. precipue tempore sue ni
dificationis estiuo scilicet tunc quando
illas aquas frequentant alie aues
propter potum balneum ipsorum. et sic no

ostendat ei carnes ab alto ante
faciem falconarii ut falco con
volet desiderio comedendi et
se diverberet ad altum ubi sint
carnes. Alio modo ut quotiens
volet falconarius ponere falco
nem ad sedendum super perticam
altam ponat tergum suum
a parte pertice inter perticam sci
licet et falconem et replicet ma
num suam in qua portat fal
conem ad anterius pectoris
tantum quod falco videns perticam
et affectans volare in eam di
verberet se illuc. Sic enim assue
scet diverberare se versus fa
ciem falconarii. Hoc autem modo
faciet falconarius si pertica erit
altior suo capite. Si vero non erit
altior capite suo, humiliet se
falconarius tantum quod pertica su
persit capiti suo. Ex hoc assuescet
diverberare ad altum et videre
faciem hominis. Hoc autem
faciat falconarius frequenter in
die, non tamen totiens quod cedat
ad superfluum laborem falconis.
Alio autem modo docebitur falco
diverberare se versus faciem
hominis, quando enim falco stans super ma
num in domo aspicit ad fene
stras domus et ad cetera loca
domus luminosa falconarius
vertat dorsum suum ad illa lo
ca. Ex hoc namque accidet quod se
diverberabit ad illa loca ad faci
em hominis et sursum se di
verberabit, in quo assuescet
meliorem diverberationem. In
istis vero tribus modis falconis
diverberantis se falconarius
consentiat falconi cum manu
sua sequendo ipsum, nam frigidam
tenet manum noceret renibus
et coxis falconis. Alio modo
docetur etiam falco diverbera
re se ad altum hoc modo: si plures
sunt fenestre in domo obtu
rentur omnes preter unam et il
la una sit opposita pertice vel
sedi quibus alligandus est falco
et sit illa fenestra altior quam per
tica vel sedes statuenda est.
Ergo pertica vel sedes in tali lo
co domus quod opponantur lu
mini alto. Sic enim falco pertice
alligatus seu sedi, capite suo
existente versus illud lumen
desiderans exire ad aerem li
berum libentius se diverbe
rabit ad illud lumen et esto
quod se non diverberet stabit
erectus super pedes suos. Sic enim
faciendo falco dimittet alias
diverberationes malas et assu
escet bonas. Unde iste diver
berationes bone quas quas as
suescet vertentur per consue
tudinem in quandam naturam
et ex hac consuetudine amabit

diuerberare se ad altum. In ce-
teris suis omnibus diuerberationibus
huiusmodi diuerberare minus est
nocivum ei. Quando vero diu-
berat se in longitudine brachii
versus humerum, falconarius sic
plicet brachium et manum ad
faciem suam sic vertat se quod o-
porteat falconem vertere se ver-
sus faciem. et tunc retrahendus
erit cito ad manum super quam sta-
bat quemadmodum quando diuerberabat
se versus faciem. Et quando diuer-
berat se per longitudinem manus
extra manum scilicet falconarius ver-
tat se et manum suam retrahat
taliter quod per giramentum suum fal-
conem oporteat esse versus
aliud latus falconarii. et tunc
cito retrahat falconem ad ma-
num quemadmodum in diuerberatione
fit que est de uno latere ad ali-
ud. Si autem falco diuerberat
se versus aliud latus ut minus
noceat ei, falconarius debet
assentire falconi cum manu por-
tante ipsum. quam manum lassam
et assentientem falconi teneat
non rigidam: quod est prodest
in omni diuerberatione: postea
debet retrahere manum eandem
suauiter et cito. in loco in quo pri-
mo erat dum portabat falco-
nem. et si falco diuerberauerit
se ad altum. faciet hoc modo.

Adsentiet cum manu. et post
retinebit eam. quoniam in retrahendo
falconem falco descendet facilius
Sed si diuerberabit fuerit se falco in-
ter sursum et deorsum oportebit
ut declinet manum. Nam falco
conuenientius retrahetur ad ma-
num si subierit pedibus suis. et si
diuerberauerit se in deorsum. primo
consentiet ei cum manu. et de-
inde aliquantulum eleuet manum
ut cum adiutorio ipsius manus sub-
leuantis et attrahentis falconem
melius et altius se releuet. et post-
quam se releuauerit humilietur
in tantum manus quod subsit fal-
coni. falco enim rediens ad sur-
sum in deorsum conuenientius
semper redit super manum. quod autem
dictum est de consentiendo falconi
cum manu. et de submittendo ma-
num eandem de eleuando ubi expe-
dit. et de retrahendo falconem. fal-
conarius sine mora faciet et quanto
citius poterit. mora enim in talibus
trahit a se periculum. contra illud vero
quod dictum erat si consuetus esset
portari in una manu. et altera
iuuat assuescere portare falco-
nem super utramque manum. quoniam ad-
iscet facere diuerberationes de
utraque manu ad aliud latus et
non ad posteriora manus. Quan-
do vero falco diuerberabit se ad
posteriora manus oportebit fal

qua timere solebat [illegible]
um cont̃ ea que fiunt [illegible] ascen
ditur sup equũ est [illegible]
tiratorium quotiens ascendit
sup equũ · & falconarius ascen
dat sup equũ · q̃nto firmius po
terit · illo modo qui dictus est
sup̃ · Cont̃ uõ ea que facit
sup manũ equitantis ẽ q̃ fal
conarius sit sollicitus & atten
tus preparere omnia de quibz ti
mere potest falco & porrigatur
tiratorium falconi prius q̃ p̃
ueniat ad gradum timoris · In
test[illegible] etiam de equo porriga
tur [illegible] prius tiratoriũ carno
sum · Cont̃ inquietatiões
& diuerberatiões fiat sm̃ qd
dictũ ẽ sup̃ · In balneando uõ
fiat quicquid dictũ ẽ blandian
do ei cum tiratorio & cum aliis
q̃ dicta sunt quousq; assuefiat
ad balneandum se ppe hõiem ·
Illi autem falconi qui male mã
suefactus ẽ ut timeat de facie
hõis & de aliis rebz suspdc̃is · et
tamẽ bñ portatus ẽ · ciliẽtur
oculi · & fiat quicquid suspdc̃m
ẽ in capitulo assuefaciendi fal
conem · ad uidendũ faciem hõis
& ad cetera · Illum autem qui
bñ portatus ẽ · & male mansue
factus · tm̃ q̃ timeat de facie ho
minis & de ceteris & etiam de
fatigatus ẽ ex longo itinere

[illegible]poter ciliare aut totalit̃ aut
usq; ad medietatem oculoz scd̃m
agrestitatem quam habebit nã
si multũ erit agrestis totaliter
ciliabitur · si parum erit agre
stis ciliabitur usq; ad medieta
tem oculoz · & debet poni ad q̃
escendum sup sedem interim
faciendo ea que diximus · Nam si
macer est debet impinguari
non tamẽ q̃ p pinguedinem re
deat ad agrestitatem & postq̃m
sufficient̃ quieuerit mãsuefiat
eo modo qd exigit agrestitas sua ;
Illum autem falconem qui nõ
ẽ male mansuefactus neq; ti
midus ad faciem hõis & ad ce
tera · sz tamẽ eo q̃ portatus est
longo itinere · & q̃nq; ẽ de illis
qui naturalit̃ se diuerberant est
fatigatus debemus ponere in
domo obscura ad quiescendum
et si p hoc non cessabit ab inqui
etatõibz suis neq; quietem re
cipiet · debet ciliari · & debet ei
succurri diuerberatõibz suis
factis & faciendis q̃admodum
dictũ ẽ · Illi autem qui nãliter
diuerberant se multũ defatiga
tur plus longo itinere q̃m ce
teri · [illegible] ex itinere · & ex suis
diuberatõib; suis se multũ fa
tigant · & hoc accidit pluribz
eoz ex eo q̃ a principio mãsue
factõnis fuerit minus mansue
ficati ·

Capitulum d' signis falconu3
male portatorum

alco uero qui p longum iter
male portatus ē ul' diu ma
le portatus ē facit hec signa.
tenet alas dimissas cauda non
descendit in directo dorsi. appodi
at se sup manū cū cauda sua
7 uerberat manū cum cauda.
Cauda facit gimbum in loco
in quo continuata ē dorso non
tenet pēnas caude recollectas
īuicem neq3 coadunatas non
tenet pedes equalr̄ distantes
firmat se sup unū pedem pl9
q̄m sup alium. stringit cum
pedib3 manū portantis. si co
moueat' manus sup quam ē.
non audet cōmutare pedes su
os. s3 apprehendit strictius ma
nū. timens ne cadat. excutit
se 7 diuerberat debilit' nō fla
gellat alis. set extendit q̄nq3
unam alam. q̄nq3 aliam. q̄nq3
ambas 7 caudā simil'r. tenet
oculos lassos 7 claudit q̄nq3
unū q̄nq3 ambos. hec s' signa
que facit sup manū. 7 similia
facit q̄n sedet sup perticas aut
sedile. plures diuerberatōnes
7 inquietatōnes erūt ī falcone
qui consuetus erat bn̄ portari
q̄n stabit sup manū mali por
titoris q̄m in illo falcone qui
semp male portatus ē q̄ndo

stabit sup manū mali portito
ris. Ille enim tamq̄ non usus
malo portitore nescit eē sup
manū mali portitoris 7 facit
omnia suprad̄ca 7 diuerberat se
q̄uis sit de illis falconib3 qui
naturalit' parum se diuerberant
7 diuerberando deicit se d' ma
nu mali portitoris. cum non
libent' stat sup manū ē. hic
autē tamq̄ deuictus 7 d'fess9
7 usus malo portitore sust
net sua mala. signū autem
certum 7 euidens q' falco di
uerberat se 7 inquietat ex
malo portamento eius. q' q̄n re
dit de manu mali portitoris
ad manū bn̄ portantis excu
tit se sup manū boni porti
toris 7 quiescit postmodum
in ea q̄admodū d' manu bn̄
portantis ad perticam ul' ad se
dile excutit illic se. p qd' ex
cutere īnuit q' mēbra q̄ erāt
fatigata reaptat 7 pēnas col
locat que fuerant d'sitate
ex malo portitore. in pertica ē
aut sedili facit hoc idem li
bent' p eo q' pertica 7 sedile
firmiora s̄ sibi q̄m manus
quecūq3. Illi qui male por
tatus ē 7 tn̄ adeo ē bn̄ man
suefactus q' non ē timendū
neq3 d' facie hominis neq3 de
aliis reb3 suprad̄cis remediu3

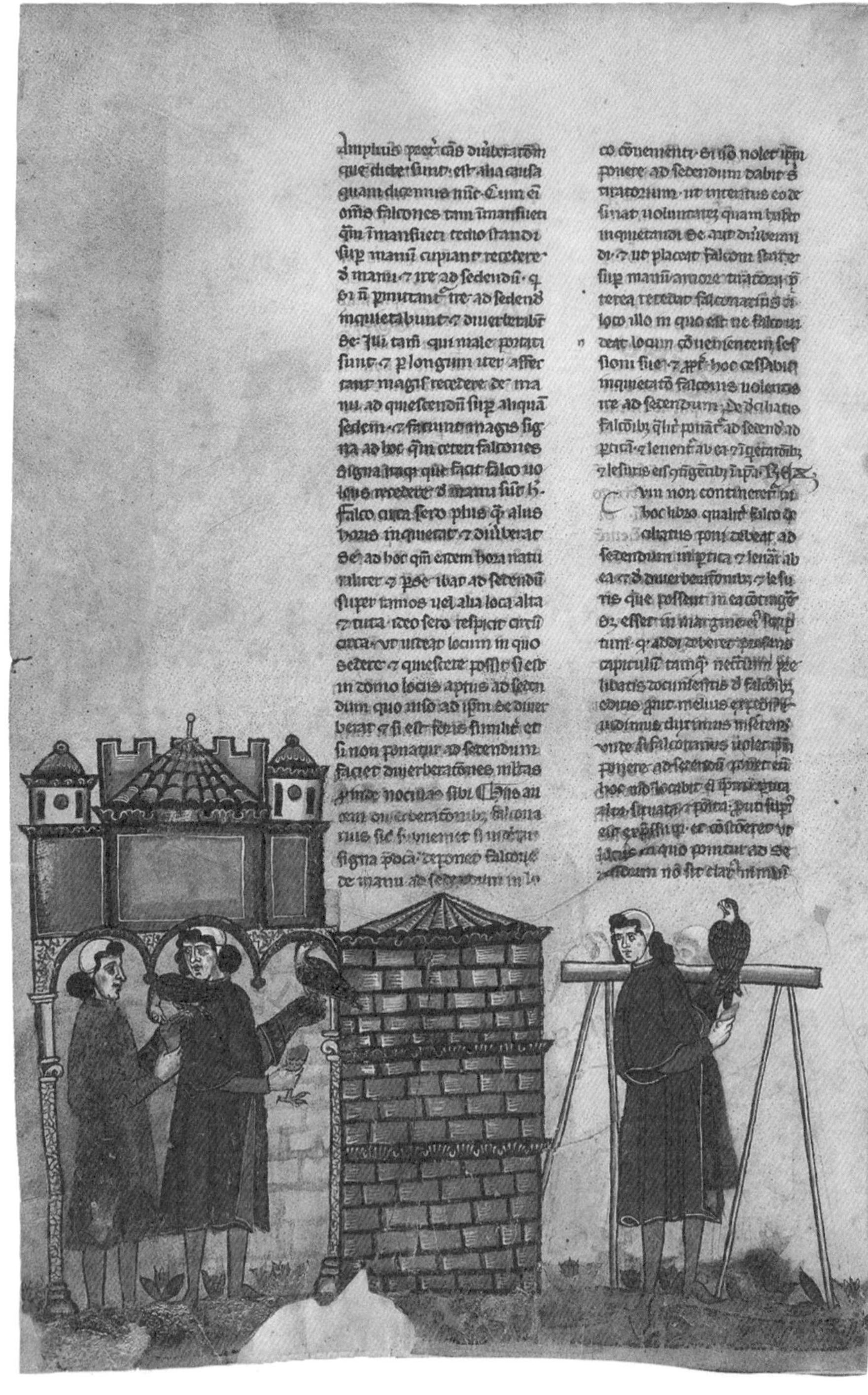

황제 프리드리히 2세의 생애

하

KOTEI FRIEDRICH NISEI NO SHOGAI by Nanami Shiono

Original Japanese edition published in 2013 by SHINCHOSHA Publishing Co., Ltd.
Korean translation rights arranged with SHINCHOSHA Publishing Co., Ltd.
through Korea Copyright Center Inc.

황제 프리드리히 2세의 생애 하

중세의 '화려한 반역아', 황제 프리드리히 2세의 일생

시오노 나나미 지음
민경욱 옮김

서울문화사

차례

/

/

7장 모든 것은 콘스탄티누스 대제에서 시작되다

간주곡 intermezzo

8장 격돌 재개

9장 그 후

프리드리히 2세 시대의 유럽
잉글랜드 왕국
북해
런던
도버해협
프리슬란트
신성로마제국
포메른
브란덴부르크
라인강
작센
브뤼셀
마이센
로렌
아헨
쾰른
튀링겐
슈라이센
마인츠
프랑켄
파리
보헤미아
하게나우
뉘른베르크
레겐스부르크
오스트리아
프랑스 왕국
콘스탄츠
바이에른
빈
도나우강
슈바벤
슈타이어 마르크
티롤
부다페스트
케르텐
밀라노
프리울리
리옹
토리노
파비아
베네토
부르고뉴 (아를왕국)
롬바르디아
베네치아
라벤나
제노바
볼로냐
피사
토스카나
안코나
교황령
아드리아해
코르시카
로마
포자
바를레타
카푸아
풀리아
바리
나폴리
브린디시
아말피
살레르노
발레아레스제도
사르데냐
티레니아해
시칠리아왕국
N
팔레르모
지중해
몬레알레
메시나
레조·칼라브리아
0
250km
튀니스
시라쿠사
이오니아해

7장

-

모든 것은 콘스탄티누스 대제에서 시작되다

1238년으로 해가 바뀐 1월, 프리드리히는 평소대로 일찌감치 활동을 재개했다.

이제 북서부 이탈리아까지 평정하기로 했기 때문이다. 이 일이 잘만 진행되면 지난해의 성과인 북동부 이탈리아를 비롯해 베네치아공화국을 제외한 북부 이탈리아 전역을 황제의 영토로 확립할 수 있다. 또 그렇게만 되면 북쪽에서도 교황령과 국경을 접하게 된다. 남쪽은 이미 국경을 맞대고 있으므로 북과 남 양쪽에서 교황이 있는 로마를 압박하는 상황을 실현할 수 있다. 그러면 로마 교황을 종교에만 전념하게 할 수 있다. 하지만 그러려면 코르테누오바 전투 이후 황제에게 순종하기로 맹세한 코무네에 대한 지배를 하루빨리 확고히 할 필요가 있다.

황제와 코무네

/

/

프리드리히는 군사력으로 압박하기보다 남부 이탈리아와 독일에서 효과를 봤던 '디에타'를 수단으로 활용할 생각이었다. 그러니까 각 도시를 순회하며 개최지뿐만 아니라 근처 코무네 대표까지 소집하는 회의에서 황제의 지배권을 인정하게 하는 방식이다.

1월, 우선 파비아에서 개최한 '디에타'에는 개최지인 파비아뿐만 아니라 노바라, 베르첼리의 대표 전원이 참석했다.

2월, '디에타'는 토리노로 장소를 옮겨 재개된다. 그곳에는 토리노만이 아니라 토리노와 가까운 사보나와 쿠네오, 그리고 다른 코무네 대표까지 모두 나타났다.

그리고 이달 말, 그때까지 입장을 밝히지 않았던 피렌체가 황제가 보낸 특사와 교섭 끝에 황제가 파견하는 '포데스타(장관)'를 받아들이겠다고 알려왔다.

이 시점에서 동맹 측이라기보다 밀라노 측에 남은 자치도시는 알레산드리아, 피아첸차, 브레시아, 볼로냐까지 4개뿐이었다. 롬바르디아 동맹의 리더인 밀라노를 고립시키는 포위망은 점점 좁아지기만 했다.

3월, 마침내 밀라노는 로마 교황 뒤에 숨는 과거의 전략을 바꿔, 그들이 먼저 황제에 강화를 신청했다. 코르테누오바에서의 완패로부터 석 달이 지나 있었다. 밀라노는 그 전투에서 군사력 대부분을 잃었다. 유럽에서 파리의 뒤를 이어 많은 인구를 거느리고, 이탈리아에서는 최대 인구를 자랑하던 밀라노라도, 코르테누오바에서 잃은 전력을 보충하는 일은 어려웠을 것이다. 모든 연구자가 밀라노의 군사력은 코르테누오바로 괴멸되었다고 적고 있다.

그래도 밀라노인의 강경한 태도만큼은 변하지 않았다. 특사가 꺼낸 말이 무조건 항복이 아니라 조건부 항복이었기 때문이다. 한마디로 정리하면 '콘스탄츠 강화' 당시로 돌아가자는 말이었다. 구체적으로 열거하면 다음과 같다.

하나. 밀라노는 황제에 항복하고 앞으로 순종을 맹세한다.

둘. 밀라노의 상징인 밀라노시의 깃발을 황제에게 바친다.

셋. 제2차 롬바르디아 동맹은 해산한다.

넷. 황제가 다시 십자군을 이끌고 원정할 때는 밀라노가 모든 비용을 부담하고 1만의 병사를 제공한다.

다섯. 밀라노 영내로 추가했던 두 개 지방을 포기한다.

여섯. 쌍방 모두 포로를 반환한다.

일곱. 이후 밀라노는 자국 병사를 지휘하는 사령관에 황제가 임명하는 사람을 앉힌다.

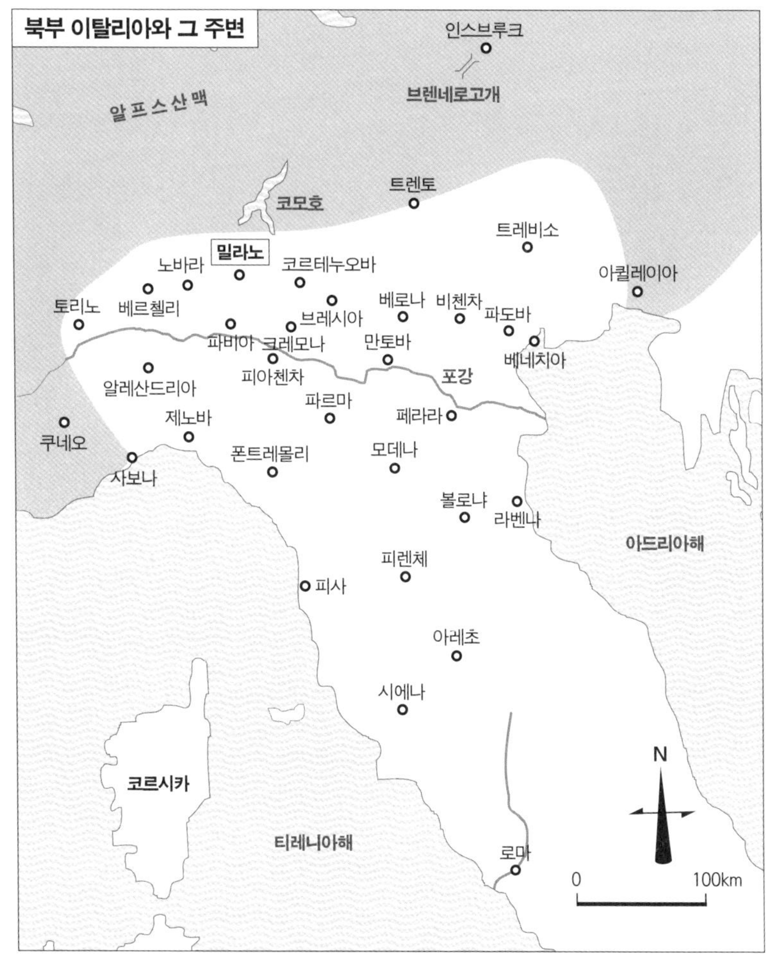

여기까지가 밀라노가 받아들이겠다는 항목인데 이제부터는 동맹 측, 즉 밀라노가 황제에게 요구하는 항목이다.

하나. 황제는 이후 황제에 대해 봉기한 코무네를 용서하고 반란분자로 처우하지 않는다.

둘. 황제는 코무네에 대해 도시 전체를 둘러싼 성벽과 탑의 유지를 인정한다.

셋. 황제는 도시 밖에 있는 성과 농원의 유지도 공인한다.

넷. 황제는 행정권과 사법권은 코무네 측에 둔다는 '콘스탄츠 강화' 당시의 협정을 재확인한다.

특사의 조건을 끝까지 들은 프리드리히는 화내는 대신 웃음을 터뜨렸다고 한다. 그리고 웃으면서 특사에게 회답했는데 뭐라고 대답했는지 알려주는 사료는 남아 있지 않다. 그러니 상상하는 수밖에 없는데, 그의 논리 전개 방식과 기질을 고려해 창작해보면 다음과 같았을 것이다. 황제는 이렇게 말한다.

"일단, 항복은 대패했으니 당연하고, 내게 순종을 맹세한다는 것도 북부 이탈리아는 황제의 영토니 지극히 당연한 말에 불과하다.

밀라노의 도시 깃발을 내놓겠다고 하는데 코르테누오바에서 많이 획득했으니 더 줘도 처리가 곤란하다.

롬바르디아 동맹을 해산한다는데 그것은 내게 저항할 목적으로 결성한 동맹이다. 그런 내게 강화를 신청하러 왔으니 굳이 말할 필요도 없이 당연히 해산해야 할 것이다."

프리드리히는 특사가 꼽은 네 번째 항목에 대한 대답은 피했을 것이다. 제6차 십자군 당시에 그 자신이 적장 알 카밀과 맺은 강화로, 예루살렘이 그리스도교도 측에 돌아온 지 10년이 지났다. 게다가 이 상태는 갱신될 가능성이 컸다. 알 카밀은 그해 죽었으나, 그의 뒤를 이은 술탄과도 프리드리히는 우호 관계를 이어갈 생각이었다. 그런 그에게 새로운 십자군을 이끌고 원정할 마음 같은 건 애당초 당연히 없었다. 하지만 이 시대는 십자군에 관심 없다는 것만으로도 그리스도의 적이 될 수 있었다. 중세의 공인에게 십자군 원정은 신중하게 대답해야 하는 문제였다. 황제의 대답은 이어진다.

▶ 황제 프리드리히 2세

"밀라노 근교의 두 개 지방 영유권을 포기한다고 하는데 그곳은 이미 우리에게 있다.

또 쌍방이 모두 포로를 반환하자는 것도 포로는 우리에게만 있으니 쌍방이라는 말은 실태를 반영하지 못하고 있다.

밀라노군의 총지휘를 맡을 사람을 내 임명에 맡기겠다는데 사령관에는 부장을 비롯해 항상 적지 않은 수의 사람이 필요하다. 밀라노가 그 전원을 받아들일 마음이 있다면 생각해볼 용의가 있다.

그리고 내게 인정하라는 사항인데 첫 번째로 꼽은 내게 대항한 북부 이탈리아인을 반란분자로 보지 말라는 것, 이는 너희들이 하기에 달린 것이므로 내가 대답할 문제는 아니다. 둘째로 성벽 등의 방어 시설을 존속하겠다는 것은 시민 안전을 위한 것이니 이의는 없다. 시외의 성과 농원도 사유재산을 존중하는 게 내 신조이므로 인정하는 데 문제는 없다.

그러나 세제를 포함한 행정과 법치국가 확립에 꼭 필요한 사법은 코무네 측의 자치를 인정할 수 없다. 이것들은 최고 통치자인 황제의 권리다."

조건부 항복을 요구해온 밀라노 측에 대해 프리드리히가 요구한 것은 굳이 말하자면 무조건 항복이었다. 밀라노의 특사는 한 발짝도 물러나지 않는 황제에게 이런 말을 내뱉고 떠났다.

"교수대에서 죽기보다 전쟁터에서 죽기를 선택하겠다!"

이때 특사가 내뱉은 말이, 롬바르디아 동맹이 황제에 의한 중앙집권화에 대항해 봉기한 자유인 집단이었다는 해석의 근거가 된다.

그러나 자유의 깃발 아래 집결했다는 코무네라 불린 자치도시는 자치도시 내부와 다른 자치도시와의 항쟁으로 에너지를 소비한 결과, 이후 백 년도 지나지 않아 자취를 감추었다. '시뇨리아Signoria'라 불린 참주가 통치하는 정치체제의 국가에 흡수되어 코무네 대부분이 사라지는 것이다. 13세기까지는 '코무네의 시대', 14세기부터는 '시뇨리아의 시대'가 중세에서 르네상스로 향하는 이탈리아의 역사다.

북부 이탈리아는 북서부 밀라노와 북동부 베네치아 두 나라로 통합된다. 밀라노는 공작이 다스리는 군주국으로, 베네치아는 소수가 지도할지라도 공화국을 유지하는데, '시뇨리아의 시대'는 내부 항쟁을 중단하고 국내 질서를 확립한 가운데 시민의 활력을 전면적으로 발휘했다는 점에서, 즉 정치의 안정을 중요시했다는 점에서 군주정과 공화정의 차이점은 없었다.

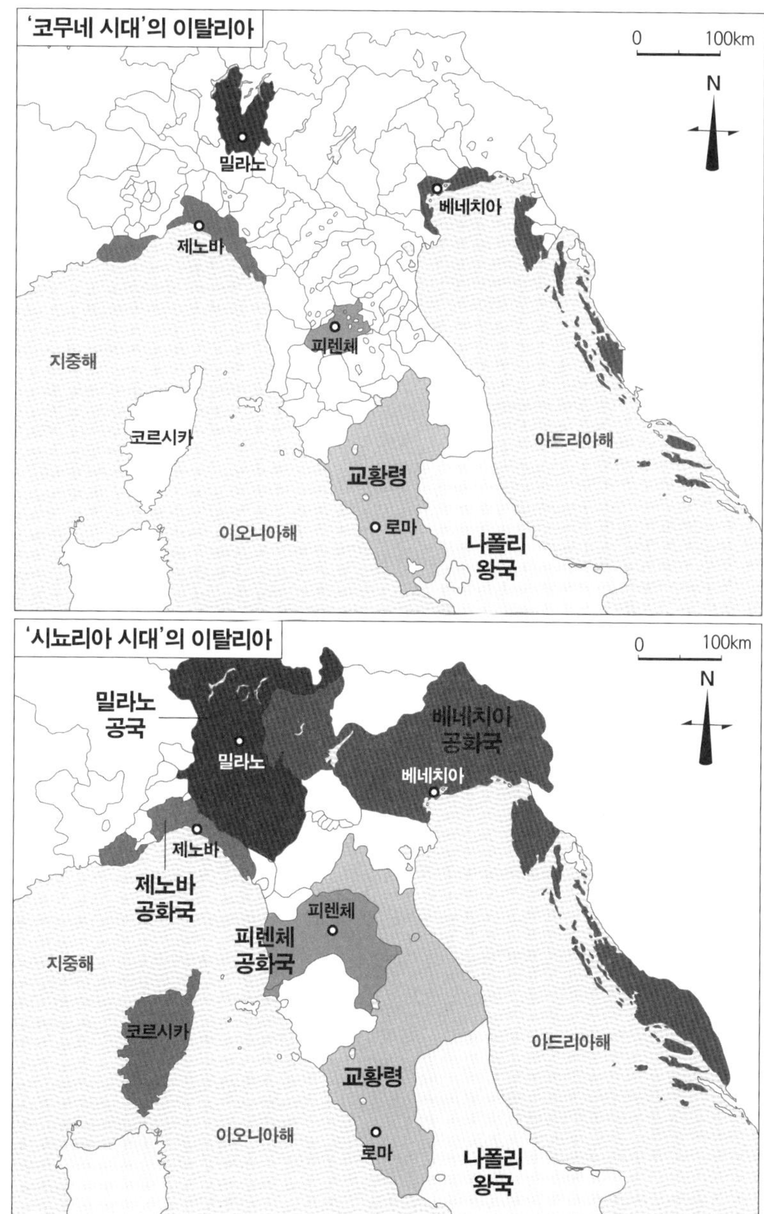
'코무네 시대'의 이탈리아
0
100km
N
밀라노
베네치아
제노바
피렌체
지중해
코르시카
아드리아해
교황령
로마
이오니아해
나폴리
왕국
'시뇨리아 시대'의 이탈리아
0
100km
N
밀라노
공국
밀라노
베네치아
공화국
베네치아
제노바
제노바
공화국
피렌체
피렌체
공화국
지중해
코르시카
아드리아해
교황령
로마
이오니아해
나폴리
왕국

프리드리히의 일관된 생각이었던 '프리드리히에 의한 평화Pax Fridericiana'는 백 년 뒤가 되면 그의 견해가 옳았음이 증명되는 것이다. 그의 시대에 그토록 반항했던 북부 이탈리아 사람들마저도 받아들였으니까.

그 시대가 오려면 아직 먼 1238년 봄, 황제 프리드리히와 밀라노 사이에서 이루어진 교섭은 결렬되었다. 나는 결렬될 만했다고 생각한다.

왜냐하면, 이 둘의 대립은 인간 세계의 영원한 과제이기도 한, 자유가 먼저인가, 아니면 질서가 먼저인가로 단순하게 정리할 수 없는 문제였기 때문이다. 신성로마제국과 코무네라는, 매우 중세적인 역사적 현상에서 일어난 대립이었다.

프리드리히는 북부 이탈리아까지 포함한 자신의 제국, 즉 신성로마제국을 정치, 외교, 군사, 사법, 경제까지 아울러 황제에게 최종 결정권이 있는, 법에 근거한 중앙집권국가로 바꾸겠다는 생각을 실행에 옮겼다.

한편 코무네(자치도시)는 이 모든 것을 스스로 결정하길 원하고 그것을 인정하라고 황제에게 요구한 것이다.

지방분권이라도 이제 고대 로마와는 다르다. 로마제국은 '무니치피아'라는 지방자치단체에 자치권을 인정했는데 그것은 지방자치단체의 내부 행정에 한한 것이다.

반면 북부 이탈리아 코무네가 황제에 공인을 요구한 것은, 지방자치라기보다 국가의 자치다. 게다가 '롬바르디아 동맹'이라는 북부 이탈리아 전역이 '국가'인 게 아니라 그에 참여한 코무네 하나하나에 국가 수준의 자치권을 인정하라고 요구한 셈이다.

롬바르디아 동맹은 프리드리히의 할아버지 붉은 수염 황제에 대항해 결성한 제1차에서도, 손자인 프리드리히에 대항해 출범한 제2차에서도 공통의 정치 이념을 실현하려고 결성한 동맹이 아니다. 순수한 군사 동맹이다. 현대 일본의 '현'으로 비교해보자. 코무네의 규모가 미국의 '주'보다 일본의 '현' 정도이기 때문이다. 일본의 '현'이 외적으로부터 자신을 지키는 데 필요한 방위상의 문제 해결만은 중앙정부에 협력하겠지만, 그 이외의 모든 부분은 '현'이 결정하겠다고 하면 지방분권을 충분히 이해하는 현대 국가의 중앙정부라도 어떻게 대답했을까.

8백 년 전인 중세 후기에도 지방분권의 틀을 뛰어넘는 체제의 문제가 된 것은 마찬가지였다. 황제 프리드리히가 기존의 '자치권'이 아니라 '자결권'을 요구해온 밀라노에 대해 한 발짝도 물러서지 않은 것도 당연하다. 인정하면 자기만의 '팍스'를 달성하겠다는 생각을 스스로 부정하는 셈이니까. 그리고 그것은 신성로마제국 자체의 와해로 이어질 것이다.

교섭이 결렬되자마자 프리드리히는 밀라노 공격에 나섰어야 한다고 주장하는 연구자가 적지 않다. 하지만 문제는 그리 간단하지 않았다.

수많은 역사적 사실을 수집해 추리한 바에 따르면 이 시기 밀라노의 총인구는 8만에서 9만이었다. 그렇다면 무기를 들고 전장에 나갈 수 있는 사람은 그 5분의 1인 1만 8천이 된다. 여기서 코르테누오바에서 잃은 5천을 빼면 남은 병역 담당자는 1만 3천이 된다. 하지만 황제가 밀라노를 공격한다는 사실을 알면 바로 밀라노의 동지인 베르가모와 피아첸차를 비롯한 반황제파 코무네도 응원하러 올 테니까 쉽게 1만 3천의 두 배쯤으로 불어날 것이라 보는 게 현실적이었다.

황제군은 지난해 11월의 코르테누오바에서는 완벽하게 승리하고 전혀 손실도 없었으니 1만 5천을 그대로 투입하면 되지 않느냐고 생각할지 모른다. 하지만 이에 대해서는 나중에 설명할 텐데 실상은 그럴 수 없었다. 지난해 말에 황제군은 잠시긴 하나 해산했기 때문이다.

밀라노는 '메디올라눔'이라고 불리며 고대 로마 시대부터 북부 이탈리아의 주요 도시로 중요시되었던 터라, 그 시대에 부설된 지 1천 년이 넘었으나 중세 후기까지도 충분히 기능한 가도가 네 개나 집중되어 있었다. 그 가운데 둘은 밀라노의 동지인 베르가모, 피아첸차를 통과했다.

성벽으로 둘러싸인 대도시의 공략은 도시 전체를 주변과 격리하지 않으면 성공할 수 없다.

프리드리히는 지금 밀라노를 공격해봤자 성공할 가능성은 적다고 보지 않았을까. 밀라노 측이 황제와의 교섭에서 강경한 태도를 고수한 것도 이런 사실, 즉 밀라노가 지닌 이점에 근거한 것이었을 것이다.

그러나 프리드리히는 밀라노와의 협의가 결렬되었다고 해서 손 놓고 가만히 있는 것 또한 용납할 수 없었다. 지난 2년간 얻은 성과마저 무위로 돌아갈 위험이 있기 때문이다. 북부 이탈리아의 코무네가 지금은 황제에 복종하고 있지만, 황제가 약점을 드러내면 곧장 밀라노 측으로 돌아설 위험도 있었다. 또 프리드리히라는 사람 자체가 죽으면 죽었지 아무것도 하지 않고 가만히 있을 수는 없는 남자였다. 밀라노 공격이 어려운 일이라면 브레시아를 공격하기로 한 것이다.

브레시아 공방

/

/

이 시기 브레시아의 인구는 4만이었다는데 전력으로 쓸 수 있는 남성의 숫자는 8천 전후였다. 하지만 코르테누오바 전투에서 생긴 다수의 사상자와 포로로 인해 남은 전력은 6천을 밑돌았을 것이다.

게다가 고대에는 주요 도시가 아니었던 브레시아인지라 베로나와 베르가모를 연결하는 가도 중간에 있었으므로 베로나가 황제 측에 있는 이상 베르가모 쪽 길만 폐쇄하면 보급로를 막을 수 있다. 이리하여 공략 상대를 브레시아로 정했으나 당장 군대를 보내 공격을 시작하지는 못했다.

고대 로마에는 상설 군사력이라는 개념이 있었고, 그것이야말로 로마제국의 군사력을 압도적으로 강하게 만들었던 진정한 요인이었다. 하지만 이 개념도 고대 로마에는 있었으나 중세에는 완전히 사라진 것 가운데 하나다. 중세의 전쟁이란 왕이나 제후에 가신 서약을 한 소수의 기사를 제외하면 전쟁 때마다 병사를 모아 새로 편성한 군대를 이끌고 싸워야 했다.

밀라노도 브레시아도 상설 군사력이 없다는 점은 프리드리히와 마찬가지였다. 하지만 그들은 같은 도시에 사는 사람을 불러 모아 군대를 편성한다. 반대로 프리드리히는 멀리 독일과 남부 이탈리아에서 모아야만 했다. 코르테누오바 전투에서 승리하고 크레모나로 개선한 뒤 돈을 주고 군을 해산한 것도 이 때문이다.

참고로 상비군의 중요성을 고대 이후 처음으로 인식한 사람은 르네상스 시대 사람인 마키아벨리다. 피렌체공화국의 관료였던 그는 용병에 의존하는 조국 피렌체의 방위 전략에 반대해 국가는 자신만의 군사력으로 지켜야 한다고 주장했다. 하지만 일개 관료에 불과했던 그는 결정권이 없었다. 그래도 끈질기게 주장해 결정권자를 설득한 끝에 4백이라는 소규모 일지언정 상비군 마련을 실현했다. 하지만 이것도 시청사 앞 광장에서 이루어진 퍼레이드로 끝나고 만다. 병사는 필요할 때 돈을 주고 모으는 것이라는 사고방식은 그 뒤로도 오랫동안 이어졌다. 이 상태가 결정적으로 바뀌려면 나폴레옹까지 기다리는 수밖에 없다.

프리드리히에게도 상설 군사력 비슷한 존재는 있었다. 6천에서 7천 정도였다는 사라센인 궁병이다. 하지만 상설 군사력이라는 개념을 이교도로 실현할 수 있었던 것은 이슬람교도인 그들이 그들의 종교를 인정해주면서 남부 이탈리아라는 황제의 영토 안에 집단으로 살 수 있도록 해준 프리드리히에게 감사하며 심취해 있었기 때문이다. 프리드리히는 이 사라센 병사를 가까이 두고 경호원처럼 활용했는데 이것만 봐도 황제와 사라센 병사의 관계가 상설 군사력이라는 방위상의 개념이 아니라 인간적인

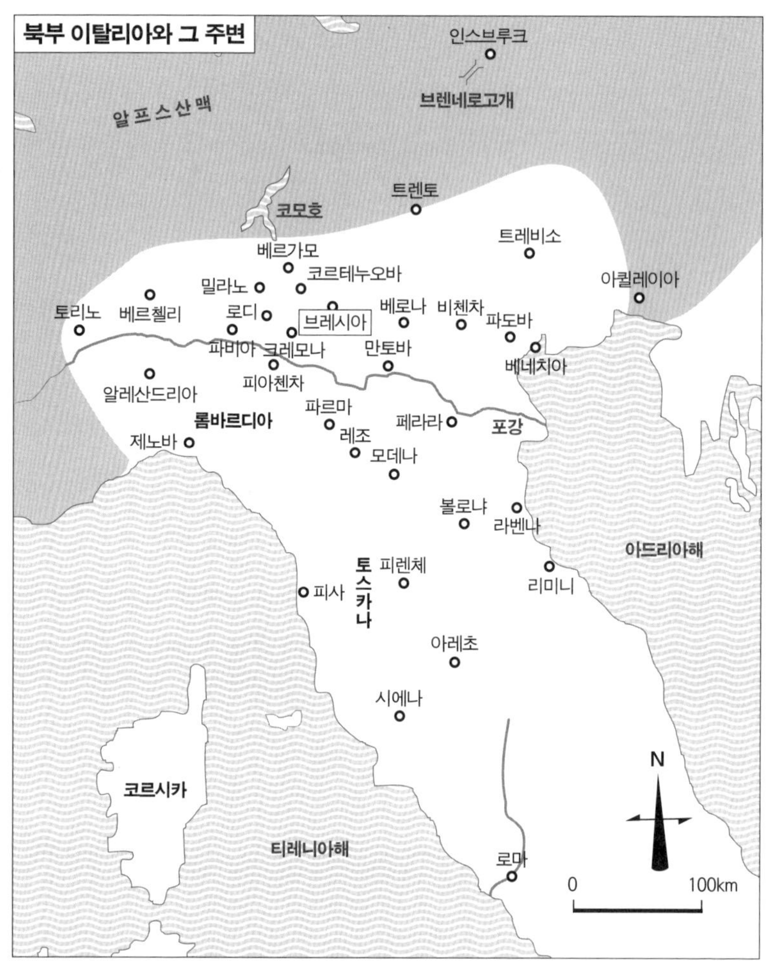

감정에 기초한 것임을 알 수 있다.

병사라고 하면 용병으로 생각하던 시대, 밀라노와의 교섭 결렬 후 석 달도 지나지 않아 병사를 모을 수 있었던 것은 프리드리히가 돈을 뿌렸기 때문은 아니다. 앞서도 말한 '스피커 방식'으로 유럽 안의 왕후가 프리드리히에 충분한 명분이 있다고 인정했기 때문이다. 롬바르디아 동맹의 배후에는 로마 교황이 있음을 '스피커' 덕분에 이 사람들도 다 알게 된 것이다.

프리드리히의 요청에 응해 유럽 전역에 걸쳐 병력이 모였다.

여동생이 프리드리히와 결혼해 황제와 인척이 된 영국 왕은 보병과 마부를 거느린 기사 1백 명을 보냈다.

사료에는 숫자까지는 기록하지 않았지만, 프랑스 왕과 스페인 왕가 아라곤 가문에서도 기사들을 보내왔다고 한다. 게다가 프랑스에서는 프로방스와 툴루즈 백작이 수하 병사를 보내왔다. 이때는 북프랑스뿐만 아니라 남프랑스도 황제 측에 선 것이다.

황제의 요청이었으니 응하는 게 당연했겠으나, 이때 독일에서 병사를 보낸 방식은 프리드리히가 추진하고 있던 신성로마제국의 본국 통치 방식을 드러낸다는 면에서 흥미롭다. 프리드리히는 세습 영토인 남부 이탈리아에서는 중앙집권화를 추진했으나, 선출로 황제가 된 알프스 북쪽은 봉건 사회인 채로 남겼다. 다만 단순히 이들 기존 세력을 그냥 놔둔 게 아니라 성직자인 대주교가 다스리는 영지와 세습 제후가 다스리는 영지를 병존하는 체제로 정비한 것이다. 이전까지 일상다반사로 벌어졌던 영토 분쟁을 진정시키려는 대책이었다. 이것이 알프스 북쪽에서의 '프리드리히에 의한 평화Pax Fridericiana'였고 만족할 만큼의 성과를 낸 것이다. 이렇게 독일과 동프랑스에서 보내온 병력도 저간의 사정을 반영한다.

동남부 프랑스에서는 부르고뉴 지방에 영지를 지닌 주교들이 보낸 병력도 있었다.

독일 안에서 유력한 영주이기도 한 쾰른과 마인츠를 비롯한 대주교들은 콘라트가 이끄는 군대에 병사를 보내준다. 콘라트는 아직 열 살밖에 안 되었으나 황제의 적자로 이미 독일 왕으로 선출되어 있었다.

같은 독일인이라도 세속 제후는 '싸우는 사람'의 전형적인 존재인 이상 가신 관계를 맺은 기사를 두고 있다. 이 상설 군사력을 황제의 요청에 따라 보낸 것이다. 숫자는 전년과 마찬가지로 기병 2천이었다고 한다. 지휘는 이후 프리드리히의 충신으로 꼽히는 호엔로에Hohenlohe 가문의 형제에 일임했다.

이탈리아 안에서 황제의 요청에 응한 것은 일단 남부 이탈리아와 시칠리아를 합친 '시칠리아 왕국'이다. 참가한 병사의 정확한 숫자는 알려지지 않았으나 사라센의 궁병 부대는 있었을 것이다. 그리고 병사로 참전하지 않은 사람들도 프리드리히가 명한 특별세는 감수했다.

북부 이탈리아의 코무네도 황제에 병사를 보냈다. 다만 이들 도시는 지난 2년간, 프리드리히의 전과로 롬바르디아 동맹에서 이탈한 코무네로, 시민 전체가 황제 측이 된 것은 아니었다. 당시는 어느 도시에나 존재했던 황제파가 지난 2년의 프리드리히 우세에 힘을 얻어 동지를 규합해 참전한 상황이다. 이 말은 이들 도시 안에도 표적이 된 브레시아를 돕고 싶은 마음을 내심 품고 있는 사람이 적지 않다는 것이다.

이들 외에도 황제의 요청에 응해 병사를 보낸 곳 중에는 그리스의 니케아제국 황제와 이집트 술탄도 있었다고 기록한 사료도 있는데 이 정도라면 확실히 로마 교황 측이 흘린 가짜 정보에 속은 결과라고 봐야 할 것이다. 로마 교황청이 프리드리히를 비난할 때마다 하는 이야기가 가톨릭교회와는 어울릴 수 없는 그리스정교회나 이교도인 술탄과 양호한 관계를 유지했다는 것이었으니 말이다. 물론 브레시아 전장에 그리스나 이집트 병사의 모습은 없었다.

이리하여 1238년 7월 11일, 브레시아 공방전이 시작된다. 공세인 황제 측은 아마도 1만 5천의 군세, 수세인 브레시아 측 주민은 4만, 무기를 들고 싸우는 수는 8천이었을 것이다. 숫자만 따지면 승부는 이미 난 듯 보이나 전쟁이란 인간과 인간이 싸우는 것이다.

고대에는 명장이 수없이 나온 데 반해 중세에 들어오면 왜 명장이 나오지 않느냐 하는 의문에 답하는 것은 어렵지만 즐거운 일이기도 하다.

결론부터 말하자면 고대의 전쟁은 양쪽 군대 모두 평원에서 대치하는 회전(會戰)이 중심이었던 데 반해 중세는 성벽이 지키는 도시를 밖에서 공격하는 형태의 공방전이 중심이기 때문이다.

고대의 명장들은 알렉산더 대왕이나 한니발, 스키피오, 카이사르까지 회전에서 승리한 사람들이었다. 광대한 평원이 전장이라면 전략과 전술을 구사할 가능성이 커진다. 즉 전략과 전술을 생각해내는 능력과 그에 따라 병력을 구사하는 능력만 있으면 숫자상으로는 열세라도 승자가 될 수 있었다. 입소스나 가우가멜라, 칸나, 자마, 알레시아 모두 병력이 열세였던 측이 승리했다. 또 그들이 회전 방식을 좋아한 것은 하루에 승패를 결정할 수 있었기 때문이다. 장기전이 될수록 예측하지 못하는 사태에 직면할 일이 많아지는 법이다.

그런데 중세에 들어오면 회전으로 단숨에 승부를 결정하는 게 어려워진다. 중세 도시는 어디나 성벽으로 둘러싸여 있었던 데다 병사는 돈으로 고용하는 게 보편적이었다. 전쟁이라 해도 누구나 평원에 나설 만큼의 병력을 거느린 것은 아니었다. 바꾸어 말하면 중세는 고대의 어떤 명장도 회전 같은 건 꿈도 꾸지 못할 1개 군단 정도의 병력으로 싸워야 할 때가 많았던 것이었다. 그래서 단숨에 승부가 나는 회전보다 성벽을 사이에 둔 공방전이 많아진다.

이런 중세에, 명장이라 부를 만한 무인은 이슬람 측의 살라딘과 그 살라딘에 도전했던 영국 왕 리처드 정도였다. 하지만 이 둘도 평원 전투에서 승리했다. 예루살렘이 멀리 바라다보이는 땅까지 진격한 사자심왕 리처드조차 이 성도를 공격하는 일은 포기할 수밖에 없었다. 회전이라면 열 배의 병력인 페르시아군을 상대로도 이겼던 알렉산더지만, 티로스 마을 하나를 공격하는 데는 4개월이나 걸렸다. 서양 역사상 최고의 명장이라도 도시를 공격하는 싸움에서는 회전처럼 되진 않았다. 그들은 그 점을 잘 알았기에 회전으로 결판을 내는 쪽을 선택한 것이다.

성벽에 둘러싸인 도시를 공격할 때의 불리함은 지키는 측은 지붕 아래에서 잘 수 있는데 공격하는 측은 그럴 수 없다는 점이다. 잠뿐만이 아니라 모든 것을 야외에서 해야만 한다. 물론 천막은 친다. 도시를 둘러싼 공방전을 그린 고지도에는 성벽 밖을 천막들의 줄이 둘러싸고 있는 그림이 보인다.

이런 상태도 단기간이라면 견딜 수 있다. 하지만 그게 장기간이 되면 기후 변화와 위생 상태 악화 등으로 전염병이 돌거나 아주 사소한 말다툼이 군 전체의 싸움으로 번진다. 장기적인 공방전을 일사불란하게 지속하는 것은 총사령관의 전략이나 전술의 능력을 뛰어넘는 문제였다.

성벽으로 둘러싸인 도시를 공격할 때 직면하는 이런 여러 문제가 해결되는 것은 1453년의 콘스탄티노플 공방전부터다. 대포를 활용해 성벽을 단숨에 날려버릴 수 있었기 때문이다. 오리엔트 최대 도시였던 콘스탄티노플은 50일 남짓한 공방전 끝에 함락되었다. 하지만 프리드리히가 살았던 시대는 그보다 2백 년 전이라 화약을 이용해 쏘는 대포는 존재하지 않았다.

게다가 주위에 온통 깊은 해자와 높은 성벽이 둘러쳐진 도시를 공격하는 것은 얕은 해자와 석벽만으로 지켜지는 성을 공격하는 것과 같지 않다.

유럽이나 오리엔트의 중세 도시는 반드시 도시 내부에도 요새가 있다. 성벽이 무너져 적이 쳐들어와도 마지막에는 그곳으로 들어가 농성하며 계속 싸우려고 만든 것이니까, 일본으로 치면 천수각이다. 하지만 이 요새 주변에는 해자도 성벽도 없다. 해자와 성벽은 밀라노라면 밀라노 마을 전체, 브레시아라면 브레시아 시 전체를 둘러싸고 있었다. 이렇게 마을을 만드는 개념은 일본에는 존재하지 않는다. 세키가하라에서 승리한 도쿠가와가 공격한 것은 해자와 돌담으로 방어되고 있다고는 해도 오사카성과 그 주변뿐이다. 오사카시 전체는 아니다. 도요토미 측의 '요새'만 공격하는 거니까 그 정도 기간에 함락시킨 것이다.

브레시아를 공격하는 프리드리히도 이런 사정은 충분히 알고 있었다. 베르가모로 통하는 가도를 폐쇄한다고 해도 유유자적 브레시아 앞에서 천막 생활을 계속할 수는 없었다.

모든 수단을 이용해 브레시아의 병사를 성벽 밖으로 끌어내 평원에서 전투를 벌일 기회를 호시탐탐 노렸다. 한번은 성공했다. 유도 작전에 걸려든 브레시아의 병사들은 기다리던 황제군에 전멸당해 성벽 안으로 도망친 병사는 한 사람도 없었다.

그런데 이 일이 브레시아 사람들을 하나에 더 집중시키고 만다. 요즘 식으로 말하면 수비 올인 방위가 되는 셈인데 그들은 다시금 코르테누오바 전투를 교훈으로 삼은 것이다. 즉 프리드리히를 상대할 때는 밖으로 나가 싸우면 반드시 진다. 그러므로 무슨 일이 있더라도, 아무리 도발해도 브레시아 성벽 밖으로는 절대로 나가지 않기로 한 것이다. 황제는 구멍에 들어간 채 절대로 나오지 않는 적을 상대해야 했다.

게다가 이 적이 성벽 안쪽에서 나오지 않았다고 해서 얌전히 있었던 것도 아니다. 투석기를 성벽 위에 놓고 거기서 천막 쪽으로 돌을 던진 것이다. 천막 안에서 자는 일도 쉽지 않게 된 것이다.

더불어 공격 측을 고민하게 만든 요인은 브레시아를 도우려 보내는, 베르가모를 통한 밀라노로부터의 원조가 끊어지지 않았다는 점이다. 브레시아도 필사적이었는데 밀라노는 그보다 필사적이었다. 브레시아가 함락되면 밀라노는 이제 완전히 고립된다. 아무리 9만의 인구를 자랑하더라도 북부 이탈리아 전역이 황제 아래로 들어가 버리면 천하의 밀라노인이라도 교수대에서 죽기보다 전장에서 죽겠다는 말은 할 수 없을 테니 말이다.

이런 상태가 7월과 8월이 지나고 9월이 다 끝나가도록 이어졌다. 이탈리아라고는 해도 가장 북쪽에 있는 브레시아에는 10월 하순이면 겨울이 시작된다. 프리드리히 앞에 그 겨울을 어떻게 보낼 것인가라는 문제가 막아선 것이다. 북부 이탈리아의 겨울 벌판에 병사들을 못 박아둘 수는 없었다. 게다가 근처에 1만 5천의 병사가 겨울을 지낼 수 있는 도시도, 마을도 없다. 그런데도 북부 이탈리아에서의 겨울나기를 강행하면 지난 2년 사이, 드디어 황제 측에 선 코무네를 다시 동맹 측으로 쫓아버릴 수도 있다. 타국 병사들을, 게다가 수많은 병사를 기꺼이 받아들일 만큼 북부 이탈리아 사람들은 친절하지 않았다.

10월 10일, 공격 개시로부터 3개월째 되던 날, 브레시아 공략을 위한 포진을 풀었다. 해산 명령이 떨어진 이상, 성을 포위했던 군대도 성벽 위로 넘쳐흐르는 브레시아 시민의 욕설을 들으면서 각자 고국으로 돌아갔다. 황제와 그 수하 장수들은 크레모나로 향한다. 명백히 실패로 끝난 브레시아 공략전 이후의 전략을 다시 세울 필요가 있었다. 왜냐하면 앞으로는 프리드리히를 상대하려면 '밖으로 나오면 지지만, 안에 틀어박혀 있는 한 이긴다'라는 사실을 알아버린 동맹 측을 적으로 만나게 될 테니까 말이다.

프리드리히가 이 실패를 어떻게 받아들였는지 기록한 사료는 없다. 하지만 이로부터 두 달이 지나면 마흔네 살이 되는 남자가, 그것도 이제까지의 생애에서 항상 주도권을 쥐어온 남자가 처음 맛본 좌절이다. 아무렇지 않을 수 없었다.

그건 그렇고 석 달에 걸친 브레시아 공략전은 효과 없이 끝났는데 이 전투의 총지휘를 맡은 사람이 황제 프리드리히가 아니라 사자심왕 리처드였다면 어땠을까. 이런 질문은 역사에서만 허락되는 즐거움이다.

리처드 같은 유쾌한 용장의 활약이 궁금한 사람은《십자군 이야기》제3권을 읽는 수밖에 없는데 그 책을 쓴 내가 생각하기에 리처드였다면 반드시 어떤 기발한 대책을 생각해내, 적장 살라딘까지 감탄할 방식으로 해결하지 않았을까 한다. 그러니까 어떤 방식으로든 이겼을 텐데 이런 면에서 프리드리히는 역시 '무인'이 아니라 '정치가'였을지 모른다. 그런 점에서 리처드 사자심왕은 완벽한 '무인'이었지 '정치가'는 아니었다.

교향악 지휘관처럼

/

/

'무인'과 '정치가'의 차이는 뛰어난 무장과 뛰어난 통치자의 차이만은 아니라고 생각한다. 음악을 예로 들면, 독주자와 오케스트라 지휘자의 차이 아닐까.

황제 프리드리히 2세는 그 생애를 통해 교향악 지휘자였다. 그의 행동을 좇고 있자면 참 잘도 이렇게 많은 생각을 동시에 하고 동시에 대처했구나 싶다. 연구자라면 그런 점들을 자세히 서술하는 게 의무일 테지만 그러면 역사 서술에 꼭 필요한 흐름이라는 것을 표현할 수 없게 된다. 그러므로 여기서는 무성한 나뭇가지를 과감히 잘라내듯 생략하며 쓰고 있는데 같은 시대의 다른 황제와 왕들도 오케스트라의 지휘자 스타일이었냐 하면 전혀 아니다. 평생 교향악 지휘자로 살았던 프리드리히가 중세 후기라는 시대에서는 특이한 존재였다고 할 수밖에 없다.

지휘자 같은 프리드리히의 모습을 조금이나마 맛보는 것도 나쁘진 않을 것이다. 왜냐하면 중세라는 시대를 비추는 데 유용하기 때문이다. 그러므로 브레시아에서 철수한 다음 그가 무슨 생각을 하고 그 생각을 어떻게 실행에 옮겼는지 열거해보겠다.

하나. 북부 이탈리아 대책

브레시아를 공격하면서 3개월 뒤라고 해도 군을 물린 것은 밀라노가 리더 격인 롬바르디아 동맹에 힘을 실어준 것이 당연한데, 그것만으로는 그치지 않을 위험도 있었다. 황제 측에 서게 된 전 동맹 측 코무네도 동요하기 시작한 것이다. 이 사태를 만회할 뿐만 아니라 극복해야 하는 것은 프리드리히에게는 긴급한 과제가 된다. 그는 거기에, 각지에 배분한 군사력으로 감시하는 방식으로 대처하기로 한 것이다.

북서부 이탈리아는 황제 측에 들어온 사보이아 백작과 전부터 황제의 중신이었던 란치아 가문의 남자들에게 맡긴다.

북중부 이탈리아에는 이 지방에서의 황제파 본거지인 크레모나를 기지로 삼아, 프리드리히보다 세 살 어리지만, 무장으로 두각을 나타내기 시작하던 오베르토 팔라비치노를 보낸다. 북동부 이탈리아 일대의 감시는 베로나를 본거지로 하고, 역시 프리드리히와 또래인 에첼리노 다 로마노에 일임했다. 또 본격적으로 전장에 나갈 수 있는 나이가 된, 서출 중 가장 나이 많은 아들 엔초에게는 이들 베테랑 밑에서 경험을 쌓게 했다. 프리드리히는 여전히 스물둘밖에 되지 않은 엔초를, 언젠가는 북부 이탈리아 전역의 책임자로 삼을 생각이었다.

그리고 이에 따른 성과는 만족할 만큼 성공했다. 황제 측에 있던 코무네가 눈사태라도 일어나듯 밀라노 측으로 돌아가는 현상은 일어나지 않았기 때문이다.

둘. 독일 대책

아직은 열 살 소년이라도 황제의 적장자이자 독일 왕이기도 한 콘라트를 앞세워 군대를 보냈는데도 일개 지방 도시에 불과한 브레시아에서 철수한 것이다. 이에 따른 황제 권위의 실추는 독일에서 피할 수 없으리라 예상했는지, 프리드리히는 그 직후 재빨리 콘라트를 치켜세우는 형태의 독일 통치조직 재강화를 잊지 않는다. 하지만 그것은 지나친 걱정이었다. 알프스 북쪽 제후들도 중세를 살던 사람들이다. 성벽으로 둘러싸인 도시 공략이 얼마나 어려운 일인지를 다들 알고 있었다. 왜냐하면 그들이 누구보다 매일, 성벽 강화에 열정을 쏟고 있었기 때문이다.

셋. 유럽 대책

원군을 보내준 영국과 프랑스, 스페인 왕들 역시 브레시아에서의 실패 후에도 황제에 대한 태도를 바꾸지 않았다. 그들도 성벽을 낀 이런 종류의 전투에는 골머리를 앓고 있었기 때문인데, 그래도 프리드리히는 그들에게 정보 공개라 부를 만한 편지 작전을 이어갔다. 이 방식이야말로 언젠가는 벌어질 로마 교황과의 정면 대결에 그들을 자신의 편으로 잡아둘 가장 좋은 방법이었기 때문이다.

넷. 몽골 대책

이 시기, 몽골의 유럽 침략이 격화되고 있었다. 아시아에서 밀려오는 이 위협으로 곤경에 처한 것은 유럽 중 동쪽에 있는 폴란드와 헝가리였다. 신성로마제국의 동쪽 변경도 이 두 나라와 접해 있다. 프리드리히는 곤경을 호소하는 폴란드와 헝가리 왕에게 원군을 보낸다. 유럽 그리스도교 세계의 속계에서 최고 자리에 있는 신성로마제국의 황제인 이상, 잔인하고 용맹하기로 유명한 아시아 이교도의 공격을 받고 절망한 그리스도교도를 돕는 것은 책무였다. 보낸 군대가 도움이 될지 안 될지는 알 수 없으나 유럽에까지 발을 내디딘 몽골 격퇴는 잠깐이나마 성공한다.

다섯. 이슬람 대책

프리드리히는 먼 오리엔트까지 걱정해야 했다.

그해, 중근동 최대 유력자이자 제6차 십자군 당시 프리드리히의 교섭 상대이기도 했던 이집트의 술탄 알 카밀이 죽었다. 이 사람과 맺은 강화가 끝나려면 아직 1년의 유예가 있었다. 하지만 프리드리히는 그렇다고 안심하지 않았다. 남부 이탈리아 출신의 가신 하나를 황제 대리로 임명해 조문 및 새 술탄의 즉위 축하를 위해 보낸 것이다. 사절 파견의 진정한 목적은 물론 알 카밀과의 강화에서도 명기된, 쌍방에 이의가 없으면 10년간의 강화는 자동으로 갱신된다는 1항의 확인을 새 술탄에게서 얻어내는 것이었다. 새 술탄은 아버지 알 카밀로부터 늘 프리드리히의 칭찬을 들었기에 1년 후로 다가온 강화 갱신도 흔쾌히 수락해주었다.

시리아 팔레스티나의 십자군 국가 영토 안에 사는 그리스도교도는 이제까지의 10년에 더해 또 10년의 평화가 보장되는 것이다. 이슬람교도에 둘러싸여 사는 중근동 그리스도교도에게는 이보다 기쁜 선물은 없었을 것이다. 참고로 그 10년 뒤에 이 상태를 깨는 것은 그리스도교 측으로, 프리드리히가 죽은 해였다.

여섯. 로마 교황 대책

이슬람교도와는 이렇게 양호한 관계를 구축할 수 있었던 프리드리히인데 그리스도교도 상대로는 그러지 못했다.

브레시아 공략 실패에 누구보다 힘을 얻은 사람이 로마 교황인 그레고리우스다. 코르테누오바에서 프리드리히가 승리했을 때는 평소의 강경한 태도조차 버리고 침울했는데 1년 만에 자신이 나설 차례가 왔다며 용기를 얻었을 것이다. 프리드리히의 실패는 그레고리우스에게는 기쁜 일임이 분명했으나 그 감정을 드러내지 않고 황제와 롬바르디아 동맹의 대립을 해소하는 중재자로 제일선에 복귀할 생각이었다.

이 시기, 프리드리히는 이런 교황을 상대할 최적의 교섭 담당자를 잃었다. 교황과의 교섭은 늘 튜턴 기사단단장 헤르만이 해왔는데 그가 병으로 쓰러진 것이다.

이미 예순이 된 독일 귀족 출신의 헤르만은 종교 기사단의 단장이라는 지위로 보건대 원래는 교황 쪽 사람이었다. 그런데도 이 사람은 황제 측에 계속 서왔다. 교황을 상대하는 외교 최전선에서 이 사람이 이탈한 것은 프리드리히에게는 더할 나위 없는 손실이었다. 황제는 병으로 쓰러진 헤르만을 살레르노로 보낸다. 나폴리와 가까운 살레르노에는 중세 유럽에서 가장 수준 높은 의학교가 있었고 병설 병원도 완비되어 있었기 때문이다.

헤르만의 전선 이탈은 황제에게만 뼈아픈 일이 아니었다. 로마 교황청의 이익이라는 관점에서 교황 그레고리우스에게도 뼈아픈 일이었다. 다만 그 의미를, 그레고리우스는 이해하지 못한 듯하다.

헤르만의 역할은 서로 상대를 쓰러뜨리려고 주먹을 휘둘러대는 황제와 교황 사이를 가로막는, 탄력성이 풍부한 벽이었다. 헤르만이 사이에 있음으로써 황제가 뻗는 일격도 교황이 직접적으로 맞지 않았고, 교황이 휘두른 주먹도 황제에게 닿지 않았으므로.

튜턴 기사단단장 헤르만의 전선 이탈을 안 교황 그레고리우스는 이 상황을 황제와의 교섭에서 주도권을 쥘 좋은 기회로 여겼다. 그리스도교 식으로 말하면 잘못된 길을 가고 있는 황제를 올바른 길로 인도할 좋은 기회라고 본 것이다.

황제에게 보내는 교황의 특사로 임명된 사람은 추기경이나 대주교 같은 고위 성직자가 아니라 신분으로 치면 일개 수도사에 지나지 않는 엘리아 다 코르토나다. 그런데 이 사람은 성 프란체스코의 위임을 받은 프란체스코수도원의 제2대 수도원장이었다. 이때의 나이는 쉰여덟 살. 이 남자라면 마흔네 살의 프리드리히에게도 당당하게 로마 교황의 논리를 주장할 것이라고 기대한 것이다.

그런데 그런 그가 오히려 프리드리히의 편이 되어버린 것이다. 그 사실을 안 교황은 분노로 미쳐 날뛰며 엘리아 다 코르토나를 프란체스코수도원에서 추방해버렸다.

토스카나 지방의 코르토나 출신이라 엘리아 다 코르토나라고 불린 이 수도사는 학문을 배우는 사람이 적었던 프란체스코파에서는 드물게 볼로냐대학을 졸업했다. 하지만 졸업 후에도 이 대학의 졸업생에게 열려 있던 고위 성직자나 법률학자의 길을 버리고 스스로 수도사가 되기로 선택한 사람이다. 지금은 작은 마을 아시시를 압도할 정도로 큰 교회가 된, 성 프란체스코에 바쳐진 교회를 처음으로 세운 사람으로도 알려져 있다. 순수하고 이상적이었던 '창업자'에 비해 이지적이고 현실적인 '2대'일지도 모른다.

이 사람이 프리드리히를 만난 후 완전히 프리드리히의 심복이 된 것이다. 연구자들은 엘리아 자신이 현세적인 야심가였기 때문이라고 하는데, 정말 그것만으로 수도원에서 추방될 정도의 위험부담을 감수했을까. 게다가 1년 후에 파문당하는 프리드리히와 함께 그까지 파문당하고 만다. 고위 성직자도 법학자도 아니라 수도사가 되는 길을 선택한 남자가 기꺼이 그토록 무거운 죄를 감수했을까.

생각해보면 중세 후기의 거인이자 르네상스의 선구자로 여겨지는 성 프란체스코와 황제 프리드리히는 로마 교황이 생각하는 만큼 이질적인 존재는 아니었을지 모른다.

아시시의 프란체스코가 시종일관 주장한 것은 예수 시절의 그리스도교로 돌아가자는 것이었다. 황제 프리드리히가 계속 주장한 것은 예수가 말한 "황제의 것은 황제에게, 신의 것은 신에게"로 돌아가자는 것이었다. 또 제5차 십자군에 동행한 프란체스코는 알 카밀에게 가서, 성공하지는 못했으나 평화의 필요성을 역설했다. 프리드리히도 제6차 십자군을 이끌고 오리엔트로 향하는데 역시 알 카밀과의 사이에서 강화, 즉 평화 수립에 성공한 것이다. 나이가 열두 살밖에 차이가 나지 않고, 게다가 나란히 이탈리아에서 태어난 두 사람이 어디선가 만난 적은 없을까, 연구자들은 필사적으로 찾았으나 아직도 그것을 실증할 사료는 발견되지 않았다.

혹시 만났더라면 수도사와 황제라는 위치를 넘어서 함께 공감하지 않았을까. 적어도 '교황은 태양이고 황제는 달'이라고 믿어 의심치 않는 교황 그레고리우스보다도 더 서로 공감하지 않았을까. 그런 성 프란체스코로부터 그 자신이 창설한 수도원의 뒤를 위임받은 것이 엘리아 다 코르토나였다. 성 프란체스코의 후계자였던 사람이었으므로 프리드리히의 심복이 된 게 아닐까.

이상 서술한 이 모든 것이 브레시아에서 철수한 다음 프리드리히가 동시에 진행한 대처들이다. 그동안 그는 북부 이탈리아에 계속 머물렀다. 황제가 그 자리에 있다는 것 자체가 동맹 측에 가하는 압력이었다.

다음 해인 1239년은 이런 상황에서 시작되었다. 튜턴 기사단단장 헤르만은 살레르노 병상에 누워 있었고, 수도사 엘리아는 아시시로 돌아가지 않았다. 그렇다고 로마로 간 것도 아니다. 황제 옆에 남아 교황의 분노를 배가한 상황에서 1239년이 시작되었다.

파문(세 번째)

/

/

그리스도교에서 가장 중요한 축일은 성탄절과 부활절이다. 보통 크리스마스와 파스쿠아라고 하는데 크리스마스는 12월 25일로 정해져 있으나 파스쿠아는 매년 바뀐다. 일요일에 축하해야 하기 때문인데 해마다 바뀌는 부활절 날짜를 기록한 일람표가 있을 정도다. 왜냐하면 사료에는 정확한 날짜를 기록하기보다 '○○년 부활절'이라고 적은 게 많다. 그에 따르면 1239년의 부활절(파스쿠아)은 3월 27일이었다. 그리고 그리스도교도에게는 가장 중요한 예수의 부활을 축하하는 일요일을 사흘 남긴 목요일은, 이유는 알 수 없으나 중세에서는 파문에 처한 사람의 이름을 공표하는 날이었다. 죄인을 배제한 후에 성스러운 축일을 맞이하기 위해였을 것으로 생각된다. 그런 까닭인지 이 '목요일'은 그리스도교도가 읽으면 안 된다고 교황청이 정한 책과 그것을 쓴 저자의 이름을 공표하는 날이기도 했다.

1239년 3월 24일, 즉 그리스도교도들의 명칭으로는 '성스러운 목요일'에 로마 바티칸의 성베드로대성당 정면 문에 교황 그레고리우스 9세가 황제 프리드리히 2세를 파문한다고 명기된 교황의 교서가 큼지막하게 나붙었다.

로마 교황의 파문이 드물지도 않았던 시대다. 프랑스 왕도 영국 왕도 한 번쯤은 파문을 경험했다. 하지만 프리드리히가 당한 파문은 이로써 세 번째다. 그리고 이 세 번 모두 파문을 내린 교황은 그레고리우스였다.

파문의 이유는 로마 교황에 순종할 뜻이 부족하다는 것부터 온갖 이유가 나열되었다. 그리고 이 점도 매번 마찬가지인데 파문된 자와 관계하는 사람도 역시 파문당하고, 파문당한 사람이 발을 들인 곳도 성무 금지 처분을 받게 된다. 따라서 이 죄 많은 사람을 배제하는 데 힘쓰는 것은 올바른 그리스도교도에게는 신에 대한 의무가 된다는 소리다.

이유가 이것뿐이라면 보통 파문과 다르지 않았다. 현대 영국의 연구자에 따르면 로마 교황만이 지닌 파문이라는 무기를 휘둘러온 것은 '원념 가득한 사람'이 된 칠십 세다. 평소의 파문 이유를 늘어놓은 다음 다른 이유가 이어졌다.

우선 교황은 10년도 전인 제6차 십자군을 상기시킨다. 연기에 연기를 이어가다 마침내 원정에 나선다 싶더니, 역병 유행을 이유로 물러났다. 그것도 독일에서 참가한 튀링겐 백작을 살해하고 백작의 죽음을 역병 탓으로 돌리고 출발을 또 연기한 것은 용서할 수 없는 범죄라는 것이다.

게다가, 라고 로마 교황은 계속한다.

황제는 모세와 그리스도와 마호메트를 인류가 낳은 3대 사기꾼이라고 말했고, 성모 마리아의 처녀성을 의심하는 등 그리스도교를 조롱하는 데 여념이 없다. 이런 황제의 태도는 그가 '안티크리스트'임을 나타내는 것이 분명하다.

교황 그레고리우스에 따르면 이러한 이유로 황제 프리드리히를 파문에 처하는 것은 그리스도교 세계의 최고 지휘자인 교황이라면 당연한 일이라는 것이었다.

프리드리히가 자신의 파문을 안 것은 북부 이탈리아 평정 기지 중 하나인 파도바에서 부활절을 축하하던 중이었다. 같은 날에 살레르노에서 헤르만이 죽었다는 소식이 도착했다. 20년에 걸쳐 진심을 다해 자신에게 충성했던 사람의 죽음이다. 하지만 그것이 프리드리히의 행동을 둔하게 만들지는 않았다. 재빨리 반격을 개시한다.

파문은 강력한 무기였지만, 난발하면 효력이 줄어든다. 그러므로 애당초 황제 본인의 편에게는 전혀 효력이 없었다. 하지만 파문 이유가 무엇이든 파문당했다는 것만으로 적에 이용될 위험은 있었다. 또 아군도 적도 아닌 신앙심 깊은 그리스도교도인 선량한 사람들을 동요시킬 우려도 있었다. '안티크리스트(적그리스도)'라는 것은 '그리스도의 적'이므로.

서기와 배달부가 엄청나게 동원되었다. 파문 이유로 꼽은 조항을 조목조목 반증하는 형식으로 적힌 반론은 평소처럼 교황에게 보내지지 않고 교황을 선출할 뿐만 아니라 보좌하는 기구이기도 한 추기경단에 보내졌다. 또 이것도 평소 그의 방식인데 이 반론을 필사한 문서가 대량으로 만들어져 유럽 전역의 왕과 유력 제후에게 보내졌다. 다만 이번에는 그것만으로 끝나지 않았다.

교황 그레고리우스는 황제에 대한 파문을 기록한 교황 교서를 이탈리아 모든 마을의 주교회 정문에 붙였는데 황제는 그에 대한 반론을, 마을 주교회와 마주 보이는 곳에 항상 존재하는 시청사 정문에 붙인 것이다. 이리하여 추기경이나 왕후만이 아니라 일반 서민도, 교황에 의한 파문 교서와 그에 대한 황제의 반론을 광장을 가로질러 나란히 읽을 수 있었다. 이것이 중세식 정보 공개라고 생각하니 웃게 되고야 마는데, 검을 휘둘러온 그레고리우스에 대해 프리드리히도 검으로 맞선 것이다.

이 작전은 프리드리히가 만족할 만큼 성공했다. 추기경단은 교황의 방식에 찬성하는 사람들과 입에 담지는 않아도 폭주라고 생각하기 시작한 사람으로 분열한다. 유럽의 왕후들은 이제 완전히 표면화한 교황과 황제의 정면충돌을 걱정하고 교황에게 신중하길 요구하는 사람이 대다수를 차지하게 된다. 또 신성로마제국 황제인 이상은 자신의 나라인 독일 대책도, 봉건 사회이므로 봉건 제후의 지지조차 유지하면 문제는 없었다.

그러나 자신의 영토인 남부 이탈리아는 로마와 가깝다. 프리드리히는 이 남부 이탈리아 사람들에 대한 대책을 정보 공개라는 그들의 양식에 호소하는 것만으로 충분하다고 생각할 만큼 마음 좋은 사람은 아니었다. 게다가 남부 이탈리아에는 교황이 보낸 설교 수도사들이 반황제 선전 활동을 시작했다.

이러한 남부 이탈리아와 시칠리아를 포함한 '시칠리아 왕국'의 일반 서민 대책에 프리드리히는 강경책으로 나선다. 교황이 보낸 설교 수도사 전원을 국외 추방한 것이다. 그런데 단순히 추방하는 데 그치지 않았다. 그들 전원을 모아 배에 태워 예루살렘으로 보낸 것이다. 성지라면 본연의 임무에 전념할 수 있을 거라고 적은 황제 문서를 들려 이탈리아에서 추방했으니까 교황에 대한 조롱이라고 해야 좋을 듯하다.

이것도 효과를 봤는지, 독일과 남부 이탈리아라는 자국 영지 안에서 파문에 의한 폐해를 최소한으로 막는 데 성공한다. 그러나 북부 이탈리아에서는 그러지 못했다. 북부 이탈리아의 몇 개 코무네에서는 주교회 문에 붙은 교황 교서는 그대로 있었는데 시청사 문에 붙은 황제의 반론은 아침이 되면 찢어져 있는 사태가 일어났다.

프리드리히는 이런 북부 이탈리아의 코무네를 자신의 편에 두기 위해 이번만은 주저 없이 군사력을 행사한다. 부대를 보내 이들 도시에 '혈액'을 공급하는 역할을 하는, 교외의 농촌 지대를 불태운 것이다. 파르마가 밀라노와 연락을 재개한 사실을 알자 황제는 직접 군을 끌고 급습해 사태가 불붙기 전 진화에 성공한다. 하지만 이해 프리드리히는 남부 이탈리아로 돌아갈 시간도 없이 지낼 수밖에 없었다.

해가 바뀐 1240년 역시, 칠십 세의 교황과 마흔다섯 살의 황제에게 있어 격동의 해가 된다.

황제를 파문에 처했으나 그 효과가 나오지 않아 실망한 교황은 자신이 보낸 설교 수도사들이 예루살렘으로 추방되었다는 사실에 격노했다. 그런 교황이, 연대기 작가에 따르면 '기적'을 일으킨 것이다. 오랫동안 원수

사이였던 제노바와 베네치아가 손을 잡고 함께 '시칠리아 왕국'을 바다에서 공격한다는 동의를 끌어낸 것이다.

이탈리아의 해양 도시국가로서 중세 지중해의 주인공들이었던 제노바와 베네치아는 모두 교역 국가였고 따라서 이교도인 이슬람 세계와 유럽의 그리스도교 세계를 연결하는 데도 동업자였다. 하지만 그런 탓에 지중해 세계의 모든 곳에서 이해가 충돌했다.

베네치아공화국은 제4차 십자군을 활용해 그로 인해 무너뜨린 비잔틴제국의 수도 콘스탄티노플을 자국 교역의 일대 기지로 삼는 데 성공했다. 그것은 곧 1204년 이후 오리엔트에서는 유리한 입장에 섰음을 의미한다. 물론 제노바공화국에게 이로 인해 얻은 불이익을 그대로 둘 마음은 없었다. 그들은 제4차 십자군으로 생겼고, 베네치아가 후원한 라틴제국을 붕괴시켜 그동안의 불이익을 만회하려 했다.

이탈리아의 해양 도시국가를 대표하는 이 두 나라는 지중해 바다 위에서만 경쟁한 게 아니었다. 지중해 세계 전역에서 경쟁하는 사이였다. 이 두 나라가 공동보조를 취한다는 것은 기적일 수밖에 없었다. 베네치아가 25척의 갤리선을 내기로 승인하고 제노바도 같은 수의 갤리선으로 참전한다고 약속한 것이다.

프리드리히도 이로 인한 위험을 바로 이해했다. '시칠리아 왕국'을 구성하는 남부 이탈리아도 시칠리아섬도 바다로 둘러싸여 있다. 그곳을 강력한 해군을 거느린 두 나라가 공동으로 공격하는 것이다. 하지만 그에게도 해군은 있었다.

그 해군 제독에게, 임전 태세를 명하는 왕의 사자가 남쪽을 향해 달렸다. 동시에 왕국의 모든 항구도시에도 요격 준비 명령이 떨어졌다. 육군과 함께 요격 태세가 완료되는 데는 그리 많은 시간이 필요하지 않았다.

한편 제노바와 베네치아는 함께 싸우기로 했음에도 불구하고 일이 전혀 진행되지 않았다. 이전 원수 관계가 쉽게 풀어지지 못했기 때문이 아니다. 두 나라 모두 선원의 나라일 뿐 아니라 상인의 나라이기도 했다. 교황의 편에 서서 황제를 적으로 돌리는 이점이 조금도 없음을 떠올리는 데 그리 많은 시간이 걸리지 않은 것이 그들이 미적거리는 가장 큰 이유였다. 그래도 약속은 약속이다. 그래서 바다에서의 공격은 시작했으나 공동 투쟁은커녕 따로따로 공격한다. 게다가 시종일관 소극적인 공격으로 일관한다. 교황의 아이디어로 시작된 이 기적도 한때의 기적으로 끝나고 만다.

다시 절망한 교황 그레고리우스는 이제는 바야흐로 공의회를 소집해 그 자리에서 프리드리히를 이단이라고 규탄하고 황제 지위를 박탈할 수밖에 없다고 생각한다. 유럽 전역의 고위 성직자에게 보낸 교황의 소집 영장에는 공의회 개최일을 다음 해 1241년의 부활절로 명시했다.

그러나 프리드리히로부터 황위를 박탈하기 위해서는 그 대신 황제가 될 사람을 사전에 마련해둘 필요가 있었다. 게다가 군사력을 지닌 프리드리히를 배제하고 황위에 오르려면 그도 군사력을 지녀야 한다. 그러지 않으면 프리드리히의 적이 될 수 없다. 교황은 프랑스 왕에게 특사를 파견해 왕의 동생인 아르투아 백작을 황제에 올릴 테니 그에게 군사력을 주라고 요청했다.

그해 스물다섯 살이 된 프랑스 왕 루이 9세는 이제까지 프리드리히와 양호한 관계를 유지해왔다. 또 할아버지인 필리프 2세가 젊은 시절의 프리드리히와 맺은, 독·불 불가침협정을 깰 생각도 없었다. 프랑스 왕으로부터 돌아온 대답은 거부였다. 하지만 루이도 다음 해 열리는 공의회에 소집된 프랑스인 고위 성직자들이 로마로 가는 것까지는 금지하지 않았다.

공의회는 원래 교황의 소집에 응해 사제와 대주교를 비롯한 고위 성직자들이 한자리에 모여 그리스도 교회가 직면한 여러 문제를 토의해 통일된 의견을 내는 자리였다. 왕후들도 대리를 보내는데 이 사람들은 어디까지나 참관인인지라 토의에도, 통일된 의견 작성에도 관여하지 않는다. 왜냐하면 중세 공용어인 라틴어로 'Concilium(콘칠리움)'이라고 부른 '공의회'는 각지의 신자를 지휘하는 게 일인 성직자들이 모여, 그리스도교도의 신앙과 이론과 규율을 논의하고 신앙의 규범이 되는 공식 견해를 정리하기 위한 회의기 때문이다. 즉 공의회는 종교 문제만을 토의하는 자리이므로 종교인이 아닌 황제의 배제를 토의 사항으로 올릴 수 있는 자리는 아니었다.

그러나 교황 그레고리우스가 생각하기에 프리드리히 문제는 공의회에서 토의하기에 정당한 사항이었다. 10년 전인 1232년에 이단 재판소를 창설한 것이 바로 이 교황이었다.

'이교도paganus'와 '이단자haereticus'는 다르다. 이교도는 다른 종교를 믿는 사람이지만, 이단자는 자신들과 같은 종교를 믿으면서 그 신앙의 방법이 잘못된 사람이란 뜻이다. '이교'도 '이단'도 이런 의미에서 사용된 것은 그리스도교 시대가 된 뒤인데 단어 하나에도 종교적으로 불관용이었던 중세라는 시대가 드러나 있다.

그런 까닭에 이단 재판소를 창설한 교황 그레고리우스가 보기에는 프리드리히는 완벽한 이단자고, 그런 그를 배척하는 일은 공의회에서 토론할 가치가 있는 의제다. 다음 해 부활절에 로마의 라테라노대성당에서 열리게 된 공의회는 파문에 처한 정도로는 목적을 달성하지 못한 그레고리우스가 생각해낸 다음 무기였다.

공의회는 로마 교황의 권위를 걸고 절대 성공시켜야만 했다. 교황 그레고리우스는 교황의 소집 영장을 받아든 주교들이 경제적 이유로 출석을 거절하지 못하도록, 그들에게 승선지인 제노바에서 로마의 외항 치비타베키아까지의 운임은 물론 공의회 출석 중의 로마에서의 숙박비까지 모든 비용을 로마 교황이 부담하겠다고 통지한다. 프리드리히의 세력권인 독일과 남부 이탈리아에서의 출석은 그리 바라지도 않았으나 프랑스와 영국, 스페인의 출석은 바라 마지않았다. 그를 위해 교황은 운임 부담이든 뭐든 다 할 생각이었다.

하지만 이들 나라부터 먼 길을 소화해 제노바까지 오는 것만도 이 시대에는 쉬운 일이 아니었다. 1241년 부활절은 3월 31일이었다. 그날까지 로마에 들어가는 것은 절망적이었다. 그래도 교황 그레고리우스는 공의회를 개최하겠다는 마음을 바꾸지 않았다. 대주교와 주교들은 제노바로 향하는 수밖에 없었다.

4월 25일이 되어서야 드디어 유럽 각지에서 제노바로 모여든 고위 성직자 전원이 승선할 수 있었다. 제노바 측은 이 중요한 고객들을 로마에 데려가기 위해 30척으로 이루어진 선단을 준비했다. 다만 모든 배의 출항은 황제 측이 알아차리지 못하도록 극비리에 이루어졌다. 항구에 아직 인적이 없는 이른 아침의 출항을 알고 있는 것은 관계자 이외에는 없을 터였다. 하지만 그게 알려졌다.

이것만은 완전히 라이벌인 베네치아와 달리 국내에서의 세력 다툼이 끊이지 않았던 제노바공화국의 사정에 기인한다. 제노바 내부는 항상 네 개의 유력 가문이 두 가문씩 나뉘어 분열해 서로를 추방하거나 추방당하는 상황이었다. 피에스키와 그리말디가 교황 측이라면 적대적인 도리아와 스피놀라는 황제 측이다. 이 시기의 제노바가 교황 측에 선 것은 피에스키와 그리말디 연합이 정권을 쥐고 있었기 때문인데, 제노바 안에는 도리아와 스피놀라 가문과 이어진 사람들도 당연히 있었다.

멜로리아 해전

/

/

프리드리히가 실력 행사에 나서기로 한 것은 교황 그레고리우스가 북유럽의 사제들까지 소집해 로마에서 공의회를 열겠다고 공표한 시점이었음이 분명하다. 실력 행사란 제노바에서 남하해 로마로 향하는 공의회 출석자들을 중간에 포획하는 것이다. 이들의 제노바 출항을 알리는 밀정이 황제에게 달려오고, 그 사실을 안 황제가 제독에게 지령을 내리는 것조차 필요하지 않았다. 작전은 이미 치밀하게 짜여 있었기 때문이다.

작전 수행은 시칠리아 왕국의 해군에 황제파 해양 도시 피사가 협력하는 것으로 계획되어 있었다. 이미 시칠리아 해군 제독은 해상 전투에 적합한 날렵한 갤리선만으로 이루어진 선단을 이끌고, 피사 항구 안에서 대기 중이었다. 그러므로 제노바에서 출항했다는 소식은 피사에 대기 중이던 제독이 아는 것만으로 충분했고 제독은 그 정보를 그대로 출진 사인으로 받아들였다. 이 작전은 교황도 제노바도 전혀 알지 못했다.

황제와 피사의 합동 함대가 어느 정도 규모인지는 알려진 바 없다. 다만 이 작전의 성공 여부는 정예에 의한 속공에 달려 있으므로 제노바에서 남하해 오는 30척보다 수적으로는 열세라도 쾌속 갤리선이라 불리는 날렵한 갤리선만으로 구성되었을 것이다.

한편 제노바에서 출항한 30척의 반쯤은 범선이 차지했던 듯하다. 평소 쾌적한 생활에 익숙한 고위 성직자들이 거주 환경 면에서 열악한 갤리선 여행을 싫어했기 때문이다. 그래도 제노바는 소규모 해전에는 응할 수 있는 수의 갤리선을 호위로 붙여 보냈다.

4월부터 5월에 걸친 티레니아해는 요트 항해에 최적인 계절이다. 맑은 날씨에 항상 적당히 바람이 분다. 제노바에서 로마로의 남하도 쾌적하게 진행되었다.

피사 항구에 대기 중인 황제의 함대는 바다 저 멀리 남하하는 30척을 일단 그냥 둔다. 제노바로 도망쳐 돌아가려 해도 그럴 수 없는 거리까지 항해하길 기다린 것이다. 제노바 내부의 황제파가 보낸 정보로 선단의 반이 자유롭게 움직이지 못하는 범선인 것도 알고 있었다.

항해 일정의 4분의 3을 소화한 시점에서 황제 피사 연합 함대는 비로소 출동한다. 쾌속선만으로 구성된 이점을 활용해 전속력으로 뒤를 쫓았다. 질리오섬과 몬테크리스토섬 북쪽, 피사 부근에 멜로리아라는 이름의 무인도가 있다. 그 섬 근처 해상에서 따라잡았다. 따라잡은 것만이 아니라 황제 해군이 앞을 포위하고 피사 해군이 뒤를 차단하는 형태였다.

해전이 벌어지면 돛을 다 내리고 노를 저어 행동의 자유를 높이는 것이 해상 전투의 기본 전술이다. 이 이점을 활용할 수 있는 것이 갤리선, 그것도 가늘고 날렵한 갤리선만으로 구성된, 황제와 피사의 해군인 것은 너무

나 당연했다.

5월 3일, 역사상 '멜로리아 해전'이라는 이름으로 알려진 전투가, 한창 봄을 맞은 바다 위에서 펼쳐졌다. 결과는 선원의 능력이라면 지중해 으뜸으로 자부한 제노바 남자들에게 치욕이라 할 정도의 패배로 끝났다.

출발한 30척 가운데 침몰한 것이 3척. 포획당한 배가 22척. 제노바로 도망치는 데 성공한 것은 제노바 해군 제독이 타고 있던 배까지 포함해 5척밖에 되지 않았다.

4천 명이나 되는 사람이 포로가 되었고 그 가운데 4백 명은 대주교나 주교를 비롯한 성직 관련자가 차지했다. 패배한 측의 사망자는 알 수 없다. 승리한 측의 손실을 연대기는 기록할 것도 없다고 적었다. 다만 기록할 것도 없다는 말은 조금은 있었다는 것인데 여기서 희생은 인간의 희생이었고 배의 희생은 한 척도 없었다. 게다가 고위 성직자 가운데 사망자는 한 명도 없었다. 프리드리히에 의한 포획 지시가 철저하게 이루어졌음을 보여준다.

포획된 사람과 배는 일단 피사로 끌려왔다. 붙잡힌 고위 성직자들을 맞은 것은 프리드리히의 아들로 이해 스물다섯이 된 엔초였다. 빼어난 미남인 데다 품위 있는 행동으로 유명한 엔초였으니 쓸데없이 야만적인 대응은 하지 않았을 게 분명하다. 하지만 그대로 피사에서 감옥 생활을 해야 했던 것은 제노바 선원뿐이고 4백 명에 달하는 성직 관계자는 남부 이탈리아로 호송하라는 황제의 명령이 충실히 이행되었다.

이 사람들은 남부 이탈리아 각지에 흩어져 있는 성에 분산 수용되었다. 그 가운데 하나인 멜피 성에도 그들을 가둔 일화가 남아 있다. 지하 감옥이 아니라 중정을 낀 작은 방이 이어진 구획이었다니까 그리 불쾌한 환경은 아니지 않았을까. 프리드리히로서는 공의회 실현을 저지하겠다는 목적으로 벌인 실력 행사였으니까 공의회 출석자인 이 사람들을 잡아서 떼어놓기만 하면 충분했다.

그래도 대주교나 주교, 수도원장들을 일망타진한 멜로리아 해전에 유럽은 놀라움과 두려움을 드러냈다. 유럽의 신앙심 깊은 그리스도교도들은 그리스도교를 보호하는 것이 임무일 황제에 의한, 로마 교황에 대한 대담한 도전을 눈앞에서 지켜본 듯했기 때문이다.

공의회 개최가 무산된 교황은 포로가 된 고위 성직자들의 석방을 황제에게 요구했다. 이에 황제가 어떤 답변을 보냈는지는 모른다. 알려진 것은 단 하나, 교황 그레고리우스는 포로 신세의 고위 성직자들에게 위로와 격려의 편지를 계속 보내는 수밖에 없었다는 것이다. 그리고 프리드리히는 그 편지를 전해주지 않거나 검열한 다음 전해주는 임시방편은 생각하지도 않는 남자였다.

한편 이 시기의 프리드리히는 멜로리아 해전 이상의 깊은 의미를 지닌, 결정적인 일보를 내디뎠다. 그것은 '성 베드로의 자산'이라 불리며 역대 로마 교황의 소유물로 여겨져온 교황 영토로의 침공을 대놓고 시작한 것이다.

콘스탄티누스 대제의 기진장

/

/

현대 로마 교황청의 영토라 하면 '바티칸시국' 정도를 떠올릴 사람이 많을 것이다. 하지만 로마 교황에게 통치권이 있는 지역이 테베레강 서쪽의 좁은 지역으로 줄어든 것은 150년 전에 불과하다. 이전 1천 년이 넘는 오랜 세월, 그리스도교도에게 종교상 최고 지도자인 로마 교황은 속세 영주와 마찬가지로 영지를 거느린 영주로 존재해왔다.

물론 이 사람들에게도 대의명분은 있었다. 신자를 위한 복지와 자선, 기타 제반 사업을 계속하는 데 경비가 필요하다는 것이다. 하지만 이를 위해 이미 '십일조'가 있다. 중세에서는 너무나 당연하게 여긴 수입의 10분의 1을 로마 교황청에 내는 제도다. 이 밖에도 종교 조직인 이상 기진(寄進)이나 유증 등에 의한 수입은 늘 있다. 요컨대 로마에 본거지를 둔 가톨릭교회는 일하지 않아도 수입이 끊이지 않는, 늘 유복한 종교 단체였다.

하지만 중세의 '기도하는 사람'들은 이것만으로 충분하다고 생각하지 않았다. 그리고 이 사람들이 그런 주장의 근거로 내세운 것이 역사상 유명한 '콘스탄티누스 대제의 기진장'이다.

로마제국 후기의 황제 가운데 하나였던 콘스탄티누스 대제는 서기 313년에 발령한 '밀라노 칙령'으로 그리스도교를 처음으로 공인한 황제로 알려져 있다. 서유럽 그리스도교 세계가 '대제'로 칭하며 부를 정도니까 그가 한 일은 그게 전부가 아니다. 로마의 성베드로대성당도 라테라노 대성당도 이 사람이 건립한 것으로 되어 있다. 또 이전까지는 콘스탄티노플, 알레산드리아, 안티오키아, 예루살렘, 로마라는 그리스도 교회에서 가장 중요한 5개 도시의 주교 가운데 하나에 불과했던 로마 주교를 다른 4개 도시 주교의 상위에 선 존재로 결정한 것도 이 황제였다. 이때부터 로마의 주교만이 로마 교황으로 불리게 된 것이다. 아무래도 나는 이것저것 할 것 없이 죄다 그가 한 것으로 해버린 것 같다는 의심을 버릴 수 없는데, 가톨릭교회에서는 그렇게 믿어왔다.

자, 문제의 '기진장'을 짚어보자. 로마제국 전체를 수중에 넣은 황제 콘스탄티누스는 서기 337년에 죽는데 기진장은 그보다 16년 전인 321년, 황제가 당시 로마 교황이었던 실베스테르에게 로마제국의 서쪽 반을 증여한다고 명기한 문서를 가리킨다.

이로써 로마 교황은 유럽 전역의 정당한 '소유자'가 되었고 이를 내세우는 교황 측으로서는 황제도 왕도 제후도 정당한 소유자인 로마 교황으로부터 통치를 위임받은 존재에 불과한 셈이다. 그러므로 위탁한 사람이 적당하지 않다고 판단될 때는 황제나 왕, 제후라도 해고할 수 있는 권리가 로마 교황에는 있다는 것이다. 쉽게 말하자면 교황이 집주인이고 왕후들은 임차인이라는 소리였다.

실제로 파문에 굴복해 자신은 로마 교황의 신하로서만 통치한다고 맹세한 예는 중세 역사에 수없이 많다. 그리스도교도의 큰 은인인 콘스탄티누스 대제의 기진장을 들고나오면 반대할 수 없기 때문이다. 영국도 프랑스도 스페인도, 그리고 프리드리히가 왕인 '시칠리아 왕국'도 로마 교황이 보기에는 자신의 영토였다. 그러므로 '교황은 태양이고 황제는 달'이라고 할 수 있는 것이다. 왕이나 제후라면 '별' 정도일까. 그런 탓에 황제든 왕이든 유력 제후든 마음에 들지 않으면 그 영토를 빼앗는 일은 로마 교황의 정당한 권리 행사였다.

이것이 1천 년 이상 유럽 왕후들을 얽어매는 그리스도 교회가 지닌 가장 강력한 무기였다. 파문은 지위 박탈의 사전 경고에 지나지 않았다.

중세에도 '콘스탄티누스 대제의 기진장'의 신빙성을 의심한 사람이 전혀 없었던 것은 아니다. 대제가 기진한 것이 교회나 수도원이라면 문제가 없으나 유럽 전역이라면 이야기가 달라진다. 황제 콘스탄티누스는 제국을 평정한 사람이다. 그것도 상당한 노력과 고생 끝에 로마제국을 다시 평정한 사람이다. 그런 사람이 곧 죽는 것도 아닌데, 그러니까 아직 마흔일곱으로 건재했던 때 이제 막 평정한 제국의 서쪽 전부를 이토록 과감하게 기증했을까. 북부 이탈리아 평정에 고생했던 프리드리히다. 그런 그도 '기진장'의 신빙성을 의심했던 사람이 아니었을까 싶다.

그러나 의심하는 것과 부정하는 것은 다른 문제다. 부정하려면 확실한 증거를 제시할 필요가 있다. 중세를 사는 사람들은 여기까지 이르지 못했다.

'콘스탄티누스 대제의 기진장'이 새빨간 거짓말로 입증되는 것은 1440년이 되어서다. 나폴리 왕의 궁정에서 일했던 인문학자(우마니스타) 로렌초 발라가 서지학의 방법을 이용해 '완벽한 사기'임을 실증했다.

문헌실증주의란 각 시대에 기록된 문장을 모아 연구해 거기에 사용된 언어의 정확성을 살펴봐야 비로소 객관적인 이해가 가능해진다는 사고방식이다. 이 방법을 사용하면 해당 문헌에 사용한 언어가 언제 사용되었는지도 알 수 있다.

당시 삼십 대 젊은이였던 남부 이탈리아 출신의 로렌초 발라는 '기진장'에 쓰인 라틴어가 그게 기록되었을 4세기 라틴어가 아니라 11세기 이후에 사용된 라틴어임을 실증한다. 즉 콘스탄티누스 대제는 유럽 전역을 로마 교황에 기증한 적이 없으며, 기증한다고 적힌 '기진장'은 대제보다 7백 년 후인 11세기에 로마 교황청의 누군가가 작성한 허위문서임을 갈파한 것이다.

오랫동안 권위로 믿어져 내려온 것을 일단 의심해보는 태도도, 그 옳고 그름을 밝히려는 실증주의도 르네상스 정신의 가장 큰 특질이다. 오랫동안 유럽의 왕후들을 협박하는 데 활용된 '기진장'이 가짜임이 실증된 이 사건도 15세기에나 일어난다. 유럽이 이미 중세에서 완전히 벗어났음을 알려주는 예이다.

그러나 교황 그레고리우스가 황제 프리드리히에 대해 '기진장'을 들고 나온 것은 가짜로 실증되는 15세기보다 2백 년이나 앞선 13세기였다. 황제 프리드리히는 의심은 할 수 있어도 증거를 제시할 수 없었던 중세 사람이었다.

그건 그렇고 작성부터 위작임이 밝혀질 때까지 4백 년이나 진짜로 여겨지다니 놀라운 일인데 일단 믿으면 의심하지 않는다는 삶의 방식도 나름 강력한 법이다. 확실한 증거를 들이대도 억울함을 주장하는 사람이 있는데, 그런 사람은 스스로 죄가 없다고 강력하게 믿기 때문이다. '콘스탄티누스 대제의 기진장' 역시, 속세의 왕후들을 상대하는 무기로 활용해온 로마 교황들은 진짜라 믿어 의심치 않았다. 그리고 그 무기를 코앞에 대면한 왕후도 속내는 어떻든 진짜라고 생각했던 사람이 다수였던 것도, 그들이 살던 시대가 중세였기 때문이다.

성 베드로의 자산

/

/

이처럼 중세에는 로마 교황이 영지를 보유하는 게 당연했으므로 그들이 자신이 사는 로마 근처에 직할령을 두고 싶어 한 것도 이상할 게 없다. 무엇보다 '기진장'이 지상에서, 즉 세속적인 영지 소유를 인정해주니까.

다만 왕후들에게 통치를 위탁한 유럽의 다른 지방과 달리 교황령은 이탈리아반도 안에 있다. 실제로는 임명한 관리들에게 맡겼더라도 로마 교황이 직접 통치하는 영지인 셈이다.

이렇게 만들어진 것이 중부 이탈리아에 퍼져 있는 교황령이다. 공식 명칭은 '성 베드로의 자산Patrimonium Sancti Petri'이라 했다. 대대로 로마 교황은 그리스도의 첫 번째 제자였던 어부 베드로의 뒤를 이은 사람으로 여겨졌기 때문이다.

로마 교황이 지상의 직할 영지로 거느린 이 지방은 현대 이탈리아 국가로 따지면 라치오, 움브리아, 마르케, 로마냐 4개 주(州)에 달한다. 유명한 도시를 로마를 기준으로 북쪽으로 꼽자면 아시시, 페루자, 비테르보, 안코나, 리미니, 볼로냐, 라벤나 등이 있다. 피렌체나 시에나, 피사가 있는 토스카나 지방과 중부 이탈리아를 서쪽과 동쪽으로 양분할 정도로 넓다.

이 '성 베드로의 자산' 북쪽 경계는 코무네가 할거한 북부 이탈리아와 접해 있고 남쪽 경계는 프리드리히의 영토인 남부 이탈리아와 접하고 있다.

정치체제는 전제군주정. 군주의 역할은 대대로 로마 교황이 맡는다. 내정은 로마 교황이 직접 통치한다고 해서 사법 시행이 관대하고 세금이 싼 것도 아니다. 비옥한 편이라 가난한 지방은 아니었으나 전체적으로는 농업 지대였다.

다만 고대 로마 시대부터 해양 도시였던 안코나나 라벤나가 있고 유럽에서 가장 오래된 대학이 있는 볼로냐도 있다. 또 아시시에서 태어난 성 프란체스코의 아버지는 프랑스와 폭넓은 상거래를 하던 사람이다. 지적으로나 경제적으로나 뒤떨어진 지역은 전혀 아니었다.

중부 이탈리아의 반 정도를 차지한 이 지역이 '성 베드로의 자산'이라는 이름으로 로마 교황의 직접 통치 아래 있던 세월은 실로 1천 년이 넘는 긴 시간이었다.

1870년, 이때 불타오른 이탈리아 통일운동의 태풍에 휩쓸려 오랫동안 이어져온 교황령도 수명을 다한다. 그래서 테베레강 서안의 바티칸시만 남게 되는 것도 1870년 이후다.

그러나 세속 군주 못지않게 거느리던 지상의 자산을 잃고서야 로마 교황은 비로소 종교계의 지도자로 돌아왔다. '황제의 것은 황제에게, 신의 것은 신에게'라고 말한 예수의 생각을 계승한 사람의 얼굴이 될 수 있었다.

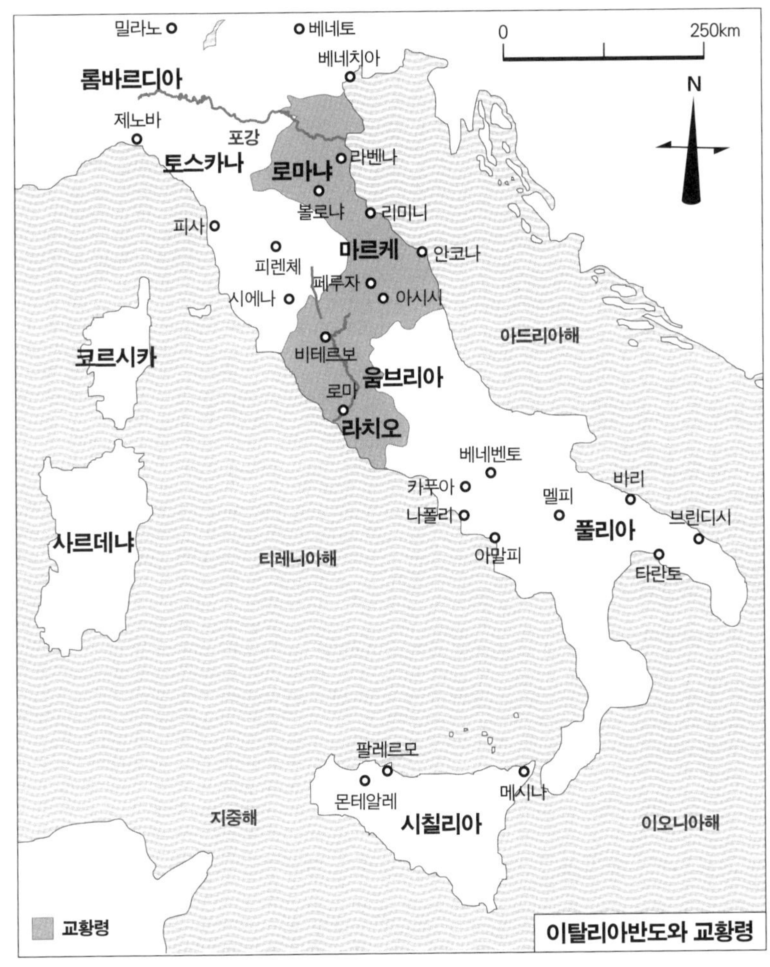

이탈리아반도와 교황령

하지만 이보다 630년이나 전, 프리드리히가 강행한 '성 베드로의 자산'에 대한 공격을 그 당시 정교분리의 첫걸음으로 본 사람은 적었다. 그 시대 사람들은 대부분 로마 교황이 주장하는 영토욕에 사로잡힌 황제의 교황령 침략으로 받아들였다. 황제는 기어이, 그리스도교도라면 절대 의심해선 안 되는 성스러운 교황의 영토에 발을 들여놓는 폭거에 나섰다고.

1241년 한 해에 벌인 프리드리히의 행동은 이보다 더할 수는 없겠다 싶을 정도로 다양했다. 마흔여섯 살이 된 프리드리히의 조직 능력이 최고조에 달한 해였다. 그가 어디 있든 그의 명령 문서를 품고 말을 타고 각지로 달리는 사람의 수는 때에 따라서는 1백 명이 넘었다.

우선 내정. 결정적인 군사 행동에 나서려면 무엇보다 국내가 안정되어 있어야 한다. 황제에게 '국내'는 독일과 남부 이탈리아인데 두 나라 모두 각 지방에는 분야별 담당자가 배치되어 그의 생각이 담긴 정책을 착실히 실시할 임무가 주어져 있었다. 그의 일반적인 방식인데, 그해는 더 철저해졌다. 결과는 '양호'했다.

동시에 외교도 잊어선 안 된다. 그의 특기인 서신 외교는 이때도 성공한다. 로마 교황과 정면으로 대립하기 시작했는데 프랑스 왕이나 영국 왕도 지켜만 봤으니까. 다만 북부 이탈리아를 공격할 때와는 달리 이번에는 원군을 보내지는 않았는데 프리드리히는 그것만으로도 충분했다.

군사. 이는 방어와 공격으로 나뉘는데 황제는 자국 방어에 남부 이탈리아에는 육군과 해군의 책임 분야를 명확하게 해 각 담당자에게 그 실행을 맡긴다는, 평소의 방식을 관철한다. 한편 봉건적인 색채가 짙은 알프스 북쪽에서는 자국령을 침범당하고 싶지 않은 제후들에게 맡겨두면 그만이었다. 교황령 침공은 북쪽과 남쪽 양쪽에서 시작되는데 여기서도 책임은 명확했고 최전선에는 젊은 세대를 적극적으로 등용했다.

조직이 지닌 힘을 활용하는 데는 책임 분야의 명확함과 지휘 계통의 일원화가 불가결하다.

이해의 프리드리히는 그 면에서도 부족함이 없었다. 요컨대 훌륭한 오케스트라 지휘자로 활약한 것이다.

궁지로 몰아넣다

/

/

'성스러운 베드로의 자산'은 북과 남 양쪽에서 공격당했다. 장수들이 저마다 이끌고 온 황제군이 교황이 있는 로마를 향해 넓은 그물망을 좁혀가듯 공격해왔기 때문이다.

로마 주민들은 두려움에 떨었다. 여기까지 몰고 온 책임은 교황 그레고리우스에게 있으니까 교황을 로마에서 쫓아내자고 주장하는 목소리가 높아졌다.

밖으로도 안으로도 궁지에 몰린 것은 교황 그레고리우스였다. 멜로리아 해전이 벌어진 것은 5월 3일이었다. 그로 인해 공의회 개최가 저지된 때로부터 석 달밖에 지나지 않았다. 황제의 교황 추격 작전이 모든 방면에서, 그것도 속공으로 이루어졌음을 시사한다.

프리드리히 본인은 8월 10일에 로마 근교 티볼리에 입성한다. 15일에는 남쪽을 크게 돌아 그로타페라타에 있었다. 티볼리에서 로마까지는 30킬로미터 거리인데 그로타페라타에서 로마까지는 라티나 가도를 이용하면 13킬로미터밖에 되지 않는다. 교황 그레고리우스에게는 이제 도망가는 길밖에 남지 않은 듯했다. 그레고리우스는 마지막 남은 유일한 무기를 휘둘렀다.

8월 22일, 교황청은 로마 교황 그레고리우스 9세가 일흔하나의 나이로 서거했다고 공표했다. 로마 안의 모든 교회 종탑에서는 어둡고 무거운 종소리가 울리기 시작했다. 죽은 자를 추모하기 위해 울리는 조종은 황제의 명령을 받고 로마 성문으로 접근 중이었던, 선발대 병사들에게도 들렸다.

일본으로 치면 '족제비의 마지막 똥(궁지에 몰린 족제비가 지독한 냄새를 풍기는 똥을 싸는 행위를 가리킴-옮긴이)'인 셈이니 웃지 않을 수 없다. 하지만 궁지에 몰린 끝에 내린 최후의 수단이라면 성공했다.

13킬로미터를 남긴 지점까지 왔음에도 불구하고 프리드리히는 전군에 철수를 명령한다.

프리드리히는 그리스도교 세계의 속세 군주 중 최고위인 신성로마제국의 황제였다. 그런 그가 그리스도교 세계의 성직자 중 최고위인 교황이 서거한 로마를 공격해 들어갈 수는 없었다. 그리스도교도로서의 길을 버리게 되는 것이기 때문이다.

로마 교황이란 무엇보다 로마 주교다. 주교는 그 교구에 사는 사람에게는 자신의 신앙을 인도하는 사람이다. 그러므로 지금도 로마 교황은 '파파'라고 불리며 로마에 사는 사람들의 상담자 역할을 한다. 그래서 외국인이라도 이탈리아어를 하라고 요구한다. 그 '아버지'가 죽어 상을 치르는 로마를 공격하는 것은 인간적으로 용서할 수 없는 짓이었다.

군을 물린 프리드리히는 남부 이탈리아의 영지로 돌아갔다. 다음 교황이 선출되고 로마 주민들의 상이 끝날 때까지 기다릴 계획이었다. 하지만 그런 상태, 즉 교황 공백 기간이 22개월이나 이어지리라고는 예상하지 못했을 것이다.

간주곡 intermezzo

이제부터 쓸 이야기들이 다 교황 그레고리우스의 죽음부터 다음 교황 선출까지의 22개월이라는 기간에 이루어진 건 아니다. 프리드리히는 그가 차지한 지위라는 점에서도, 그 자신의 기질적인 면에서도, 수많은 일, 얼핏 보면 전혀 관련 없어 보이는 수많은 일을 동시에 추진하는 남자였다. 그러므로 그의 생애를 엄격하게 연대기식으로 서술하는 것 자체가 불가능하다.

다만 드디어 정면 돌파가 이루어지려던 황제와 교황의 대결도, 그레고리우스의 죽음으로부터 차기 교황이 선출될 때까지의 22개월간, 사실상 휴전 상태에 들어간 것도 확실하다. 이 22개월간은 프리드리히의 행동 밀도도 대폭 줄었다. 마흔여섯부터 마흔여덟까지의 2년이 채 못 되는 시간이 그에게는 휴양의 기간이었을 것이다.

그러므로 이 남자에 관해 쓰는 사람으로서, 이 기간을 이용해 연대기식 서술에서는 넣기 힘든 이야기들을 해보려 한다. 연도에 따라 그런 이야기들을 일일이 삽입하다 보면 연대기식 서술에서만 생길 수 있는 '역사의 흐름'을 멈추기 때문이다. 그러므로 삽입할 수 없었던 여러 가지 이야기를 한데 모아 서술하기로 한 것이다. 이야기가 앞뒤로 왔다 갔다 할 일이 많은데 그것도 한데 모은 탓으로 생각해주길 바란다.

여자들

/

/

로마 교황들이 보기에 이상적인 군주였던 프랑스 왕 루이 9세는 여자라고는 왕비인 마르그리트 하나였고 열 명에 달하는 아들과 딸 모두 왕비 하나에게서 얻었다. 무엇보다 어디를 가든 왕비와 동행했던 남자로, 십자군 원정에도 데려갔을 정도다.

한편 루이보다 열두 살 위인 황제 프리드리히는 전쟁에 여자는 절대 동반하지 않았을 뿐 아니라 다른 모든 면에서도 루이와는 정반대인 남자였다. 아들을 낳은 탓에 존재가 알려진 여자만 해도 열한 명이나 되고 그런 여자들에게서 태어난 아들과 딸은 합쳐서 열다섯 명에 달한다.

▶ 루이 9세와 왕비 마르그리트

게다가 프리드리히는 정식 부인과 애인을 정략에 의한 결합과 정략이 개입되지 않은 결합으로만 분류했다. 즉 결합 상대에 차별을 두지는 않았다. 그러므로 여기서도 정식 부인과 애인을 나누어 기술하지 않고 그야말로 연대기식으로 다룰 생각이다.

스페인의 아라곤 왕가에서 태어난 콘스탄체는 열네 살의 나이에 헝가리 왕과 결혼했다. 다음 해에 아들이 태어났는데 남편인 왕은 5년 뒤에 죽는다. 왕은 아들이 성인이 될 때까지의 국정을 동생에게 맡기고 죽었는데 그 동생이 왕위를 빼앗았으므로 콘스탄체는 다섯 살의 아들을 데리고 헝가리와 가까운 오스트리아 공작에게로 도망칠 수밖에 없었다. 하지만 그곳에 있는 동안 어린 아들이 죽는다. 인연이 사라진 중부 유럽에 그녀가 있을 곳은 없었다. 스페인으로 돌아와 어머니가 창설한 수녀원에 들어간다. 그곳만이 스물두 살에 과부가 된 그녀의 안식처였다.

5년에 걸친 수녀원 생활 끝에 1209년, 콘스탄체는 재혼한다. 이 결혼을 결정한 것은 당시 로마 교황이었던 인노켄티우스 3세로, 결혼 상대는 교황이 후견인이었던 열네 살의 프리드리히였다.

다만 이 열네 살은 단순한 열네 살이 아니었다. 남부 이탈리아와 시칠리아섬을 합친 시칠리아 왕국의 왕이었을 뿐만 아니라 스스로 성인 선언을 해버려 후견인을 당황하게 만든 열네 살이었다. 덕분에 결혼 이야기가 나온 바로 그해에 결혼식이 거행된다. 스페인에서 배를 타고 시칠리아 왕국의 수도 팔레르모에 상륙한 그녀를 맞은 것이 열네 살의 신랑이었다. 결혼식은 그리스도교 세계에서는 중요한 행사를 하는 날로 정해져 있는, 성모승천 축일인 8월 15일에 이루어졌다.

열네 살과 스물여섯 살로 시작된 이 결혼은 둘 모두에게 양호한 상태로 진행된 듯하다. 스물여섯에 이미 인생의 쓴맛을 보았던 콘스탄체는 젊은 남편을 다정하게 감쌌을 것이다. 여자는 뭘 하고 싶은지 모르는 남자보다 하고 싶은 게 분명한 남자가 다루기 쉬운 법이다. 옆에서 지켜보기만 해도 충분하니까. 또 프리드리히에게 있어서도 이 연상의 아내가 어려서 고아가 된 뒤 한시도 놓지 못한 긴장감을 풀어주는 사람이었을지 모른다. 결혼하고 2년도 지나지 않은 1211년, 아들이 태어난다. 프리드리히의 죽은 아버지의 이름을 따 하인리히(이탈리아어로는 엔리코)라고 이름을 짓는다.

그런데 이 결혼 생활도 3년도 안 되어 끝나고 만다. 1212년 1월, 팔레르모 왕궁에 있던 프리드리히에게 독일의 사절단이 찾아왔다. 이 시기, 신성로마제국의 황제였던 작센 공작 오토에 불만을 품은 제후들이 오토에 대항할 후보로 프리드리히를 선출했으니까, 그 사실을 확인하기 위해 독일로 오라는 요청을 하러 온 것이다.

그해 프리드리히는 아직 열일곱 살이었다. 콘스탄체는 남편의 독일행에 반대했던 듯하다. 하지만 아버지도 할아버지도 신성로마제국의 황제였던 프리드리히다. 게다가 그는 이런 좋은 기회를 놓칠 남자가 아니었다.

2월, 아직 한 살도 안 된 아들을 시칠리아 왕국의 왕위에 올리는 식을 거행한다. 로마 교황이 독일과 남부 이탈리아가 같은 사람의 영토가 되는 것을 싫어했기 때문에 독일로 떠나기 전에 시칠리아 왕국은 아들에게 물려준다는 뜻을 표할 필요가 있었다. 3월, 시칠리아 왕국의 통치를 아내에게 맡기고 열일곱 살의 남편은 앞날이 불투명한 모험을 떠났다.

그로부터 4년간, 콘스탄체는 남편과 만날 수 없는 시간을 보낸다. 1216년, 그녀에게 아들을 데리고 독일로 오라는 남편의 편지를 들고 온 사절이 도착했다. 게다가 사절단은 프리드리히에게 어머니와 아들의 독일행을 수행하는 역할을 명 받은 사람들이었다. 로마에서의 대관식 동행이 이유였다. 콘스탄체는 따르는 수밖에 없었다.

1220년, 로마에서 이루어지는 교황에 의한 신성로마제국 황제 대관식을 위해 남하하는 프리드리히와 콘스탄체도 동행했다. 아홉 살이 된 아들은 황태자임을 알리는 독일 왕 지위에 올랐기 때문에 독일에 남겨둘 수밖에 없었다. 어머니와 아들은 이후 한 번도 만나지 못하고 각자의 인생을 살게 된다.

로마에서 교황의 손으로 제관을 받음으로써 프리드리히는 명실상부한 신성로마제국의 황제가 되었는데, 콘스탄체 역시 황후의 관을 받았다. 그 후로 앉은 자리가 따뜻해질 사이도 없이 정무에 몰두하는 남편과 달리 아내이자 황후인 콘스탄체에게는 남쪽 섬 시칠리아에서의 평온하고 평범한 날들이 기다리고 있을 뿐이었다. 대관식 2년 뒤, 시칠리아 카타나의 성에서 죽는다. 서른아홉 살이었다.

아내를 방치했다고 비난받는 프리드리히는 아내의 죽음을 알자마자 급히 시칠리아로 돌아온다. 팔레르모대성당에서 열린 장엄한 장례식은 모두 그가 직접 주관했다. 콘스탄체의 시신은 황제의 색인 붉은색 비단옷에 감싸였고 머리의 제관부터 황후가 되었을 때 남편이 준 모든 보석이 시신과 함께 안장되었다. 오늘날 그 보물들은 팔레르모대성당 보물관에서 볼 수 있다.

프리드리히가 아내의 시신을 안장한 관은 전부터 그가 마음에 들어 했던 고대 로마 시대의 석관이었다. 지금 봐도 잘 만들어진 관이다. 하지만 그리스도교에 대한 신앙심이 깊었던 그녀였다. 아무리 미적으로 완성도가 높다 하더라도 한눈에 이교도의 것임을 알 수 있는 석관에 안장되다니, 그녀에게는 너무 실례가 아니었을까. 게다가 그녀의 남편은 석관에 '당신의 프리드리히'라고 새긴 남자이기도 했다. 결혼 초부터 연상인 아내에 대한 친애의 정은 13년이 지난 뒤에도 여전했던 듯하다.

또 정식 부인만 네 명, 정부까지 포함하면 열한 명이나 되는 여자들 가운데, 프리드리히가 시칠리아 왕국의 수도 팔레르모대성당, 언젠가는 자신도 묻힐 교회에 묘지를 둬도 된다고 인정한 여자는 이 콘스탄체 한 명뿐이었다. 그녀만이 남편과 함께 로마 교황으로부터 제관을 받은 명실상부한 신성로마제국의 황후였기 때문이다. 그리스도교에 대한 신앙심이 깊었던 아내를 안장할 석관으로, 잘 만들어졌다고는 해도 이교도 시대의 것을 고르고도 태평한 남편이니 얼마나 어이가 없었을까 싶지만.

어이없는 일은 이 한 가지만이 아니었다. 열일곱 살의 나이에 독일로 떠난 프리드리히는 그 2년 뒤에 일찌감치 정부를 만들었다. 독일 귀족 우르슬리겐 가문의 딸 아딜라이데라는 여성이다. 이 시대 여성은 대체로 생일이 분명하지 않은데 아무래도 프리드리히와 비슷한 나이였던 듯하다. 1215년에는 딸이 태어났고 다음 해에는 아들인 엔초가 태어난다.

프리드리히는 정식 부인은 정략결혼의 상대여야 한다고 생각했는지 용모는 전혀 보지 않았다. 하지만 정부는 당연히 미녀여야 했던 듯하다. 왜

나하면 정식 부인과의 사이에 태어난 적자의 아름다운 용모를 적은 기록은 없는데 정부의 아들, 즉 서자는 죄다 미남뿐이다. 그중에서도 뛰어난 용모로 평판을 얻은 것이 엔초와 만프레디였으니까 엔초의 어머니 아달라이데도 아름다운 여성이었을 것이다. 다만 이 여인은 프리드리히에게 두 아들을 낳아준 것 말고는 이후 어디서 살았는지, 언제 세상을 떠났는지 알려진 게 없다. 그래도 이름이 남아 있는 것은 아들을 낳은 애인이었기 때문이다.

연대기식으로 정리하기로 한 이상 다음에 등장할 사람도 애인인데 안티오키아의 마리아라고만 알려진 여성이다. 오랫동안 이 여인은 프리드리히가 제6차 십자군으로 중근동에 원정했을 때 알게 된 안티오키아 유력자의 딸일 것으로 생각되어왔다.

그런데 이 설을 택하면 얼마 후 프리드리히가 활용하는 이 여인이 낳은 아들의 나이가 너무 젊다. 이에 의문을 지닌 연구자가 있었는지, 그 연구자의 연구 결과 다른 가설이 나왔다. 즉 프리드리히와 마리아의 만남은 십자군 원정을 떠나기 전, 아마도 1220년에 이루어진 로마에서의 대관식을 마치고 남부 이탈리아로 돌아온 3년 뒤쯤이 아닐까, 라는 것이다. 그리고 지금은 이 가설을 더 유력하게 보고 있다. 안티오키아의 마리아라고 불렸지만 실제로 생가가 시리아의 안티오키아와 관계가 있던 시칠리아 제후의 딸 중 하나였다는 것이다. 중세도 후기가 되면 유럽과 오리엔트의 교류가 밀접해졌는데 이것도 십자군 원정이 가져온 성과 중 하나였다.

그런 이유로 안티오키아의 마리아라는 이름을 남긴 여인은 이탈리아의 어딘가에서 프리드리히의 눈에 들었고 다음 해에 아들을 낳는다. 그 아들에게 스물여덟 살의 아버지는 자신과 같은 이름을 준다. 독일어로 읽으면 프리드리히지만 이 사람은 평생 이탈리아에서 활약한 관계로 이탈리아어로 읽으면 페데리코가 된다. 그래서 역사상 이름도 아버지와 구별하기 위해 '안티오키아의 페데리코'로 남는다. 아들은 언제 죽었는지 알려져 있으나 어머니가 죽은 해는 모른다.

그 1년 뒤인 1225년, 프리드리히는 두 번째로 결혼한다. 상대는 열네 살이라도 오리엔트 십자군 국가인 예루살렘 왕국의 여왕으로 이름은 욜란데였다. 십자군 원정을 거듭 연기하는 프리드리히를 원정에 보내기 위해 로마 교황청이 주선한 결혼이다. 하지만 결혼이라도 자신에게 유리한 점이 있으면 오케이하는 게 프리드리히다. 남부 이탈리아의 항구도시 브린디시에 상륙한 욜란데를 맞아 브린디시대성당에서 화려하게 혼례를 치렀다. 당대 사람이 이 결혼을 그린 만화풍 그림에는 신랑 신부 사이에 로마 교황도 그려져 있다. 교황 호노리우스는 혼례에는 출석하지 않았다. 그래도 교황까지 그려진 것은 이 결혼이 로마 교황의 제안에 따랐다는 것을 만화풍 그림밖에 모르는 민중까지도 알고 있었음을 알려준다.

그런데 소녀라는 이유에서가 아니라 욜란데는 여자로서도 프리드리히에게는 부족했던 듯하다. 그래도 정식 결혼은 그와 같은 지위에 있는 사람으로서는 후계자 후보를 늘린다는 의미를 지닌다. 그를 위한 의무는 다한 듯한데 결혼 다음 날부터 일찌감치 욜란데를 따라온 시녀 아나이스를 유혹한다. 욜란데 자신이 아버지에게 이를 한탄한 편지를 보내 알려진 사실인데 그 편지가 없었더라도 이 에피소드가 알려지는 것은 시간문제였을 것이다. 아나이스는 1년 뒤에 비안코피오레(하얀 꽃)라는 이름의 딸을 낳았다.

정식 부인인 욜란데로부터는 2년 뒤에 아들이 태어난다. 이 아들은 프리드리히와 하인리히와 나란히 호엔슈타우펜 가문의 남자들의 전통적인 이름인 콘라트라는 이름을 갖게 된다. 하지만 어머니 쪽은 출산한 지 열흘 뒤 죽는다. 이 시대에서는 계급의 상하를 불문하고 여자에게 출산은 목숨을 거는 일이었다. 이제 서른세 살의 프리드리히는 다시 '독신'이 된 것이다.

프리드리히는 정식 부인인 욜란데가 아직 살아 있던 1226년, 운명적인 만남을 갖는다.

그해 봄, 프리드리히는 북부 이탈리아에서 가장 서쪽에 있는 토리노를 중심으로 한 피에몬테 지방을 시찰했는데 그 시찰의 안내를 맡은 사람이 이 지역 유력 영주이자 황제파의 중진인 란치아였다. 시찰 중 점심을 먹으러 이 제후의 분가에 해당하는 사람의 저택에 들른다. 그 자리에 인사하러 나타난 두 딸 가운데 여동생에게 서른한 살의 황제는 한눈에 반하고 만 것이다. 비안카 란치아는 이때 열여섯이었다고 한다.

시간 활용에서는 다른 이의 추월을 용납하지 않았던 프리드리히였다. 즉 시간 낭비를 싫어했다는 소리인데 이는 여자를 대할 때도 다르지 않은 듯, 이 사람이다 싶은 상대에 대한 프리드리히의 접근은 집요했다. 하지만 비안카에 대해서만은 왠지 속공으로 나서지 않았다. 이 커플에게서 아이가 태어나는 것은 만난 지 4년이 지난 뒤가 된다. 이 4년간, 프리드리히는 직면한 여러 문제를 해결하느라 정신이 없었고, 또 그 뒤로는 십자군 원정에 나선 1년이 이어졌다.

하지만 원정에서 돌아오자마자 그녀를 불러들였는지, 귀국한 다음 해에 콘스탄체라는 딸이 태어난다. 그리고 2년 뒤 대망의 아들이 탄생했다. 이름은 비안카의 친정 가문 남자들에게 많은 이름을 따서 만프레디라고 지었다. 독일식 발음은 맨프레드. 그리고 그다음 해 비오란테라는 이름의 딸도 낳았다. 프리드리히와의 사이에서 셋이나 자녀를 출산한 여자는 비안카 한 명으로, 세 명이나 되었던 정식 부인도 아이 셋을 낳은 사람은 없었다.

동시대의 연대기 작가 둘마저도, 이 비안카를 황제 프리드리히가 진심으로 사랑한 유일한 여성이었다고 적고 있다. 만나서 죽음으로 헤어질 때까지 20년간, 프리드리히에게 일편단심을 지켰던 여자였다.

그런데 프리드리히는 예루살렘 왕녀 욜란데가 죽은 뒤에도 영국 왕녀와 다시 재혼했을 뿐만 아니라 애인을 다섯이나 만들었다. 그중 하나는 비안카의 시녀였다니 정말 못 말리는 남자라고 할 수밖에 없다.

▶ 그 시대 여성의 옷차림

프리드리히가 마흔 살의 나이에 올린 세 번째 결혼식 상대는 영국 왕 헨리 3세의 친여동생으로 스물한 살이었던 이사벨이다. 물론 정략결혼으로 프리드리히의 목적은 프랑스를 견제하기 위해 영국과 손을 잡는 것과 원래 그에게 심취해 있는 헨리와의 유대를 강고하게 하는 것이었다.

다만 영국 아내는 외모와 태도가 아름다운 여성이었던 데다 똑똑하고 활달한 여성이기도 했던 듯 1남 1녀를 얻은 6년간의 결혼 생활은 프리드리히에게 아주 행복한 날들이었다. 그의 행동을 짚어보면 아이를 낳은 아내를 라벤나까지 가서 위문하지만 몇 시간 뒤에는 라벤나를 떠나는 식이다. 정식 부인이라는 신분이라도 상대가 프리드리히니 특별 대우를 기대하는 것은 무리였을 것이다.

이 영국 왕녀도 1241년 겨울, 포자의 왕궁에서 죽는다. 세 번째 임신이 잘못되는 바람에 맞은 스물일곱 살의 죽음이었다. 교황 그레고리우스가 죽어 로마에서 군을 철수시킬 수밖에 없었던 탓에 프리드리히는 아내를 조금 간호할 수 있었다고 한다.

오랫동안 이 모든 것을 견뎌야 했던 비안카인데, 5년 뒤에는 그녀의 인생이 조금 바뀐다. 세 번째 정식 부인의 죽음으로부터 5년이 지난 1246년, 쉰한 살이 된 프리드리히가 비안카와 결혼한 것이다. 프리드리히에게는 네 번째 결혼인데 서른여섯이 된 비안카에게는 첫 번째 결혼이었다.

식은 이런 일에 절대 빠지지 않는 팔레르모 대주교 베라르도의 주관 아래 이루어졌다. 그리고 어머니에게 특별한 날인 결혼식에는 아들과 딸도 출석했다. 2년 전에 그리스 니케아제국 황제와 결혼한 장녀를 제외하고 열네 살의 만프레디와 열세 살의 비오란테는 참석했다.

로마 교황은 이 결혼을 인정하지 않았다. 로마 교황의 생각에는 그리스도교도의 정식 결혼이란 육체관계에 들어가기 전에 맹세한 결혼이어야 했다. 오랜 애인을 아내로 맞는다고 하더라도 그것은 정식 부인이 아니며 애인으로 있을 때 낳은 아이도 적자가 아니라 계속 서자라는 것이 가톨릭 교회의 사고방식이었으니까.

그래도 성직자도 높은 자리에 오르면 타협이라는 것을 아는 사람들이다. 그러므로 왕의 이혼을 인정하는 일도 종종 일어나는데, 상당한 양보를 얻어내고는 어쩔 수 없다는 듯 인정하는 게 보통이다. 하지만 프리드리히는 특히 로마 교황에 대해서만은 절대 양보하지 않았던 남자다.

이런 사정도 있어서 축복 속에 정식 부인이 되었는데도 비안카는 팔레르모나 포자의 왕궁으로 옮겨와 살지 못하고 이전에 프리드리히가 선물한 조이아 델 콜레 성에 계속 산다. 2년 뒤에 찾아오는 죽음을 맞은 곳도 이 아름다운 성이었다.

후일담처럼 덧붙이는 이야기인데, 비안카가 죽고 2년 뒤 프리드리히에게도 죽음이 찾아온다. 황제의 시신을 장례식을 치루고 묘지가 될 팔레르모로 운반하는 장렬(葬列)은 평소라면 브린디시에서 배를 통해 팔레르모로 향하는데, 일단 남부 이탈리아 내륙으로 들어가 거기서 일 박을 하고 그 후 타란토 항에서 배를 타고 팔레르모로 향하는 길을 택한다. 모든 장례 절차를 주관한 것은 아들 중 유일하게 아버지의 죽음에 입회한 만프레디였다. 프리드리히의 시신은 조이아 델 콜레 성에서, 그곳에 잠든 비안카와 하룻밤을 보낸다. 열여덟 살이 된 아들 만프레디의, 아버지와 어머니에 대한 따뜻한 마음의 발로일지 모르겠다.

여자 이야기는 대체로 여기서 끝나야 할 테지만, 프리드리히라는 남자는 참으로 곤란한 남자가 아닐 수 없다. 비안카 란치아와 운명적인 사랑을 깨달은 뒤로도 네 명이나 더 애인을 만들었으니 말이다. 그중 셋은 이름조차 밝혀져 있지 않다. 딸을 낳았기 때문인데, 아버지인 프리드리히는 태어난 아이가 딸이라도 반드시 인정하고 성장하면 혼처까지 신경을 썼다. 하지만 중세란 시대는 아들을 낳지 못한 여자에게 냉담한 시대였다.

애인 가운데 한 사람 더, 소개할 가치가 있는 여성이 있다. 만나라는 이름만 남아 있는 여인인데, 이 사람은 프리드리히의 소중한 사람이었던 팔레르모 대주교의 조카였다. 가장 신뢰한 사람의 조카에게까지 손을 대다니 정말 기가 찰 노릇인데 베라르도도 이거 참, 이라고 생각했을 것이다. 애인은 정략 없는 결합이라고는 해도 프리드리히는 정말 못 말리는 남자였다.

다만 이 여인은 아들을 낳았고 리카르도라는 이름을 주었다. 성장한 다음 아버지의 뜻에 따라 요직에 나아가 활용된 프리드리히의 서자 가운데 하나다.

이리하여 프리드리히는 열한 명의 여성에게서 일곱의 아들과 여덟의 딸을 얻었는데 이 여자들 가운데 누구도 문제를 일으킨 사람은 없다. 로마 교황에 호소하거나 적진과 내통하거나 아들을 설득해 아버지에게 반기를 들게 하는 불상사를 일으킨 여성은 프리드리히의 정식 부인과 애인 가운데 한 사람도 없었다는 것이다.

프리드리히라는 남자는 평생 정식 부인은 당연하겠으나 애인마저도 숨기지 않았다. 그러므로 애인들의 존재는 공공연한 비밀조차 되지 못했다. 누구나 여성들의 존재를 알았다. 로마 교황도, 다른 나라의 왕들도 이탈리아나 독일의 유력 제후들도 모두 황제의 여자들을 알고 있었다. 다 아는 사실은 문제가 될 것도 없으므로 스캔들도 아닌 셈이다.

게다가 그는 아내와 다른 아내를 절대 한곳에 살게 하지 않았다. 자신의 애인이었던 사람을 가신 누군가와 결혼시키는 일, 즉 애인을 가신에게 버리는 일 또한 전혀 없었다.

프리드리히에게 '옛날 애인'은 한 사람도 없었다. 모두가 '현재의 애인'이었다. 그 모든 여인에게 그가 찾아오는 일은 드물었다. 하지만 그에게는 여전히 사랑하는 사람이었고 그 애인들에게 나쁜 생각을 품게 하지도 않았다. 참 잘도 보살폈다고 이야기할 수밖에 없는데 사실은 힘든 일이었을 것 같다. 또 이 점은 특필할 가치가 있다고 생각하는데 황제의 애인이 된 여성의 가문이 이익을 얻는 사태도 전혀 일어나지 않았다. 특별한 존재가 되는 게 아니므로 굳이 황제에게 딸을 바칠 이유도 없었다.

또 이게 가장 중요하다고 생각하는데 다음에 다룰 생각이지만, 프리드리히라는 남자는 애인들을 끝까지 보살폈을 뿐만 아니라 애인들이 낳은 아이들도 철저하게 돌본 남자였다. 어쨌든 여자에게 있어 자신이 낳은 아이는 중요한 존재다. 그 아이의 장래를 철저하게 배려해주는 남자를 싫어할 여자가 있을까.

여자를 가장 잘 다루는 방법은 숨기지 않는다, 버리지 않는다, 불가능한 일은 하지 않고 가능한 일은 다 한다는 지극히 평범한 페어플레이밖에 없다. 이를 어떤 사람은 '정직'이란 말로 표현한다. '정직'하게 행동하는 곳에는 분노나 원한이 생기지 않는다.

고대 로마인 율리우스 카이사르도 여기저기에 애인을 만들었으나 그 누구에게도 원한을 얻지 않았다고 한다. 희소한 재능을 타고난 사람이었다. 카이사르도 상대가 남자일 때와 달리 상대가 여자라면 항상 정직하게 행동한 남자다.

자녀들

/

/

여자라도 정식 부인과 애인의 차별을 두지 않았던 프리드리히는 자녀들도 적자와 서자를 나누지 않았다. 그러므로 여자들과 마찬가지로 아이들도 연대기식으로 서술하려 한다.

그렇다고 해도 적자와 서자는 역시 같은 선상에 있지 않다. 그것은 중세라는 이 시대의 매우 큰 특색으로, 영지를 물려받는 것은 정식 혼인에서 태어난 적자여야 했다. 그렇지 않으면 로마 교황이 인정해주지 않았기 때문이다. 프리드리히도 그의 영토인 신성로마제국과 시칠리아 왕국의 후계에는 정식 부인에게서 태어난 적자를 앉혔다. 하지만 그 이외는 적자와 서자를 전혀 차별하지 않았다.

오히려 아버지와 친밀하게 접할 기회는 서자가 훨씬 많았다. 적자는 후계자이므로 아직 소년이라고 해도 장래의 임지에 보내졌기 때문이다. 또 프리드리히의 양육법은 같은 시대의 왕후들과 달랐다.

아들은 일곱 살 전후가 되면 어머니와 떨어져 아버지에게 온다. 장래의 임지로 보낼 필요가 없는 서자들은 이렇게 아버지 곁에서 자란다. 처첩은 절대 동거시키지 않았으나 어머니가 다른 아이들은 함께 살게 한 것이다. 성인이 되는 열다섯까지는 아마도 포자 왕궁에서 기숙하며 아버지가 고른 가정교사 밑에서 교육받았을 것이다. 한시도 쉬지 않고 각지를 이동하는 프리드리히였는데 적자든 서자든 상관없이 아이들의 양육에는 매우 열심이었던 아버지였다.

성인이 된 후에는 아버지의 뒤를 따라다니는 수습 기간이 시작된다. 그리고 스무 살이 될 무렵부터는 아버지가 임명한 요직에 나아가 타고난 자질과 주어진 교양의 성과를 발휘한다. 이것이 서자들이 밟는 코스였다. 프리드리히는 서자들에게 단순한 더부살이가 아닌, 적자를 도울 중요한 일꾼으로 성장하길 기대한 것이다.

그런 프리드리히가 딱 한 번, 자녀 교육에 실패한 것이 장남 하인리히였다. 이 사람에 관해서는 앞서 썼으므로 반복하지는 않겠는데, 독립적이고 독보적인 사람은 다른 사람도 똑같으리라 생각해서 혼자서도 잘 해낼 수 있으리라 생각한다. 그래서 아홉 살의 아들을 독일에 남겨둔 채 방치했는데 그것이 실패 원인이었다.

하인리히는 처음부터 프리드리히가 아니었다. 일개 영주의 아들로 태어났으면 편안한 인생을 보냈을 것이다. 하지만 그의 아버지는 그리스도교 유럽 세계의 속세에서 가장 높은 자리에 있는 신성로마제국의 황제였다. 그런 사람의 뒤를 잇는 일은 그에게는 너무 무거운 짐이었다.

그래도 자신과는 열여섯의 나이 차이로 스물네 살이 된 장남은 나이로 봐도 후계자로는 최적이었다. 그런 장남을 폐위시켜야 하는 아버지의 심정은 단순하지 않았을 것이다. 이 장남을 대신할 적자 콘라트는 아직 일곱 살밖에 되지 않았다.

나이순으로 따지면, 적자 하인리히 다음은 1216년에 태어난 서자 엔초가 된다.

어깨까지 내려오는 구불구불한 금발, 균형 잡힌 날렵한 몸매, 흠잡을 데 없는 품위 있는 행동, 그러면서도 민첩한 움직임, 파란 눈에 미소를 지은 얼굴을 보면 여자가 아니더라도 입을 다물지 못하게 된다는, 당대 사람의 기록은 그의 아름다운 용모에 대한 칭송으로 가득한데 엔초는 아름답기만 한 남자가 아니었다.

교양은 아버지나 그 주위 지식인들과 대등하게 대화할 수 있을 정도로 높았고 시를 짓는 재능도 뛰어났다. 특히 좋아했던 매사냥을 비롯해 야외 활동을 즐기는, 지극히 활달한 젊은이였는데 통치에서도 전투에서도 상당한 재능을 지녔다고 한다. 프리드리히는 자신과 스물한 살 차이가 나는 이 아들을 사랑했을 뿐만 아니라 든든히 여겼다.

프리드리히는 아버지와 동행하는 수습 기간이 끝나자마자 엔초가 차례차례 요직을 경험하게 한다. 황제의 군대에서 엔초의 모습을 찾을 수 없는 전장은 없다고 할 정도로 그는 아버지의 오른팔이 되는 데 부족함이 없었다.

엔초는 스물두 살에 사보이아 백작의 딸과 결혼했다. 그 후에도 엔초의 활약은 북부 이탈리아 전역에 걸쳐 발휘되어, 밀라노를 중심으로 한 롬바르디아 동맹을 제압하는 데 엄청난 공헌을 했다.

스물일곱 살이던 해에 아버지에 의해 사르데냐섬 왕에 임명된다. 코르시카와 사르데냐의 두 섬과 피사를 적절히 활용함으로써 티레니아해 북부까지 패권 아래 두려고 했던 프리드리히의 전략을 최전선에서 실행한 것이 엔초였다.

이 전략이 기정사실이 되면 누구보다 타격을 입는 것이 같은 해양 도시국가이자 피사와는 원수지간인 제노바였다. 이후 제노바 출신 로마 교황 인노켄티우스 4세가 세우는 반황제 음모의 구체적인 목표가 프리드리히와 엔초를 둘 다 살해한다는 것이었다는 점은 스무 살부터 서른 살 시기의 엔초가 얼마나 중요한 존재였는지를 알려준다. 이 엔초의, 삼십 대 후반 이후의 생애는 뒤에서 다시 이야기하겠다.

엔초보다 여덟 살쯤 아래인 '안티오키아의 페데리코'도 기숙 생활로 시작된 서자 코스를 밟은 사람이다. 성인이 된 열여섯 살의 해에 아버지로부터 중부 이탈리아에 있는 알바 백작령을 받는다. 그 무렵부터 그의 수습 기간이 시작되어 엔초와 마찬가지로 각지의 전장을 전전하는 생활이 이어지는데, 전장에서의 페데리코는 엔초만큼 화려한 존재는 아니었다. 하지만 통치 면에서는 엔초 이상이었을지 모른다. 그쪽 재능은 이십 대에 들어서며 꽃을 피운다.

그 시작이 피렌체공화국의 '포데스타(장관)'였다. 황제 측에 서기로 한 피렌체가 장관 파견을 요청했고 그에 응해 프리드리히는 아직 젊었던 이 아들을 보낸 것이다. 중부 이탈리아의 중요한 도시국가 피렌체가 언제까지 황제 측에 있을지가 스물한 살의 페데리코에게 달린 것이었다.

그런데 이것이 성공한다. 다른 도시라면 황제파(기벨린)와 교황파(겔프)로만 분열되어 있었는데 교황파 안에서도 '비안키(화이트)'와 '네리(블랙)'로 또 갈라져 있는 것이 피렌체인의 기질이었다. 다른 나라에서 와서 이런 피렌체인을 단합시킨다는 것만으로도 평범한 재능은 아니었다. 그런데 스물한 살의 젊은이가 그 일을 해낸 것이다.

게다가 알바 백작 페데리코는 곧바로 아버지로부터 피렌체를 포함한 토스카나 지방이라는, 무슨 일에든 자신의 의견을 이야기하지 않으면 참지 못하는 사람들만 사는 토스카나 지방 전역의 황제 대리인으로 임명되어, 그 임무를 5년에 걸쳐 수행했다. 토스카나 사람의 기질을 아는 사람이라면 그것만으로도 감탄할 일인데, 이 큰 임무를 아직 젊은 아들에게 맡긴 프리드리히의 부담을 가볍게 한 것만은 틀림없다. 북부 이탈리아에서 로마 교황이 후원하는 코무네와 황제 측의 긴장 관계가 이어지던 이 시기, 중부 이탈리아가 계속 평온한 상태를 유지했으므로 그 차이는 인상적이기조차 하다. 이런 결과 대부분은 역시 역사에 '안티오키아의 페데리코'라는 이름으로 남은, 이 사람이 한 일이었다.

이 남자와 4년 차이가 나는 동생이 프리드리히의 두 번째 정식 부인이 낳은 콘라트다. 출산 끝에 어머니가 사망한 탓에 포자 왕궁에서 자랐는데 다른 아이들과 그가 함께 지낸 시간은 짧았다. 맏형이 폐위되자 후계 서열 1순위가 된 콘라트는 아직 일곱 살이라는 나이에 독일로 보내졌기 때문이다. 다만 이탈리아나 아버지와 전혀 교류 없이 혼자 북쪽 나라에서 성장한 것은 아니다.

장남의 실패를 반복하고 싶지 않았던 프리드리히는 믿을 수 있는 사람들에게 양육을 맡겼을 뿐만 아니라 직접 편지를 써서 보내 아직 어린 아들과의 사이를 밀접하게 유지하도록 배려했다.

그 편지들을 읽으면 높은 지위에 오를 사람의 마음가짐부터 공부의 필요성, 신하를 대하는 방법까지 모든 게 망라되어 있어 웃고 마는데 다행히 콘라트는 아버지가 적어 보낸 내용의 반은 머리에 넣고 반은 잊은 듯하다. 그런 점 때문인지 유럽 안에 명성이 자자했던 아버지의 존재에 압도되지 않고 솔직하고 건전하게 성장했다.

다만 이탈리아에서 아버지 아래에서 자란 서자들과 달리 이 적자는 당시 문화적 수준이 낮은 독일에서 자란 탓인지 학예에 관한 관심은 그다지 없었다. 사냥도 좋아하고 전장도 좋아했다. 그래서인지 독일인 사이에서는 인기가 높아, 차기 황제로 일단은 잘 성장하고 있었다.

이 적자 다음은 또 서자인데, 정식 부인이 있었는데도 서른네 살의 프리드리히가 최고의 충신이었던 팔레르모 대주교 베라르도의 조카에게 반했기 때문이다. 그 여인에게서 얻은 리카르도라는 아들도 아버지가 준비한 '서자 코스'를 밟는다.

애인뿐만 아니라 그 여자에게서 얻은 아이도 잘 돌봤던 프리드리히이다. 리카르도도 성인이 되자 키에티 백작에 더해 스폴레토 공작 지위를 주었다. 다만 아버지는 아들에게 단순히 영토만 준 게 아니다. 키에티 백작령과 스폴레토 공작령은 모두 이탈리아 중동부에 있었다. 이탈리아반도 북쪽과 서쪽, 그리고 남쪽에서 로마 교황을 압박하고 있던 프리드리히에게 키에티와 스폴레토는 전략 요지였다. 그러므로 리카르도는 수습 기간도 제대로 채우지 못하고 바로 최전선에 보내졌고 젊은 나이에 전장에서 죽는다. 프리드리히의 일곱 아들 가운데 아버지에게 아들의 죽음이라는 슬픔을 준 것은 자살한 하인리히와 전사한 이 리카르도 두 명이다.

나이순으로 따지면 다음에는 비안카 란치아를 어머니로 둔 만프레디가 온다.

아름다운 용모로는 엔초와 쌍벽을 이루었다고 한다. 하지만 후세의 지명도로는 만프레디가 완벽하게 승리했다. 시성(詩聖) 단테가 그에 대해 썼기 때문이다. 단테는《신곡》에 수많은 사람을 등장시켰는데 이 가운데 용모 묘사까지 한 사람은 만프레디 하나밖에 없다. 이에 자극을 받았는지 후대에 만프레디를 주인공으로 한 작품이 많이 만들어진다. 바이런은 장편시와 오페라까지 쓴 바 있다.

'biondo era e bello e di gentile aspetto(금발에 미남이며 몸가짐이 아름답다)'로 시작되는 연옥 편 일부인데, 고작 세 줄에 모든 것을 담았으니 단테의 재능에 고개가 절로 숙여진다. 아름답고 젊은 나이에 비극적인 죽음을 맞은 만프레디의 짧은 일생은 낭만주의 예술가들을 기다릴 필요도 없이, 만프레디가 죽기 1년 전에 태어난 피렌체인 단테에게도 강한 인상을 주었을 것이다.

시는 소리 내어 읽어야 하는 법이다.

'금발에 미남이며 몸가짐이 아름답다'로 시작해 '하지만 한쪽 미간이 반쯤 베어져 있다'로 이어진다. 만프레디는 살아 있으나 사자의 세계로 길을 잘못 든 단테를 향해 미소 지으며 말한다.

'나는 만프레디, 황후 콘스탄체의 손자지.'

일본에서는 단테를 '시성'이라 부르고 유럽에서는 그를 '계관 시인'이라고 부르며 칭송하는데 원어인 이탈리아어로 그의 작품을 읽으면 그런 평가가 당연하다는 생각밖에 들지 않는다. 일본어로 번역해봤는데 '비온도'와 '벨로'는 가능해도 '젠티레 아스페토'의 번역에는 고생했다.

그러나 이 'gentile aspetto'가 열쇠다. '단정한 용모', '품위 있는 행동거지', 그리고 '몸가짐의 아름다움'이야말로 그 사람의 타고난 자질과 교양을 드러내기 때문이다. 비온도와 벨로만 있는 남자라면 찾기 어렵지 않다. 하지만 그게 '젠티레 아스페토'가 되면……. 후세의 낭만주의 예술가들도 그 점에 민감하게 반응한 게 틀림없다.

연구자들은 만프레디를 프리드리히의 아들 가운데 가장 아버지와 닮았다고 평가한다. 매사냥에 대한 열정을 비롯해 학예에 대한 애호, 이슬람 세계와의 편견 없는 교류까지. 확실히 이런 면에서 그는 아버지를 닮았다. 하지만 프리드리히가 평생 지켜온 강렬한 자부심, 끊임없는 의지, 합리적이고 냉철한 시점, 곤경에 빠졌을 때의 극복력 등은 아버지를 따르지 못한 듯하다.

그랬기에 오히려 예술가들은 만프레디에 매료된 게 아닐까. 단테는《신곡》에 프리드리히도 등장시켰다. 다만 죄를 후회하는 만프레디는 천국에

갈 가능성이 있는 연옥 편에 등장시키고 아버지는 천국에 갈 가능성이 전혀 없는 지옥 편에 등장시켰다. 르네상스에 발을 걸치고 있으나 중세의 마음도 지닌 단테였다. 가톨릭교회가 정한 죄 같은 것을 전혀 후회하지 않았던 프리드리히의 처리에 곤란했는지, 이단을 다루는 '지옥 편' 제10절에 등장시키면서 이름만 대고는 다음으로 넘어갔다. 만프레디를 주인공으로 하면 영화, 연극, 게임도 만들 수 있을 테지만, 황제 프리드리히 2세는 앞으로도 이런 종류의 영예는 얻지 못할 게 분명하다.

게다가 만프레디는 아버지가 죽을 때 아직 열여덟 살밖에 되지 않았다. 한창 수습 기간 중이었던 것이었다. 만프레디의 진정한 의미에서의 삶은 아버지가 죽은 뒤부터 시작되는 16년간이었다.

프리드리히가 얻은 일곱 아들 가운데 마지막은 세 번째로 결혼한 영국의 왕녀 이사벨과의 사이에서 얻은 엔리코다. 정식 결혼에 의한 아들이므로 적자인데 아버지가 죽는 해에 기껏해야 열두 살이었다. 그래도 적자다. 유언장에는 콘라트, 만프레디, 죽은 하인리히의 아들 둘과 함께 이름이 올랐고 예루살렘의 왕위를 받는데 이 아들은 아버지가 죽고 3년 뒤에 죽었다는 것만 알려져 있다. 너무 늦게 태어났기 때문일까, 아니면 마땅한 자질이 없었던 탓일까.

자살한 하인리히를 제외한 여섯 명의 아들은 당시 일반적인 상황에서 보기에는 기적이라 할 정도로 사이가 좋았다. 같은 어머니에게서 태어난 형제라도 리처드 사자심왕과 존 실지왕처럼 사이가 나빠 전장에서 대결하는 예가 드물지 않던 시대다. 그런데도 프리드리히의 아들들은 늘 단결했다. 적자가 서자를 무시하지도 않았고 서자들 사이에서 다툼이 일어난 적도 없다. 프리드리히의 사후, 로마 교황이 아들들 사이를 갈라놓으려고 획책했으나 그에 응한 아들은 하나도 없다. '안티오키아의 페데레코'는 교황의 권유를 딱 잘라 거절하는 바람에 파문당한 데서 그치지 않고 영지마저 몰수당했다. 그래도 어린 동생 만프레디와 함께 아버지가 남긴 시칠리아 왕국을 지키며 계속 싸웠다. 아들이라면 적자, 서자 가리지 않고 곁에 데려와 같이 키운 것이 좋은 결과로 이어진 게 아닐까 생각된다.

프리드리히에게는 아들들 외에 여덟 명의 딸이 있다. 중세에 정략결혼에 쓰이지 않는 여자는 '계산에 넣지 않는' 시대였고 당사자가 서출이라면 수녀원에 가는 게 일반적이었다. 그런데 프리드리히는 '계산'에 넣었다. 게다가 적출과 서출을 차별하지 않았다. 신부로 데려가는 쪽은 서출이라도 황제의 딸이다. 적출에 버금가는 가치가 있었을지 모르겠다.

자녀를 잘 보살폈던 아버지는 여덟 가운데 일곱까지는 황제의 딸에 어울리는 혼처를 구해주었다. 딸들의 혼처는 그리스 니케아제국의 황제부터 독일의 유력 제후 등이었는데 딸 셋은 나중에 서술하는 '간부 후보생'과 혼인하였다. 프리드리히는 가족을 만드는 데만 열심이었던 게 아니다. 가족의 결속을 굳건히 하는 데도 열심이었다.

여덟 명의 딸 가운데 하나, 오리엔트에서 온 예루살렘의 왕녀 욜란데를 따라왔던 시녀 아나이스가 낳은 '하얀 꽃(비안코피오레)'이라는 드문 이름을 가진 딸만은 결혼 여부조차 모른다. 다만 사망한 해가 1279년이니까 당시로는 오래 살았다. 어쩌면 프리드리히의 딸 가운데 유일하게 수녀원에 들어갔을지 모른다. 이 시대 여자로 오래 산다는 것은 애당초 건강하게 태어났거나 아니면 아이를 낳을 필요가 없는 여자였다.

어쨌든 프리드리히는 여자들 문제가 전혀 없었고 아들도 장남을 제외하면 골치 아프게 한 아들은 없었다. 딸들도 결혼한 후 아버지가 나서야 하는 상황을 만든 아이는 하나도 없다. 이를 행운이라 한다면 그는 행운아였다. 그러나 사생활에서의 행운이 반드시 공적 생활에서의 행운으로 이어지리라는 법은 없다. 공적 생활에서의 협력자들은 잘 돌봐준다고 해서 무조건 따르는 건 아니기 때문이다. 그들까지도 끌어들일 무언가가 필요한 법이다.

협력자들

'파밀리아레스familiares'라는 라틴어가 있다. 패밀리라는 뜻인데 혈연관계는 아니다. 그걸 프리드리히에게 적용하면 가족의 일원도 아니면서 가족처럼 열심히 가장에 협력한 사람들을 가리킨다.

자, 문제의 프리드리히의 '패밀리'를 살펴보자. 프리드리히를 너무 싫어한 나머지 로마 교황 측에 선 연구자들조차 제일 먼저 꼽는 사람이 팔레르모 대주교 베라르도이다.

중부 이탈리아의 산간 지역에 영지를 거느린 유서 깊은 가문에서 1177년 무렵에 태어났다. 성직에 일찍 입문해 일찌감치 두각을 나타냈다. 삼십 대에 들어섰을 때는 이미 남부 이탈리아의 중요 도시인 바리(현 풀리아주 주도) 대주교로 임명된다. 이 시기에 스스로 성인 선언을 하고 국가 재건에 나선 열여섯 살의 프리드리히를 만난다. 베르라도는 서른네 살이었다.

프리드리히가 당시 로마 교황이었던 인노켄티우스 3세에게 부탁해 실현한 인사라는 설도 있는데 어쨌든 베라르도는 바리에서 팔레르모 대주교로 자리를 옮긴다. 프리드리히가 어머니에게 물려받은 '시칠리아 왕국'

의 수도는 팔레르모였기 때문인데, 이 임지 교체는 베라르도를 가까이 두기 위해서만은 아니었다. 중세에서는 왕 다음으로 권위가 높았던 것이 수도의 대주교다. 왕이 영지 백성을 통합한다면 대주교는 영지 백성의 종교적 지도자(그리스도교 세계에서의 목자)였으니까. 다만 팔레르모 대주교가 된 다음 베라르도는 주교라는 존재만으로 끝나지 않았다.

다음 해, 열일곱 살의 프리드리히는 독일 제후의 요청을 받아 현 황제 오토를 배제하고 황제가 되기 위해 독일로 출발한다. 그렇다고는 해도 아직 세상 물정을 전혀 몰랐던 프리드리히다. 그런 그를 수행할 사람도 적었는데 그 가운데 하나가 베라르도였다.

일행은 로마에 들러 교황 인노켄티우스 3세와 만난다. 네 살에 고아가 되었을 때부터 후견인을 해준 이 교황에게 감사 인사를 하기 위해서라는 것은 표면적인 이유에 불과했다. 늙은 교황은 눈앞에 있는 젊은이가 오토를 대체할 독일행을 찬성했기에 독일까지 가는 여비를 원조해주었을 뿐만 아니라 팔레르모 대주교에 교황 대리라는 자격을 주었으면 좋겠다는 열일곱 살의 요청까지 받아주었다.

이는 독일에서 큰 위력을 발휘한다. 일반 독일인에게 교황의 말은 신의 말씀이다. 독일로 들어간 다음 프리드리히에게 성문 열기를 주저하는 마을이 나타나면 대주교 예복을 차려입은 베라르도가 앞으로 나가 성벽 위에서 내려다보고 있는 주민들을 향해 큰 소리로 소리친다. 그러면 바로 성문이 열렸으니까 효과는 틀림없었다.

프리드리히의 독일 체류는 8년에 이른다. 신성로마제국 황제의 자리를 확실하게 하는 데 8년이나 걸린 것이다. 그러나 베라르도는 그 8년 동안 늘 프리드리히 곁에서 보낸 것은 아니다. '시칠리아 왕국'의 통치는 아내인 콘스탄체에게 맡기고 독일로 떠났는데, 8년간 콘스탄체가 별 탈 없이 통치한 것은 그동안 알프스를 수없이 넘어 독일과 이탈리아를 왕복한 베라르도의 도움이 있었기 때문이다. 로마에서의 대관식을 위해 독일로 불러들이게 된 콘스탄체와 아들 하인리히를 데려온 사람도 그였다.

1220년, 스물다섯 살의 프리드리히는 로마에서 교황 호노리우스의 손에 의해 제관을 받는다. 이로써 과거 '풀리아의 소년'도 명실상부한 신성로마제국의 황제로 취임하게 되었다. 베라르도도 독일에서 이탈리아로 들어온 황제와 동행해 로마에서의 대관식에 참석했다. 하지만 이걸로 'The End' 할 생각이 없었던 스물다섯이니, 마흔셋이 된 베라르도에게도 그해가 '끝'이 될 수는 없었다.

'카푸아 헌장'을 작성함으로써 시칠리아 왕국의 법치화에 본격적으로 착수한 프리드리히에게, 베라르도도 적극적으로 협력한다. 정작 본인은 성직자이면서도 성직자 양성이 주요 목적인 볼로냐대학에 대항해 관료 육성을 목적으로 하고, 교단에 서는 학자들도 성직자를 배제하고 속세 사람으로 채운 나폴리대학 창립에도 협력을 아끼지 않았다. 고대 로마법을 배우는 세속적인 색채가 물씬한 이 고등교육기관의 신설은 로마 교황을 정점으로 하는 가톨릭교회로부터 의심의 눈길을 받았음에도 불구하고 말이다.

게다가 시칠리아 왕국 안에 사는 이슬람교도가 그리스도교 사회에서도 안전하게 살 수 있도록, 또 그들의 종교를 지킬 수 있는 환경에서 살 수 있도록 프리드리히가 고안한 사라센인의 마을 루체라의 건설에도 이 대주교는 이의를 제기하지 않았다. 이 일 역시 로마 교황의 심기를 상하게 했지만 말이다.

대주교 자리에 있는 베라르도는 명확히 가톨릭교회 측 사람이다. 그런 그에게 세속 군주였던 프리드리히가 생각하고 실행하는 일에 찬성하고 협력할 의리는 전혀 없다.

그래도 계속 협력했다. 어쩌면 베라르도는 프리드리히와 만난 뒤로는 성직자로서의 '의리'보다는 인간적인 '도리'를 따르기로 마음먹었는지 모른다.

1227년, 쉰 살이 된 베라르도는 프리드리히의 명령으로 이집트에 파견된다. 카이로의 술탄 알 카밀과의 직섭 교섭을 위해 남부 이탈리아의 항구 브린디시에서 배를 타고 알렉산드리아에 상륙한 다음 카이로로 향하는 여행이었다. 게다가 이런 이집트행은 한 번으로 끝나지 않았다. 두 번째는 카이로에서 이야기가 끝나지 않아 시리아의 다마스쿠스까지 가야 했다. 무엇보다 당시 그가 맡은 임무가 너무 중요했기 때문이다.

가고 싶지도 않은 십자군 원정을 해야 했던 프리드리히는 군사력을 쓰지 않고 외교로 원정 목적을 달성하자고 마음먹었다. 그러기 위해서는 사전 '상 차리기'가 충분히 이루어져야 한다. 대주교 베라르도는 교섭의 성공 여부를 좌우할 사전 교섭을 일임받은 것이다.

로마 교황이 내리는 파문은 파문당한 사람과 관계를 유지하는 것만으로도 그 사람 역시 파문당하는 벌이다. 그래서 프리드리히가 파문당할 때마다 팔레르모 대주교도 함께 파문당한다. 이런 상황이니 웃을 수밖에 없는 에피소드가 생기기 마련이다. 어느 날 프리드리히가 파견한 사절단이 로마에조차 들어가지 못하는 상황이 되었다. 어쨌든 전원이 파문당했으니까. 하지만 교황은 그와 만날 필요가 있었다. 그래서 급히 베라르도만 파문을 풀어 교황과의 회견을 성사했다.

프리드리히가 이끌고 출발한 제6차 십자군은 군을 이끄는 황제부터 그를 따르는 베라르도 이하 참가자 전원이 파문당하는 기묘한 십자군이 되었다. 하지만 그 기묘한 십자군에 의해 그리스도교도들이 가장 바라던 성도 예루살렘 수복을 실현한 것이다. 로마 교황에 의한 파문을 신경 쓰면 프리드리히의 협력자는 될 수 없었다.

무혈 십자군을 성공시켜 이탈리아로 돌아온 뒤에도 팔레르모 대주교 베라르도의 일은 끝나지 않았다. 프리드리히가 '카푸아 헌장'으로 시작한 법치국가 건설이라는 구상을 '멜피 헌장' 작성으로 완수해야 했기 때문이다. 베라르도도 헌장 작성을 위해 멜피 성에 틀어박힌 사람이었다. 아니, 그냥 한 사람이 아니다. 작성에 관여한 사람 가운데 가장 중요한 협력자였다.

법에 근거한 군주정 국가의 건설이라는, 중세에서는 너무나 이색적인 대사업에, 그것도 세속적인 대사업에, 베라르도는 성직자이면서도 적극적으로 협력한다. 프리드리히를 정점에 두는 법치국가의 최고 결정기관은 '왕에 조언하는 위원회'라는 이름이 붙었는데 이는 각 부서를 담당하는 일곱 명의 장관과 중진 여섯 명으로 구성된다. 중진으로 선정된 것은 봉건 제후 두 명과 대주교 두 명, 주교 두 명으로 총 여섯 명인데 그 맨 위에 적힌 이름이 팔레르모 대주교 베라르도였다.

이 시기 이후의 베라르도는 팔레르모 대주교라는 직무가 허락하는 한 프리드리히의 곁에서 그를 도왔던 듯하다. 황제에게 베라르도보다 더 훌륭한 상담자는 없었다. 로마 교황과의 교섭 담당자는 튜턴 기사단단장 헤르만이 담당할 때가 많았다. 베라르도는 나이도 있어서 생활도 조금씩 조용해진다. 그러나 성직자이면서도 열린 두뇌의 소유자였기 때문에 프리드리히의 궁정에 드나드는 이슬람 세계 사람들과도 이야기가 잘 통했다.

프리드리히의 죽음을 지킨 것도 그였다. 일흔셋의 베라르도는 40년간 충성해온 프리드리히에게 성직자로서 종부성사를 올렸다. 황제는 파문된 상태였고 대주교도 파문되었으므로 파문된 사람이 파문된 사람의 죄를 사한다는, 그리스도교에서는 인정할 수 없는 행위를 한 것이다. 베라르도는 그것을 충분히 알면서도 태연하게 했다. 로마 교황들보다 프리드리히가 진정한 의미에서의 그리스도교도였다고 생각했을지 모른다.

황제의 유언장 정도 되면 입회인 서명이 쭉 나열되기 마련인데 그 맨 처음에 서명한 것도 그다. '팔레르모 대주교 베라르도'라고 서명한 후 'imperatoris familiaris', 그러니까 '황제의 가족'이라고 적었다. 팔레르모로 운구되는 시신을 따라와 팔레르모대성당에서 거행된 장례식을 주관한 사람도 베라르도였다.

프리드리히의 죽음을 안 로마 교황 인노켄티우스 4세는 곧바로 베라르도에게 편지를 보내, 파문을 풀 테니까 그리스도교도의 바른길로 돌아오라고 권했다. 하지만 팔레르모 대주교는 답장조차 쓰지 않았다. 그는 프리드리히가 죽은 2년 뒤, 팔레르모에서 숨을 거두었다. 프리드리히와 마찬가지로 파문당한 채 죽은 것이다.

프리드리히는 생전에 열일곱 살 연상이었던 베라르도에 대해 다음과 같이 말했다.

"어떤 일이 일어나도 항상 내 곁에 있어주었다. 그로 인해 (성직에 몸을 바친 사람으로서) 많은 것을 견뎌야 했음에도 불구하고."

팔레르모 대주교 베라르도는 이탈리아 태생인데, 또 한 사람, 프리드리히를 싫어하는 어떤 연구자라도 그의 헌신만큼은 인정하는 것이 튜턴 기사단단장 헤르만으로, 이 사람은 독일 귀족으로 태어났다. 독일뿐만 아니라 당시 유럽의 귀족 가문에서 태어난 남자는 아버지의 뒤를 이어 영주가 되든지, 아니면 성직에 들어가 그곳에서 고위직을 목표로 하든지, 또는 십자군의 산물인 종교 기사단에 들어가든지, 세 가지 중 하나의 길을 선택해야 했다. 헤르만은 젊은 나이에 세 번째 길을 선택한다. 따라서 그도 베라르도와 마찬가지로 로마 교황 측 사람이었다.

프리드리히는 이런 헤르만을 교황과의 교섭 담당자로 활용한다. 성직자를 활용해야만 할 정도로 인재가 부족했던 것은 아니다. 성직자 상대니까 성직자를 내세운 것이다.

프리드리히와 만난 것은 1215년 무렵으로 알려져 있다. 그렇다면 프리드리히는 스무 살이고 헤르만은 열다섯 살 연상이니까 서른다섯 무렵이었다. 튜턴 기사단단장으로 취임한 지 7년이 지나 있었다.

헤르만은 두뇌에서나 행동에서나 이토록 유연성이 뛰어난 독일인이 있을까 하고 감탄할 정도의 남자였다. 무기를 들고 싸우기보다 머리로 싸우는 게 장기라고 할 만큼, 타고난 외교관이었다. 프리드리히는 이 사람을 철저하게 활용했다.

하지만 베라르도의 일터가 팔레르모 대주교구로 이탈리아에 있다면 헤르만의 일터는 오리엔트에 있다. 템플 기사단, 병원 기사단, 튜턴 기사단을 통칭하는 3대 종교 기사단의 본래 임무가 성지 순례를 오는 유럽의 그리스도교도들을 보호하는 데 있기 때문이다. 튜턴 기사단단장이 유럽에 머물 수는 없었다.

그런데도 헤르만은 중근동과 유럽 사이를 계속 오갔는데, 유럽에 돌아오면 어디보다 먼저 프리드리히를 찾았다. 그가 차지하고 있는 위치에서 보면 상사에 해당하는 교황보다 먼저.

이 헤르만을 교황의 교섭 담당자로 이용하는 게 프리드리히에게 효과적이었던 이유는 황제나 대주교도 파문해버리는 교황이라도 종교 기사단의 단장은 파문할 수 없기 때문이다. 이슬람 세력에 포위된 중근동에서 그리스도교도들의 안전을 지키는 데 일생을 바치는 종교 기사단의 단장에게 파문을 내리면 왕후와 일반 제후들이 가만있지 않을 것이기 때문이다.

그래서 프리드리히는 파문될 수 없는 헤르만을 교황 상대로 활용한 것이다. 프리드리히가 오리엔트에서 귀환한 다음, 파문당한 채 원정을 떠났다는 이유만으로 여전히 화나 있던 교황 그레고리우스와의 사이를, 1년에 걸쳐 끈질기게 오가며 교섭한 끝에 흔히들 말하는 '평화의 키스'를 하게 한 것도, 즉 파문을 풀게 한 것도 쉰 살이었던 이 독일 기사의 공적이었다. 파문당한 자가 보내는 특사로서는 그만큼 좋은 사람도 없었을 테니까.

프리드리히가 간파한 이 '특권'의 효용은 헤르만도 자각했을 것이다. 무슨 일을 해도 파문당하지 않는 몸이라는 사실을 이용해 파문당한 사람이 이끌고 가는 데다 교황이 인정하지도 않는 제6차 십자군도 황제 측에 서서 활약했다. 또 교황이 후원하는 롬바르디아 동맹과 치르는 전투에 필요한 병사를 독일에서 모을 때도 앞장서 움직였다. 튜턴이란 독일을 의미한다. 그 이름을 쓰는 기사단단장의 부름이다. 독일인 기사들이 바로 응해 온 것도 당연하다.

헤르만은 이렇게 여러모로 활용도가 많은 존재였는데 단 한 곳에만은 기용할 수 없었다. 그것은 상대가 이슬람교도일 때의 교섭이다. 종교 기사단이 그리스도교도의 수호자임을 내걸고 있는 이상, 바로 그 그리스도교도를 중근동에서 추방하고 싶어 하는 이슬람 측이 보기에는 적이다. 흰색 바탕에 빨간색 십자가를 그린 제복 차림의 템플 기사단 누군가가 술탄에 다가오려 한다면 그것만으로도 술탄의 호위병들은 살기를 띨 것이다. 흰색 바탕에 검은색 십자가를 그린 제복의 튜턴 기사단이라도 사정은 마찬가지다. 튜턴 기사단의 단장임을 자랑스럽게 생각하는 헤르만에게 제복을 벗으라고 할 수는 없다. 프리드리히도 교섭 상대가 이슬람교도면 다른 사람을 보내는 수밖에 없었다.

이런 헤르만이 병으로 쓰러졌다. 천하의 프리드리히도 상당히 당황한 듯하다. 모든 임무에서 해방되어 요양에 전념하도록 엄중히 명하고 살레르노로 보냈다. 살레르노에는 프리드리히 자신이 부흥에 힘을 쓴 유럽 최고 수준의 의학을 가르치는 의학교가 있고, 그 학교 부속으로 의사와 설비를 완비한 병원이 있었다.

그러나 오랜 세월의 격무는 예순이 된 헤르만을 다시 일어나지 못하게 했다. 의사들의 필사적인 노력에도 불구하고, 그리고 친구의 완쾌를 바라는 프리드리히의 간절한 마음에도 불구하고 튜턴 기사단단장 헤르만은 남부 이탈리아의 살레르노에서 생애를 마쳤다.

그 시기, 북부 이탈리아에 있던 프리드리히는 헤르만의 죽음을 알리는 연락과 교황 그레고리우스가 세 번째 파문을 처했다는 알림을 같은 날 받았다. 만약 헤르만이 건재했다면 이 세 번째 파문은 피했을 수도 있었다는 것이 연구자 대다수의 말이다. 나 역시 그랬으리라 생각한다. 헤르만만이 독일인에게는 드문 유연성으로, 열등감이 강한 탓에 오히려 강경했던 로마 교황 그레고리우스 9세를 제자리에 돌려놓을 수 있었으니까.

마흔네 살의 프리드리히는 이 친구의 시신을 독일로 보내지 않았다. 프리드리히가 좋아해서 자주 체류한 성 가운데 하나가 바다를 바라보게 건설된 바를레타 성인데 그 성이 세워진 마을에는 튜턴 기사단의 지부도 있었다. 황제는 24년간 온몸을 바쳐 헌신한 친구의 시신을 그 지부의 부속 교회에 안치하라고 명했다. 그리고 바를레타 성에 체류할 때마다 그 교회에 들렀다고 한다.

로마 교황 대책에 교황 측 사람인 성직자들을 활용한 프리드리히다. 봉건 제후 대책에도 봉건 제후를 활용했다. 이 비유가 적절한지는 모르겠으나 전에도 마피아 박멸이 임무인 부서의 장에 그 지역의 유력 마피아를 임명한 거나 마찬가지라고 썼는데 프리드리히가 목표로 한 것은 봉건 사회를 벗어나 법에 근거한 군주정 국가로 이행하는 것이다. 하지만 군사적 제압은 그에게 허락되지 않았다. 무엇보다 가진 병력이 거의 없는 상태에서 시작했기 때문이다.

한편 광대한 영지를 소유하고 오랫동안 '나라 속의 나라'를 지배해온 제후들에게는 자금도 인력도 풍부했다. 프리드리히가 태어나면서 받은 '시칠리아 왕국의 왕'이라는 지위만으로는 그들을 복종시킬 수 없었다. 그들은 프리드리히가 태어나기 1백 년도 전, 그에게는 외가에 해당하는 노르만 왕들이 통치했던 시대부터 시칠리아 왕국의 유력 제후였기 때문이다.

스물다섯이 되어 비로소 프리드리히는 제후에 대해서도 유효한 카드를 꺼냈다. 명실상부한 신성로마제국 황제가 되었기 때문에 가능했던 일로, 그해 1220년, 군주정 국가의 탄생을 알리는 제1탄, '카푸아 헌장'을 공표했다.

이 직후부터 프리드리히에 의한 봉건 제후 포섭 작전이 시작된다. 우선 제일 먼저 그들을 자신들의 영지를 중심으로 한 일대를 관리하는 지방 장관으로 임명했다. 그런 제후 가운데 하나인 엔리코 디 모라 같은 경우, 3년 뒤에는 벌써 왕국 전체의 사법 책임자에 취임한다. 법무부 장관이 된 것이다. 다른 유력 제후들도 대부분 공직에 임명되었다.

십자군 원정을 끝내고 교황과도 화해해 몸이 가벼워진 프리드리히는

1231년, 법에 근거한 군주정 국가의 성립을 소리 높여 선언한다. '멜피 헌장'을 공표한 것이다. 이 작성 과정에서 멜피 성에 틀어박힌 사람들에 지금은 고급 관료가 된 제후들도 가세했다. 작업에 참여한 것뿐만이 아니다. '멜피 헌장'에 의해 본격적으로 출발하는 군주정 국가의 요직 대부분을 차지하게 되는 것이 바로 그들 봉건 제후였다. 법무부 장관도 건설부 장관도 그리고 프리드리히의 '내각'이라고 해도 좋을 '왕을 보좌하는 위원회'에 참여하는 여섯 명의 중진 중 둘도 봉건 제후였으니까.

모라와 아퀴노 형제를 비롯한 이런 남자들은 난세였던 중세를 살아남은 봉건 영주다. 신성로마제국 황제라는 것만으로 복종할 남자들은 아니다. 그런데도 총 열 명이 넘는 남자들이 프리드리히에게 20년에서 30년, 죽음이 찾아와 그들의 직무 수행을 중단시킬 때까지 봉사했다. 게다가 그들은 능력 있는 사람이라면 거침없이 활용하는 프리드리히의 협력자가 되었던 탓에 담당 분야의 정해진 일만 하면 되었던 게 아니다. 나중에 최고 장관 자리에 오르는 엔리코 디 모라는 종종 로마 교황에게 파견되었고, 아퀴노 가문의 토마소는 팔레르모 대주교 베라르도와 함께 카이로의 술탄에게 보내진다. 술탄 알 카밀이 프리드리히에게 보낸 특사는 태수 파라딘이었다. 태수(아미르)란 이슬람 세계의 봉건 영주다. 봉건 영주를 보냈으니 이쪽도 봉건 영주를 보내야 한다. 그러므로 남부 이탈리아밖에 몰랐던 이 사람은 멀리 이슬람 세계까지 여행하게 된다. 그것도 한 번이 아니라 여러 번.

이 토마소 아퀴노의 동생 란도르프도 프리드리히 밑에서 죽을 때까지

고위 행정관을 맡은 한 사람이다. 그런데 이 사람의 아들이 역사적으로 유명한 사람이다.

그의 아들 토마소 아퀴노를 라틴어식으로 발음하면 '토마스 아퀴나스'가 되는데 이 사람이 바로 스콜라 철학을 주창한 사람이다. 중세 시대의 철학이라고 하면 '스콜라 철학'으로 부를 정도다. 막내아들이었더라도 유력 제후의 아들이니까 미래의 대철학자도 아버지가 봉사하는 군주가 창설한 나폴리대학에서 배운다. 졸업하고는 이 대학 교단에도 섰다. 프리드리히는 전제 군주였는데 가신의 아들이 도미니코수도회에 들어가 중세 그 자체라 해도 좋을 스콜라 철학의 창시자가 되는 것을 방해하는, 그런 전제 군주는 아니었다는 소리다.

성직자, 봉건 제후 다음으로 세 번째로 꼽히는 프리드리히의 협력자는 지적으로는 상류 계급에 속하지만, 경제적으로는 중류 계급 출신이라 할 수 있는 남자들이다. 그 대표가 피에르 델라 비냐와 타데오 다 세사이고, 둘 다 남부 이탈리아에서 1190년 전후에 태어났다. 프리드리히보다는 네 살이나 다섯 살 위였다.

또래라고 해도 좋을 두 사람이, 이제는 노령인 팔레르모 대주교 베라르도와 병사한 튜턴 기사단단장 헤르만과 이미 20년이나 요직을 거쳐온 엔리코 디 모라 같은 봉건 제후 대신, 1240년 무렵부터 프리드리히의 협력자로 대두한다. 이 시기에 프리드리히가 세운 카푸아 성문에는 중앙에 앉은 프리드리히와 좌우에 선 이 둘의 조각상이 설치된다. 둘 다 볼로냐대학에서 법률을 배웠으니까 엄연한 '대학 출신'이다. 하지만 모두 세속의 사람이었던 둘의 비슷한 점은 여기까지다.

대주교 베라르도의 추천으로 비냐가 프리드리히의 측근에 가세하게 된 것은 상당히 이른 시기다. 나폴리대학의 창설에 관여한 것은 그가 삼십 대 전반일 때였고, '멜피 헌장'의 정책을 법조문으로 고친 사람이 그였던 것으로 추정되는데 그때 나이는 마흔 살이었다.

황제는 공식 문서 외에도 교황에 보내는 서신의 문장을 작성하는 일도 맡긴다. 그가 미사여구를 늘어놓는 문장의 달인이었기 때문이다. 성직자는 보통, 이런 종류의 문장을 쓰지 않으면 못마땅해하는 사람들이다. 솔직하고 간결하며 명쾌한 문장을 좋아하는 프리드리히가 썼다면 일어나지 않을 문제까지 일어났을 것이다. 또 왕후들에게 보내는 서신도 그가 다듬었던 듯하다. 황제가 보낸 편지라도, 총체적으로 교양 수준이 낮았던 왕후 대신 읽는 사람은 그들 곁에서 봉사하는 성직자였기 때문이다.

그러나 피에르 델라 비냐도 외교관으로서의 능력은 대단하지 않았던 것 같다. 그가 사절로 파견되어 잘된 일이 없기 때문이다. 교양은 높았다. 또 시 짓기 재능도 있었다. 하지만 근본적으로 책상머리 사람으로, 대인관계를 잘하는 사람은 아니었을지 모른다.

타데오 다 세사는 같은 나이면서도 밖에서 활약한 사람이다. 이 남자는 프리드리히 자신이 발견해 등용한 사람으로, 성격도 내성적인 비냐와는 대조적으로 외향적이고 책임감도 강했으며 열정적이었다. 튜턴 기사단 단장 헤르만이 세상을 떠난 뒤 이 타데오가 그 구멍을 메운다. 하지만 타데오 다 세사에게는 헤르만이 지녔던 종교 기사단의 장이라는, 로마 교황조차 함부로 할 수 없는 지위가 없었다.

대표적인 인물만 꼽아봤는데 여기서 열거한 남자들이 프리드리히의 협력자들이다. 프리드리히에게 협력했다는 것 자체가, 같은 시대의 다른 동업자들처럼, 높은 지위와 많은 보수에 느긋하게 몸을 두기만 하면 되는 편안한 일이 아니었다. 피에르 델라 비냐 아래에서 일했던 서기 하나가 이 상사에게 보낸, 싼 보수에 중노동을 한탄하는 문장이 남아 있는데 중노동이라면 이들 하급 직원의 상사였던 '협력자'도 마찬가지였다. 그들이 불만을 쏟아내지 않았던 것은 자신들 이상의 중노동을, 게다가 쉬지도 않고 계속하는 황제를 항상 옆에서 지켜봤기 때문이다. 가혹한 중노동을 부과했으나 프리드리히의 인재 활용은 너무나도 그다웠다.

일단 임명하면 그 사람에게 모든 것을 맡긴다. 다만 일임한 사람에게는 항상 황제에 보고할 의무가 부여된다.

그들과의 사이에 이루어진 토의도, 황제로부터 가신으로의 일방통행이 아니다. 자유롭고 활발한 토의 결과, 자신의 안을 고쳐야 한다는 것을 깨달으면 프리드리히는 바로 그렇게 했다. 무엇보다 독일에 있는 아들 콘라트에 보내는 편지에 가신들의 말을 항상 경청하라고 해놓고 쓴 본인이 실천하지 않았다면 효력도 없었을 테니까.

각자에게 부과된 책임 분야는 명쾌했고 그들에게 내려오는 지시도 항상 구체적이었다. 제대로 일을 수행하지 못했을 때는 불같이 화를 내기도 했으나 투옥된 사람은 한 명을 제외하면 없었다. 이 예외는 프리드리히가 십자군 원정으로 자리를 비운 동안 방위를 책임졌던 사람인데 교황군의 침략을 허락하고 만다. 그 원인이 그의 태만 때문이라 몇 년간의 투옥 생활을 견뎌야 했다. 이 사람을 제외하면 협력자 가운데 추방된 자도 없고 사형을 당한 자도 없다.

프리드리히의 협력자로 사는 일은 때로 견딜 수 없을 정도로 힘들었을 것이다. 그래도 일하기는 편하지 않았을까. 할 일을 명쾌하게 자각하고 있는 리더 아래에서 일하는 것은 그의 요구에 부응하기는 힘들지라도 일하기는 편하다. 반대로 뭘 하고 싶은지 분명하지 않고 하다가 우왕좌왕하는 사람 밑에서 일하는 게 훨씬 어려운 법이다.

간부 후보생

/

/

이탈리아어에 '발레토valletto'라는 단어가 있다. 프랑스어로도 'valet'라고 한다. 사전에는 중세 유럽의 궁정에서 군주에 봉사하는 몸종이라고 설명되어 있다. 하지만 프리드리히는 '발레토'들에게 몸종의 역할은 요구하지 않았다.

이름이 알려진 사람만 열다섯 명에 이른다. 그 전원이 유력한 봉건 제후의 아들들이며 독일에서 온 둘을 제외하면 프리드리히의 왕국인 남부 이탈리아와 시칠리아 태생이다.

열한 살이나 열두 살 무렵에 프리드리히에게 발탁되어 처음에는 포자 왕궁 안의 기숙사에서 교육을 받는다. 이 단계에서 이미 독일에 보내지 않아도 되는 서자들과 함께 지내며 같은 교육을 받는 것이다. 즉 열다섯이나 열여섯에 찾아오는 성인까지의 기간, 프리드리히가 생각하는 통치자에 필요한 전반적인 교양, 말하자면 리버럴 아츠를 배운다.

성인이 된 다음에는, 역시 서자들과 마찬가지로 수습 기간이 시작된다. 황제가 가는 곳마다 동행해 황제 곁에서 봉사하나, 황제의 신변을 돌보는 일은 아니다. 그들에게 요구되는 것은 통치자 곁에서 배우면서 통치의 방법을 실습하는 것이다.

언제나 동시에 많은 일을 하던 프리드리히였다. 그런 그의 곁에서 봉사하는 젊은이들의 일상도 아주 바빠, 혹사라고 한탄할 틈도 없었을 것이다. 왜냐하면 그들의 처지는 지금이라면 어시스턴트였으므로 잡무 담당이다. 그런데도 프리드리히는 자신보다 스무 살이나 어린 그들에게 항상 이렇게 말했다.

너희들에게 명하는 것은 엄격할 뿐만 아니라 어렵기도 하고 그중에는 하찮은 문제도 있을 것이다. 하지만 이런 것들에 충실히 대응하면 언젠가 너희들이 명령하는 위치에 있을 때 유용할 것이다. 문제를 처리하는 경험의 축적은 지령을 내리는 쪽에 꼭 필요한, 명쾌하고 망설임 없는 결단력이 되어 돌아오니까.

모라 가문의 아들 둘도, 아퀴노 가문의 아들 둘도 이렇게 자랐다. 투옥된 남자의 아들도 간부 후보생 코스에 합세했다. 이 젊은이들의 출신 가계를 보면 남부 이탈리아의 유력 제후 대부분이 망라되어 있어서, 그 적절한 배분에 절로 웃음이 지어질 정도다.

프리드리히가 목표로 한 것은 이제까지 유럽을 지배해왔다기보다 여전히 지배하고 있는 봉건 사회를 벗어나 법에 근거한 군주정 국가를 창립하는 것이었다. 그는 그것을, 아버지 세대는 정부 고관에 임명함으로써 활용하고 그 아들 세대에게는 간부 후보생으로 교육받게 함으로써 성취하고자 했다. 게다가 자기 아이들과 가신의 자식들을 친구로 만들어서. 실제로

1240년 무렵부터는 간부 후보생을 졸업한 자식들이 부모 세대를 대신해 요직에 임명된다.

게다가 간부 후보생 시대에도 이 젊은이들의 일상은 황제의 통치 어시스턴트에 머물지 않았다. 나중에 설명하는데 프리드리히의 궁정에는 황제의 다양한 취향을 반영해 온갖 종류의 사람이 여러 나라에서 찾아와 머물고 있었다. 그런 곳에도 젊은이들은 항상 있었다. 그들은 다른 문화와의 교류를 몸소 익힐 기회도 충분히 누린 것이다.

또 프리드리히의 궁정은 이탈리아에서 처음으로 라틴어가 아닌 속어인 이탈리아어 연애 시가 탄생한 곳이다. 무엇보다 황제부터 정부의 고관까지 구별 없이 시 짓기를 즐겼으니 젊은이들도 이런 분위기에 물들었을 게 분명하다.

그럼 현실의 연애도 생기기 마련이다. 간부 후보생 가운데 둘은 황제의 서출 딸과 결혼했고 황제의 서자 하나는 간부 후보생의 여동생과 결혼했다.

이는 프리드리히로서도 환영할 만한 일이었을 것이다. 그는 '패밀리'의 틀을 서자들로도 넓혔는데 아버지 대신 키우고 있는 미래의 간부들로도 넓일 수 있으니까 말이다.

이 작전은 한 사건을 제외하고 모두 성공했다. 1240년 무렵부터 확실히 오랜 세월에 걸쳐 아버지 세대가 담당해온 요직에 인턴 생활을 마친 아들 세대의 취임이 두드러졌다. 그 무렵 사십 대 후반에 들어선 프리드리히는 나이대로는 부모와 아들 세대 중간쯤이었다. 협력자의 세대교체를 순조롭게 진행한다는 점에서 나쁜 방법은 아니었다고 생각한다.

그리고 프리드리히의 죽음이라는 어려운 국면에 직면했을 때도 서자들의 결속이 무너지지 않았듯이 간부 후보생들의 결속도 무너지지 않았다. 오래전 동고동락했던 서자들과 간부 후보생들은 제일 먼저 적자인 콘라트를 보좌했고 그 적장자가 죽은 후에는 태어났을 때는 서자였어도 나중에 적자가 된 만프레디 아래에 결속해 로마 교황에 계속 대항한다. 곁에 들여 아들처럼 키운 프리드리히의 양육 방식은 틀리지 않았던 것이었다.

친구들

/

/

같은 시대 다른 나라 왕의 궁정을 이야기하자면 '궁정인'이라고 적어야 할 것이다. 왕으로부터 의식주를 보장받고 왕의 심기를 보살피는 사람들을 가리킨다. 그러나 프리드리히의 궁정에서는 심기를 보살핀다고 해도, 그것은 농담이나 유쾌한 말로 주인의 기분을 좋게 하는 것을 의미하지 않았다. 서로 농담을 주고받았을 것이다. 재미있는 이야기도 했을 것이다. 하지만 거기서 다루는 주제는 민중에게 인기 있는 코미디언을 부르면 해결되는 종류의 것이 아니었다. 그들을 '궁정인cortigiano'이라 부르는 대신 '친구amico'라고 불러야 한다고 생각한 이유다.

프리드리히의 친구는 크게 둘로 나뉜다. 편지를 통한 친구와 불려와 황제 곁에 오래 체류하는 사람의 두 종류다. 프리드리히는 공식 문서와 서신을 쓰게 하는 서기를 다수 거느리고 있었는데 개인적으로 편지 마니아적인 성향이 있었다.

그럼 편지를 통한 친구를 살펴보겠다. 여기서는 대표적인 사람만 소개할 수밖에 없는데 이미 앞에서 이야기한 이탈리아인 교역 상인이자 수학자였던 레오나르도 피보나치를 빼놓을 수 없다. 유럽에 처음으로 아라비아 수학을 소개한 사람이다. 아라비아 수학은 이전까지 사용한 로마숫자에 비해 간단해 잘못 계산할 위험이 적고 영(0)의 개념도 있어서 비즈니스나 학문적인 수학으로도 훨씬 유리했다.

그러나 로마 교황을 정점으로 하는 가톨릭교회는 아라비아숫자가 그리스도교도가 적대시하는 이슬람 세계의 것이라는 이유만으로 '악마의 숫자'라고 부르며 도입을 반대했다. 그래서 경제 국가인 피렌체공화국마저도 그 도입에 소극적이었다. 로마숫자도 실은 그리스도교도가 적대시하던 고대 로마인이 만든 게 아닌가. 그러고 보면 성직자는 아무래도 논리적인 사람들은 아니었던 듯하다.

로마 교황이 아무리 반대해도 국익과 관련 있으면 도입에 나서는 것이 베네치아공화국이었다. 베네치아 정부는 곧장 피보나치의 저작물을 모아 아라비아숫자를 가르치는 학교를 개설한다. 부기(簿記)를 발명한 것은 베네치아에서 가까운 프라토의 한 상인인데 그것을 도입했을 뿐만 아니라 복식 부기로 개량해 보급한 것도 베네치아였다.

경제뿐만 아니라 정치와 외교에서도 영속을 중시하면 현실적일 수밖에 없다. 거기에는 무엇보다 정확한 정보와 전체적인 상을 파악하는 데 필요한 넓은 시야가 요구된다. 얼핏 경제적인 문제로만 보이는 아라비아숫자와 복식 부기지만, 로마 교황은 '태양'으로 여겨지던 시대에 "그리스도교도이기에 앞서 베네치아인"이라고 서슴없이 말하던 베네치아공화국은 역시 중세에서는 이질적인 존재였다.

그와 같은 시기, 또 다른 이질적인 존재였던 황제 프리드리히도 지나가다 들른 피사에서 만난 피보나치의 이야기를 듣고 아라비아숫자의 유효성에 눈을 뜬다. 하지만 그는 상인이 아니라 황제였다. 자국 안의 아라비아숫자 도입에 열을 쏟기보다는 이미 오십 대에 들어선 피보나치의 이후 연구 생활을 보장하는 데 힘을 쓴다. 황제로부터 평생 연금을 받게 된 피보나치는 오리엔트로 오가는 일이 많았던 교역 일을 중단하고 수학 연구에 전념하게 된다. 그런 그의 의무는 연구와 저작의 진행 과정을 편지에 써서 황제에게 보내는 것과 황제가 보내는 수학상의 질문에 대답하는 것이었다. 황제의 초대에 응해 남부 이탈리아로 가기보다 태어난 마을 피사에 살면서 연구를 계속하는 쪽을 택한 그는 자신의 연구 성과인 저작물들, 특히 유럽 수학사에서 일가를 이룬 《산반서Liber Abaci》 등을 비롯한 모든 저작을 프리드리히에게 봉헌했다. 그는 평생 연금을 받게 되고 10년 뒤인 1240년에 피사에서 숨을 거두었다.

편지를 통한 또 다른 친구는 스페인 안달루시아 지방에서 태어난 이븐 사빈Ibn Sabin이다. 이슬람교도 아라비아인인데 아무래도 이 사람의 주장은 이슬람 사회에서도 지나치게 과격했는지 프리드리히의 질문에 대답하는 시기에는 북아프리카 모로코에 망명해 있었다.

이 사람과의 사이에서 오갔던 질의응답을 영국인 연구서의 제목을 빌려 쓰면 'Sicilian questions'이다. 아리스토텔레스 철학에 기반하고 있다는데 신학의 목적은 무엇인가로 시작해 영혼은 불멸인가라는 엄청난 문제도 다루고 있다.

이것이 당시 그리스도 교회의 신경을 건드렸다. 영혼 불멸에 대해 그리스도교의 성직자들에게 질문하는 것은 그렇다 쳐도 이슬람교도에게도 묻다니 무슨 짓인가. 질문하는 사람이 신성로마제국 황제인 만큼 가톨릭교회로서는 가만히 있을 수 없었을 것이다. 영혼 불멸 같은 큰 문제를 굳이 이슬람교도에게 질문하지 않아도 되지 않나. 이 같은 생각을 중세인만 한 게 아니다. 그로부터 8백 년이 지난 현대 유럽인의 연구서에도 비슷한 감정이 드러나니 웃을 노릇이다.

그래서 더 유명해진 '시칠리아로부터의 질문'에 대한 회답인데, 대학 철학과를 나온 내가 보기에는 아리스토텔레스 철학에 기초해 대답할 거라면 아리스토텔레스처럼 좀 더 간결하고 명쾌하게 대답해주면 좋았겠다고 말해주고 싶다. 이는 시대를 초월해 이슬람 세계의 지식인에게 공통되어 드러나는 경향인데 한마디로 말해 그들의 논리 전개 방식은 간결하지도 명쾌하지도 않다. 물론 영혼은 불멸하지 않다고 명언했다면 모로코 망명 정도로 끝나지 않았으리라. 프리드리히는 대답에 만족할 수 없었는지 이후 그의 관심은 구체적인 문제로 향한다.

그래도 아무도 대답해주지 않는 문제에 답을 주었기 때문에 황제는 이븐 사빈에게 보수를 보냈다. 그런데 스페인의 모든 것을 버리고 모로코에서 망명 생활을 하던 이 이슬람교도는 그 보수를 돌려보낸다. 동시에 보수를 받지 않는 이유도 적어 보냈는데 그리스도교도에 대한 이슬람교도의 지적 우위를 드러냈으니 그걸로 충분하다고 적은 것이다. 정말 이슬람 원리주의자는 어느 시대나 변함이 없는 듯하다. 일신교는 여러모로 까다롭다. 다신교 시대를 살았던 아리스토텔레스라면 종교에 얽매이지 않고 합리적이고 냉정하게 분석하고 그에 근거해 이론을 세우기만 하면 되었을 텐데.

이런 식으로 프리드리히는 '친구들'을 선택하는 데 종교나 민족을 가리지 않았다. 그의 궁정에 머문 사람으로 후세에 이름을 남긴 사람을 꼽자면 다음과 같다.

유럽 최초로 수의학을 연구한 조르다노 브루노는 남부 이탈리아에서 태어나 살레르노 의학교에서 공부하고 나중에 이 당시 의학 연구의 메카였던 살레르노 의학교 교단에 섰다.

북부 이탈리아 태생의 아다모 다 크레모나는 방역학을 연구했고 그 성과는 곧바로 황제에 의해 정책이 되어 위생 상태 향상에 공헌했다.

마찬가지로 살레르노 의학교를 졸업하고 안과를 전공한 유대인 의사 자카리아는 나이가 들어 시력이 떨어진 황제의 초청을 받아 궁정 생활을 시작했다.

프리드리히의 '번역 공방' 같은 분야에 종사한 일원도 아주 다채로웠다.

마르세유 태생의 유대인이었던 솔로몬 코엔은 그리스 문헌을 히브리어로 번역한 것으로 유명한 야곱 벤 아나톨리의 저작을 중세의 국제어였던 라틴어로 번역하는 게 일이었다. 그 일에는 나중에 소개하는 마이클 스콧도 참여한다.

또 이 '공방'에서는 아리스토텔레스 철학과 유대교의 융합을 목표한 것으로 유명한 유대인 철학자 마이모니데스의 저작《혼돈 속을 걸어가는 사람을 위한 안내서》의 라틴어 번역도 진행했다. 나처럼 자신이 얼마나 형

이상학적이지 않은지를 철학과에서 알게 된 비뚤어진 사람이 보기에는 아리스토텔레스와 유대교의 융합을 시도하다니, 어차피 무리인 것 같지만. 무엇이든 시도해보는 주의인 프리드리히는 그렇게 생각하지 않았던 듯하다.

여기까지 오면 당연한 일일 텐데 라틴어 제목이 'De animalibus'인 아리스토텔레스의《동물대전》도 아랍어 버전을 거쳐 라틴어 번역본을 완성한다. 프리드리히가《매사냥에 대한 고찰》을 쓰게 된 것도 이 책에 촉발되었기 때문이다.

프리드리히 본인도 상당한 수준의 그리스어와 아랍어 해석 능력을 지녔다. 그러나 전문가의 번역은 또 다른 분야였다. 번역 작업이란 실로 고도의 작업으로, 좋은 번역자에게 요구되는 자질은 원저자와 같은 지력(인텔리전스)이나 그 정도는 아니더라도 원저자가 되어 생각하고 그다음 번역할 때의 상상력과 기개가 꼭 필요하다. 그러므로 번역은 학문의 시작이기도 하다. 프리드리히는 바로 그 점을 알고 있었다. 중세의 '번역 공방'은 이런 프리드리히에 의해 이슬람 지배 아래에 있던 스페인으로부터 그리스도교 아래의 남부 이탈리아로 학문을 옮겨온 것이다.

이 사람들은 평소에는 어느 나라 말로 이야기했을까 궁금해진다. 라틴어와 이탈리아어와 아랍어가 뒤섞이지 않았을까. 그리고 여기에 영어와 그리스어까지 더해지면?

프리드리히 곁에 가장 오래 머문 사람은 다음에 이야기할 두 사람이다.

마이클 스콧Michael Scot은 스코틀랜드에서 태어난 마이클이란 뜻이다. 1175년경에 태어났으니까 프리드리히보다 스무 살은 많다. 중세에는 학문을 좋아하면 이단이라고 여겨지던 때이므로 그런 위기를 피하려고 젊을 때 수도사가 되었다. 옥스퍼드와 파리에서 수학한 후 마흔 살을 넘긴 나이에 스페인의 톨레도로 떠난다. 당시의 톨레도는 문화의 중심으로 불리며 그리스어에서 아랍어로의 번역이 왕성하게 이루어지고 있었다.

스코틀랜드인 수도사는 스페인에 체류하며 아랍어까지 습득한다. 아리스토텔레스의 저작을 아랍어로 번역한 사람으로 유명한 아베로에스는 20년 전에 죽었는데, 톨레도에는 그 학풍이 아직 남아 있었다.

유럽에서는 아베로에스Averroe라는 이름이 유명한데 이 사람의 본명은 이븐 루시드Ibn Rushd로 스페인 코르도바에서 태어난 이슬람교도인 아랍인이다.

이 사람이 그리스어에서 아랍어로 번역한 아리스토텔레스의 저작을 프리드리히가 추진한 정책에 따라 마이클이 라틴어로 번역한다.

중세의 국제어였던 라틴어 번역이 완성됨에 따라 유럽인은 아리스토텔레스를 1천 년 만에 다시 기억하게 된 것이다. 플라톤과 어깨를 나란히 했던 고전기 그리스의 지성은 로마제국 멸망 이후 처음으로 유럽에 알려지게 되었다.

▶ 라파엘로 작품 〈아테네 학당〉, ⓒ ShutterStock

바티칸이라 불리는 로마 교황청 가운데 '라파엘로의 방'이라는 곳이 있다. 르네상스 시대의 화가 라파엘로는 이곳에 벽화를 그렸는데 〈아테네 학당〉이라 불리는 그 작품은 학예 역사상의 '스타들'을 한자리에 모은 구도를 취했다. 중앙에 레오나르도를 닮은 플라톤과 미켈란젤로를 닮은 아리스토텔레스가 서 있고 그 좌우를 학문과 예술 세계의 큰 별들이 저마다 다양한 모습으로 둘러싼 형태다. 이 그림의 왼쪽 끝에 아베로에스도 그려져 있다. 터번을 두른 아랍인의 모습으로.

바티칸은 중세에서도, 그 뒤를 이은 르네상스 시대에서도 가톨릭교회의 본산이었다. 라파엘로는 그런 바티칸 내부에 그리스도교도가 아니라도 학예 분야에서 위대한 업적을 남긴 사람들을 그린 것이다. 볼 때마다 이만큼 르네상스 정신을 구가한 작품도 없지 않을까 하고 생각한다. 아리스토텔레스가 위대하면 그의 업적을 소개한 사람도 위대하니까 아베로에스도 그리는 게 당연하지만.

〈아테네 학당〉에 마이클 스콧은 없다. 우리의 스코틀랜드인은 무엇에든 손을 대는 사람으로, 점성술까지 연구한 탓에 점술가로 알려져 단테는 《신곡》에서 지옥 편 제20절에 넣었다. 어딘가 수상쩍은 인물이라는 단테의 평가 때문인지 '학당' 입성에 실패한 점은 매우 아쉽다.

이 스코틀랜드인을 프리드리히에게 소개한 사람이 아라비아 수학의 대가 피보나치였다고 한다. 스페인을 떠나 이탈리아로 온 그와 만나 의기투합한 피보나치가 황제에게 재미있는 남자가 있다며 소개한 것이다. 프리드리히도 흥미롭게 생각했는지, 마이클도 황제가 흥미로웠는지, 죽을 때까지 프리드리히 밑에서 지낸다. 체류 중 그는 아리스토텔레스의 저작 번역뿐만 아니라 아베로에스에 의한 아리스토텔레스 연구서 번역까지 완성했다.

아리스토텔레스주의란 거칠게 한마디로 말하면 다음과 같다.

'증명할 수 없다고 해서 존재하지 않는 것은 아니다. 그러므로 실험을 거듭함으로써 진실을 추구하는 노력이 중요하다.'

프리드리히가 이론가인 플라톤보다 아리스토텔레스를 좋아한 것도 당연하다. 그런 아리스토텔레스를 평생 연구 주제로 삼은 마이클 스콧과 마음이 맞았던 것도 당연하다. 하지만 무엇에든 관심을 두는 스코틀랜드인이었더라도 프리드리히가 곤란했을 때도 있었던 듯하다. 황제는 너무 유치하다는 생각이 들더라도 거침없이 솔직하게 대답하기 어려운 질문을 던지는 사람이었으니까. 몇 가지 예를 들어보면 다음과 같다.

하나. 우주에서 우리가 사는 지구는 무엇으로 지탱되는가.

하나. 신은 그 어디에 사나.

하나. 그 신의 주위에는 천사나 성인들이 둘러싸고 있다는데 그들은 그 곳에서 뭘 하나.

하나. 천국이나 연옥, 지옥은 있나. 만약 있다면 어디에 있고 누가 사나.

하나. 죽은 다음 살아 있는 사람들이 뭘 하고 지내는지 알 수 있나.

하나. 왜 바닷물은 짠가.

하나. 왜 호수에도 밀물과 썰물이 있나.

하나. 지구의 중심은 무엇으로 이루어졌나.

하나. 왜 그토록 오랫동안 조용했던 산이 갑자기 분화하나. 화산 근처의 물은 왜 끓고 악취가 나나.

뭐, 이런 식이다. 다 큰 어른이라면 부끄럽다고 여길 질문을 마이클에게 던진 것이 프리드리히였다. 이에 대해 스코틀랜드인은 대답을 시도하기도 했다. 하지만 그도 중세를 사는 수도사이다. 역시 그리스도교를 의식해야 했고 의식하지 않으면 이단으로 단죄될 수밖에 없다. 이 수도사가 답한 우주와 지구, 천국이나 지옥도 이보다 반세기 후에 태어나는 단테가 《신곡》에서 그린 것과 그리 다르지 않다.

이래서는 영혼의 불멸 같은 문제는 이슬람교도에게 묻는 수밖에 없겠다. 프리드리히가 그렇게 생각한 것은 당연하다. 하지만 이슬람교도에게서 돌아온 답에도 그는 만족할 수 없었다. 이렇게 된 이상 더욱더 아리스토텔레스의 방식대로 '증명할 수 없다고 존재하지 않는 것은 아니다'로 수

습할 수 있는 상황이 아니었다. 마이클 스콧에게 던지는 질문도 구체적으로 변하는 것이 그간의 사정을 나타내는 듯하다.

물론 구체적이고 과학적인 것, 이를테면 호수의 밀물과 썰물이나 그것이 동물이나 식물에 미치는 영향 같은 것에 대해 이야기를 나누는 동안에는 마이클은 유쾌하고 유익한 친구였다. 게다가 이 스코틀랜드 친구의 관심은 다방면에 걸쳐 있어서 화제가 끊일 걱정은 없었을 것이다. 현대에서는 관상학이라 불리는 분야에는 두 사람 다 관심을 지닌 듯하다. 마이클 스콧은 그에 대해 쓴 저서에서 다음과 같이 주장하고 있다.

얼굴과 몸짓에 대한 관찰안이 있다면 그 인물의 성격을 알고 그 인물이 어떻게 행동할지 예측할 수 있다고. 그 가운데는 유쾌한 글이 있다. 이마에 주름이 잡히지 않고 얼굴도 매끄럽고 반들반들한 사람은 성을 잘 내고 태연히 거짓말을 하며 지적으로도 단순할 수 있다. 마이클은 역시 마이클이었다. 이후 다음과 같이 이어간다. "다만 이것만으로 사람을 판단해선 안 된다. 인간이란 업적에 따라 용모까지 변한다."

그러고 보면 이 글이 쓰인 시기의 프리드리히는 수많은 난제에 직면해 있었으므로 이마에 주름이 잔뜩 잡히고 뺨에도 깊은 주름이 새겨져 있었을 것이다. 그렇지 않았다면 아무리 프리드리히와 죽이 잘 맞았더라도 이렇게 쓸 수는 없었을 테니까.

마이클 스콧은 황제에게 점까지 쳐주었다. 이탈리아의 주요 도시 중 프리드리히가 유일하게 방문하지 않았던 곳이 피렌체였다. 피렌체의 이 시기

호칭은 '피오렌티아'로, 꽃의 도시라는 뜻이다. 마이클이 황제에게 '꽃'과 관련된 도시는 가지 말라고, 당신은 거기서 죽게 된다고 말했기 때문이다.

그러고 보니 프리드리히는 평생 한 번도 피렌체에 가지 않았고 근처에 가려 하지도 않았다. 피렌체공화국이 행정장관의 임명권을 넘기며 황제의 밑으로 들어오겠다는 의향을 표했을 때도, 그에 응해 장관직에 아들 페데리코를 보내면서도 그 자신은 가지 않았다. 참고로 매사냥 도중에 쓰러져 실려 나왔던 곳의 이름은 카스텔 피오렌티노다.

피렌체에 가까이 가지 않은 것은 스코틀랜드인의 예언을 믿어서였는지, 아니면 아리스토텔레스의 말처럼 '증명할 수 없다고 해서 존재하지 않는 것은 아니다'라고 생각해 방문을 포기한 것인지는 알 수 없다. 어쨌든 '꽃(피오레)'은 합리적인 프리드리히에게도 '불길함'으로 받아들여진 듯하다.

마이클 스콧은 유쾌한 대화 상대였다. 하지만 얼마 후 프리드리히는 지적 대화를 나눌 상대를 하나 더 원한다. 그래서 편지로 친밀한 관계가 된 카이로의 술탄에게 누군가 적당한 사람을 골라 보내달라고 의뢰했다. 술탄은 중근동 태생의 그리스인이자 그리스도교도인 테오도르를 보낸다.

마이클이 '스코틀랜드 태생의 마이클'이라는 이름으로 남았듯 이 사람도 '안티오키아 태생의 테오도르'로 남는다. 태어난 해는 알 수 없는데 십자군 시대에는 공국으로 번영했던 시리아의 오랜 도시 안티오키아에서 태어났다. 그리스계니까 그리스도교도이더라도 가톨릭이 아니라 그리스 정교이다. 그리스어, 라틴어, 아랍어에 더해 프랑스어까지 한 것은 십자군 국가의 공용어가 라틴어라도, 그 지방에서 당시 프랑스어가 널리 통용되었기 때문일 것이다.

이 사람의 관심은 고대 그리스의 과학 전반이었다. 하지만 그것을 배우려고 아테네나 알레산드리아가 아닌 이슬람 세계로 갔다. 유프라테스강을 건너 티그리스강까지 가서 처음에는 모술, 이어서 바그다드에서 공부했다. 이를 통해 고전 그리스 '지식'이 이슬람 세계를 통해 후세에 전해졌음을 알 수 있다.

중동에서 수학하고 중근동으로 돌아온 이 사람은 가까운 이슬람 태수 밑에서 행정관으로 경력을 쌓았던 듯하다. 그런 그가 프리드리히의 부탁으로 사람을 찾던 술탄의 레이더에 걸린 것이다. 이리하여 '안티오키아의 테오도르'는 태어나서 처음으로 서쪽으로 향한다.

프리드리히의 '친구들' 가운데 하나가 된 이 사람은 이후 20년이나 황제의 궁정에 머문다. 당시 지식인의 전형으로 수많은 분야에 관심이 있던 사람인데, 전공으로 치면 두 가지 분야로 첫 번째는 의학과 전염병학, 두 번째는 아라비아 문헌을 라틴어로 번역하는 것이었다.

첫 번째 분야에서는 이미 황제의 친구 중 한 사람이었던 이탈리아인과 협력해 시칠리아 왕국의 전염병 대책에 적극적으로 관여했다. 북부 이탈리아 크레모나 태생의 아다모와 시리아 안티오키아 태생의 테오도르 두 사람에 의해 남부 이탈리아와 시칠리아의 하수 시설은 눈부시게 발전했다. 고대 로마처럼 상하수도 완비까지는 이루지 못했다. 하지만 배수 시설은 당시 오리엔트가 더 발달해 있었다. 로마 시대가 남긴 기술과 이슬람의 기술을 모두 활용한 유행병 방지 대책이 이탈리아 태생과 시리아 태생의 두 사람에 의해 열매를 맺은 것이다.

두 번째 분야는 번역인데 이 분야에서 그의 공적으로 제일 알려진 것은 《Moamin》이라는 제목으로 유럽에 소개되는 여러 아라비아인에 의해 기록된 매사냥 지침서다. 원서는 12세기경에 쓰인 듯한데 테오도르가 프리드리히를 위해 이 책을 라틴어로 번역한 것은 그가 서유럽에 온 뒤다. 거기에 자극을 받아 프리드리히 자신이 저자가 되는 매사냥 책은 중세에서는 유일한 학술서로 열매를 맺는다.

스코틀랜드 태생의 마이클도 온갖 분야에 손을 댄 사람이지만, 마이클에 이어 황제의 친구로 가세한 안티오키아 태생의 테오도르도 다재다능한 지식인이라는 점에서도 쌍벽을 이룬다. 아마 라틴어로 대화했을 듯한데, 이 둘의 대화는 압권이었다고 한다. 중간중간 황제의 신랄한 한마디가 곁드는 식으로 대화가 진행되었을 것이다. 압도되어 할 말을 잃는 사태는 절대 없었을 프리드리히였다.

그러나 황제에게 점까지 쳐준 마이클과 달리 테오도르의 전공에는 고대 그리스 의학이 있었다. 그러므로 긴장의 연속인 생활을 숙명처럼 짊어졌던 프리드리히를 위해 음료를 만들기도 하고 피로를 빨리 풀 수 있는 사탕을 만들어 선물하기도 했다.

그 음료 말인데, 성분표를 보면 "이거 스포츠음료잖아"라고 말할 수밖에 없는 물건이다. 하지만 당분 보충은 두뇌 혹사에 효과가 있는 것도 사실이다.

사탕도 벌꿀을 바탕으로 거기에 제비꽃 향을 더한 게 전부인데, 이것이 프리드리히의 마음에 들게 된다. 정부 고관들에게도 선물하라는 명령이 내려졌다니까, 진지한 문제를 토의하는 자리에서 황제와 가신들이 사탕을 우물거리며 토의하는 모습을 상상하면 절로 웃음이 나온다. 어쨌든 제비꽃의 은은한 향기에다 색까지 은은한 보랏빛의 사탕이니 피로회복제로 나쁘지는 않았겠다.

스코틀랜드 태생의 마이클은 수도사였기 때문에 예컨대 최하층이기는 해도 성직자였다. 신을 모시는 몸에는 종신의 거처는 허락되지 않는다. 그런 그에게 여생을 보낼 곳이 황제의 궁정이든 수도원이든 상관없었다. 그러나 안티오키아 태생의 테오도르는 속세의 인간이다. 그래서 프리드리히는 남부 이탈리아에 영지 딸린 저택을 선물했다. 거기에는 오리엔트풍으로 수목이 우거지고 풍부한 물이 흐르는 정원도 딸려 있었다.

이게 잘못이었다고 나는 생각한다. 고향을 떠올리게 하는 곳에 살게 된 테오도르에게 망향의 감정이 불타오르기 시작한 것이다.

그러나 이 시기 프리드리히는 마침내 선출된 새 교황과의 사이에서 긴장의 날들을 보내고 있었다.

고향으로 돌아가고 싶지만, 따뜻하게 대해준 황제의 마음을 저버리고 싶지 않았던 그는 고민한 끝에 자살을 선택한다. 그 친구의 죽음을 마흔여덟 살이 된 프리드리히는 체류 중인 중부 이탈리아에서 듣는다.

'친구들'의 마지막은 역시 알 카밀로 맺어야 할 것 같다.

프리드리히는 이 친구와는 직접적으로는 한 번도 만나지 않았다. 그렇지만 그리스도교도인 그에게 있어서 이 이슬람교도만큼 최상의 친구는 없었다.

'신이 그것을 바라신다'라는 구호 아래, 이슬람교도의 땅이었던 중근동에 서유럽의 그리스도교도가 대거 침공한 제1차 십자군으로 비롯되어 우여곡절은 있었어도 십자군 국가가 그 후로도 2백 년간 존속할 수 있었던 요인은 많지만 확실한 요인 하나가 적인 이슬람 측 리더로 아이유브 왕조의 술탄들이 있었다는 점이다.

중세 이슬람 세계는 크게 나누면 아랍민족과 페르시아민족, 투르크민족으로 이루어졌다. 아이유브 왕조의 술탄은 쿠르드족 출신으로 이슬람 세계에서는 지금도 그렇지만 소수민족이다. 그래서인지 살라딘, 알 아딜, 알 카밀로 이어진 3대의 술탄은 모두 냉철한 현실주의자였다. 이슬람 세계의 성직자인 칼리프와 '이맘(지도자)'들이 그리스도교도는 한 사람도 남기지 않고 쫓아내야 한다는 강경 노선을 무너뜨리지 않는 가운데 아이유브 왕조의 술탄만은 유연하게 대응한다. 제1차 십자군이 온 이후 1백 년이나 정착해 사는 시리아·팔레스티나의 그리스도교도를 기정사실로 인정하고 추방보다 공생의 방향으로 정책을 바꾼 것이다. 왜냐하면 중근동의 이슬람 사회도 십자군에 의해 서유럽과 접촉함으로써 이슬람 사회의 제품이 서유럽에 팔리게 되었음을 직시했기 때문이다.

이런 정세 변화를 서유럽에서 일찌감치 알아차린 것이 베네치아공화국이자 황제 프리드리히였다.

베네치아가 이끈 제4차 십자군은 원정을 떠났으나 목적지는 팔레스티나나 이집트가 아니라 비잔틴제국의 수도 콘스탄티노플이었다. 베네치아 정부와 술탄 알 아딜이 맺은 밀약으로 십자군만 오지 않는다면 시리아·팔레스티나의 그리스도교도의 안전은 보장하겠다는 동의가 있었기 때문이다. 국익을 최우선으로 여기는 베네치아공화국이다. 십자군 정신으로 이슬람교도를 죽이기보다 교역로 확보와 확대를 선택한 것도 당연하다.

그러나 제6차 십자군을 이끈 프리드리히는 일국의 이익만을 앞세울 수 있는 처지가 아니었다. 신성로마제국 황제인 그에게는 유럽 그리스도교 세계에 사는 사람들의 바람을 현실화할 책무가 있다. 그 바람이란 첫째, 살라딘에 의해 공략된 이후 이슬람 아래에 있는 성도 예루살렘의 수복이었고, 둘째는 예루살렘을 비롯한 그리스도교 관련 성지에의 안전한 순례였으며, 셋째는 중근동 지방에 정주한 지 오래인 그리스도교도들의 존속임을 알고 있던 프리드리히는 그것을 외교로 실현하기로 마음먹은 것이다.

이 시기, 적진에는 살라딘을 삼촌, 알 아딜을 아버지로 둔 알 카밀이 술탄 자리에 있었다. 이집트 카이로를 본거지로 삼고 있었는데 그의 세력권은 이집트에 한정된 것은 아니었다. 삼촌이 그러했듯, 또 아버지가 그러했듯 알 카밀은 당시 이슬람 세계의 서쪽 반을 통치하는 술탄이었다. 게다가 이 사람은 아버지 알 아딜의 생각을 이어받아 십자군이 원정만 오지 않으면 중근동에 사는 그리스도교도와의 공생도 가능하다고 생각했다.

알 카밀이 이슬람 세계 최강의 술탄이라면 프리드리히는 그리스도교 세계의 최고위에 있는 황제였다. 즉 종교계의 최고위자인 칼리프와 로마 교황과는 다른 의미에서 둘 다 최고 중의 최고인 것이었다.

바로 이 점이 해결로 이어졌다. 황제 측은 십자군 원정을 하지 않겠다고 서약하고, 대신 술탄 측은 예루살렘을 그리스도교 측에 반환하고 중근동 십자군 국가의 존속도 인정한다고 서약함으로써. 둘 사이에서 강화가 체결되고 유효 기간은 10년간으로 정해졌는데 이후 갱신 가능성도 명기했다. 제6차 십자군이 무혈 십자군이라 불린 것도 군대를 이끌고는 갔으나 그것을 사용하지 않고 외교만으로 목표를 달성했기 때문이다.

그러나 이 강화는 이슬람 측과 그리스도교 측 모두에서 맹렬한 악평을 받았다. 동쪽에서는 칼리프와 이맘이 '이슬람의 수치'라고 비난했고 서쪽에서는 로마 교황이 성도 예루살렘의 탈환은 그리스도교도의 피를 흘려 성취해야 하는 것이라며 이슬람교도를 죽이지 않았던 유일한 십자군인 제6차 십자군을 이끈 프리드리히를 '그리스도의 적'이라며 규탄했다.

원리주의자란 동서고금을 막론하고 존재한다. 그리고 왠지 늘 그들의 목소리가 더 크다. 목소리가 크면 당시의 저널리스트였던 연대기 작가들의 기록으로 남을 확률도 높아지고 그것을 참고로 하는 후대 연구자들에게 이게 그 시대의 지배적인 목소리인 듯 생각하게 만든다. 역사는 승자에 의해 쓰인다고 하는데, 목소리가 큰 사람에 의해 쓰이는 비율도 높지 않을까.

알 카밀과 프리드리히는 악평을 듣는 한이 있더라도 강화에서 정한 것들은 철저히 지켰다. 10년간의 유효 기한도 10년 더 갱신한다. 둘 다 사후 처리가 철저했기 때문인데 프리드리히에게는 자국의 이익이라는 면도 있었다.

남부 이탈리아와 시칠리아를 합쳐 이루어진 시칠리아 왕국은 지중해를 끼고 북아프리카와 마주 보고 있다. 현대 국가로 치면 동쪽에서 서쪽으로 리비아, 튀니지, 알제리, 모로코가 된다. 중세에 이 지방은 크고 작은 술탄과 태수가 다스리고 있었다. 그들과의 관계만 양호하면 시칠리아 왕국의 바다 쪽 방어 걱정은 줄어든다. 프리드리히와 알 카밀이 친구 사이임을 이들 이슬람의 군주들도 알고 있다. 그들 가운데 대국 이집트 술탄의 의향을 거스를 자는 없었다.

지중해 연안 지방에 사는 중세 시대의 그리스도교도에게 가장 큰 공포는《로마 멸망 이후의 지중해 세계》에 썼듯, 북아프리카에서 습격해오는 이슬람교도 해적들이었다. 무엇보다 일찌감치 교역 국가였던 그리스도교 측에 대해 북아프리카는 해적 국가라고 해도 좋을 상태가 이어지고 있었기 때문이다. 그러므로 남유럽 해안선에는 '사라센의 탑Torre Saraceno'이라고 불리는, 엄청난 수의 감시용 탑이 세워졌다.

그런데 지중해 중앙에 튀어나온 탓에 해적선의 습격을 가장 많이 받았던 지역인 시칠리아와 남부 이탈리아에 지금도 남아 있는 '사라센의 탑' 대부분은 프리드리히 시대보다 나중에 세워진 것이다. 프리드리히가 남부 이탈리아를 지배하던 시대, 해적도 그의 영토만은 습격하기를 꺼렸기 때문이다.

나이로 보면 알 카밀은 프리드리히보다 열대여섯 살 많았던 듯하다. 그런 술탄도 황제에게는 종종 사후 처리로 느껴지는 사절단을 보냈는데 그때마다 빠짐없이 황제에게 보내는 선물도 챙겼다.

그 선물이 뭐였는지 알면, 알 카밀이 정말 프리드리히를 제대로 이해하고 있음을 알 수 있다. 아랍의 절세 미녀 같은 것은 보내지 않았다.

술탄이 보낸 선물 대다수는 이슬람 사회의 최신 기술을 이용해 만든 제품으로, 정교한 물시계나, 모든 별을 보석으로 박아 넣은 우주 모형 같은 것들이었다. 그에 대한 황제의 답례품이 북유럽에서 잡은 백곰이었으니 웃을 수밖에 없는데, 중세에는 오리엔트가 기술 면에서도 훨씬 뛰어났다. 이런 상황이 르네상스에 들어와 역전된다.

그렇다고 해도 카이로로 보내진 백곰은 동정할 수밖에 없는데, 술탄이 황제에게 보낸 선물 가운데는 코끼리나 표범 같은 맹수와 열대에 사는 형형색색의 새들도 있었다.

프리드리히는 이것을 제후를 소집하는 회의(디에타) 개최지나 그에 복종해 수하로 들어오기로 한 도시에 들어갈 때 활용했다. 마치 서커스단이 마을에 온 느낌인데, 가진 권력을 과시하는 것도 그 권력 행사에 무시할 수 없는 효과가 있기 때문이다. 정교하고 아름답게 만들어진 우주 모형에는 반응하지 않았던 독일 제후들도 동방의 신기한 맹수들의 행진에는 눈이 휘둥그레졌으니까.

알 카밀은 1238년에 죽었다. 프리드리히와의 사이에서 맺은 강화 갱신에는 아직 1년이 남아 있었다. 그런데 1년 뒤, 알 카밀의 뒤를 이어 술탄이 된 그의 장남은 아무 조건 없이 갱신에 동의한다. 아버지에게 들었으리라 생각되는데 이로써 중근동에 사는 그리스도교도들은 다시 10년간의 평화를 누릴 수 있게 된다. 그 평화가 깨진 1년 뒤, 프리드리히도 죽는다.

이것이 바로, 적당한 인물을 골라 보내달라고 이슬람교도에게 부탁한 그리스도교도와 그에 응해 오리엔트에서 태어났으나 그리스도교도인 사람을 보내준 이슬람교도의, 중세라는 시대에는 서글퍼질 만큼 희박한 관계였다. 이 둘이 구축한 오리엔트 땅에서의 그리스도교도와 이슬람교도의 공생을 무너뜨리는 것은 '성왕 루이'라는 이름으로 로마 교황으로부터 이상적인 군주로 칭송된 프랑스 왕 루이 9세가 이끈 제7차 십자군이었다.

그런데 황제 프리드리히 2세는 지식인을 주변에 모아두는 것만으로 만족할 남자는 아니었다. 그도 직접 작품을 남겼다. 대표적인 것만 꼽아도 '멜피 헌장'과 카스텔 델 몬테 성, 그리고 매사냥에 관한 책이다.

멜피 헌장

/

/

모두 중세 공용어였던 라틴어 제목으로 기록하겠다.

'Magna Charta Libertatum(대헌장)'이 공표된 것은 1215년 6월.

'Constitutiones Melphitanae(멜피 헌장)'의 공표는 1231년 9월.

후세에는 '마그나 카르타'가 더 유명해지고 '멜피 헌장'은 잊히는 것도 역사적 아이러니 중 하나다. 후대 영국 역사가들 사이에 '마그나 카르타'야말로 시민의 권리를 왕이 인정한 최초의 역사적 문서라는 평가가 정착되었기 때문이다. 그리고 그 후에 성립된 여러 개정의 성과라 할지라도 현재 영국 왕이 지켜야 하는 기본 원칙이 되어 오늘날까지 내려온 것도 '마그나 카르타'의 명성 확립에 기여했을 것이다.

그러나 이것이 작성될 당시 '마그나 카르타'에 담긴 의도는 시민의 권리 전반을 왕이 인정하는 것은 아니었다. 영국 왕의 권력과 영향력을 축소함으로써 성직자나 봉건 제후가 지닌 기득권을 재확인하는 쪽이었다.

왜냐하면 '마그나 카르타'에 서명한 존은 실지왕이라는 별명이 보여주

듯 프랑스 안의 영국 영토를 차례로 잃어, 왕의 수하였던 제후들이 이런 한심한 왕 밑에 있다가는 자신들의 영토마저 위험하겠다고 생각하기에 이른다. 제후가 협력하지 않으면 왕위에 있을 수 없다. 그래서 제후를 묶어두려고 존은 왕권을 줄이고 제후의 권리를 강화하는 것을 명기한 '마그

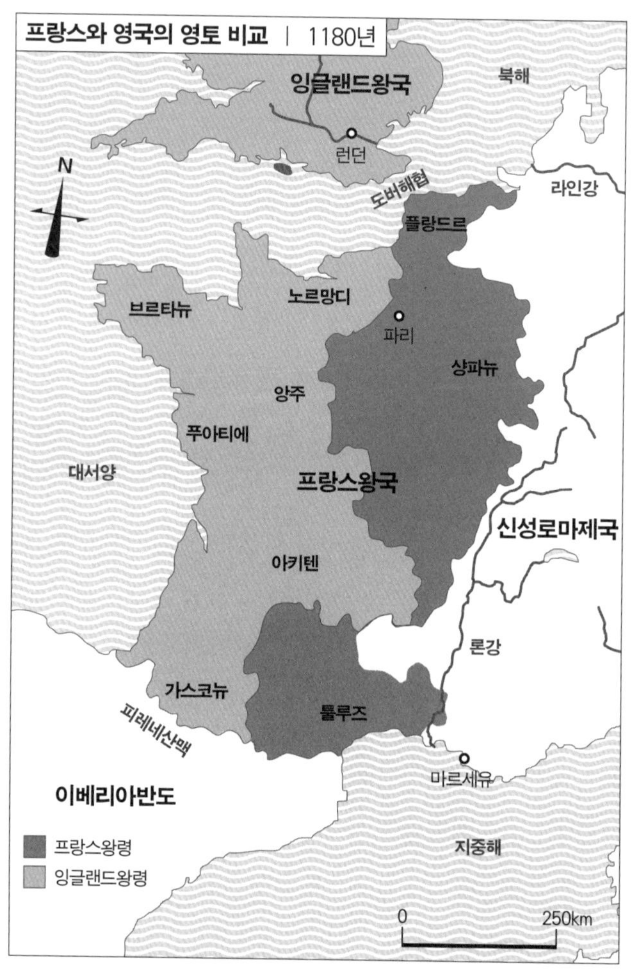

나 카르타'에 서명할 수밖에 없었다. 이로써 영국은 헨리 2세와 리처드 사자심왕이 추진했던 군주정 국가로 향하는 길을 되돌리게 된다. 즉 이후 2백 년에 걸쳐 내부 혼돈에 시달리게 되는 것이다.

중세 후기 영국 국력의 쇠퇴는 프랑스 안의 영국 영토를 잃은 것에만 원

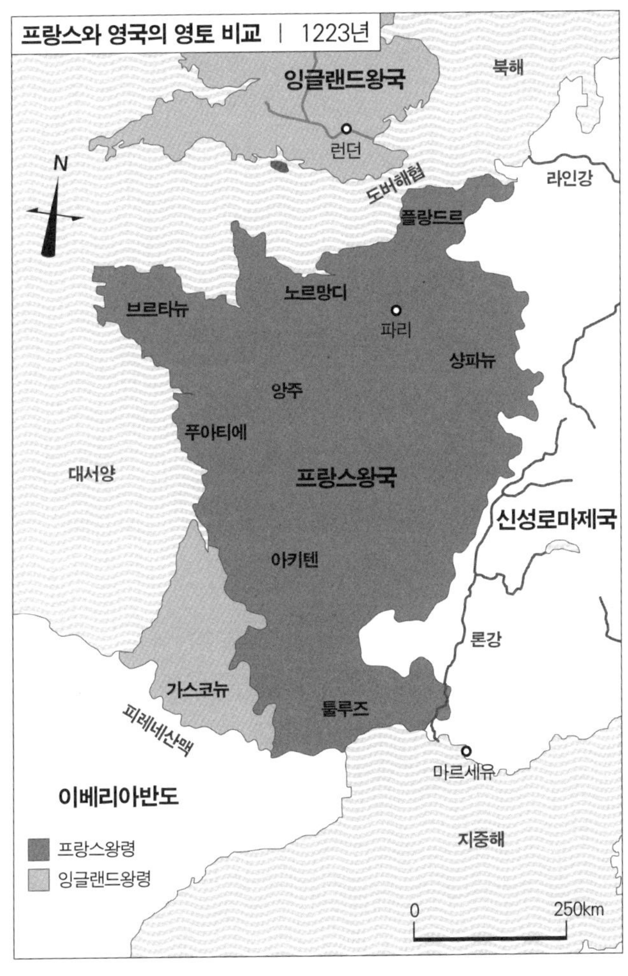

인이 있는 것은 아니다. 자국 안에 봉건 제후를 온존시킨 것이 가장 큰 요인이다. 그리고 그것을 허용한 것이 '마그나 카르타'였다.

이런 영국을 보면서 프랑스는 봉건제에서 군주제로의 이행을 추진했다. 이 추진의 최고 공로자가 필리프 2세인데 정치적으로는 뛰어나나 군사적으로는 한심했던 이 남자의 행운은 최대 적인 영국 왕이 전투만 하면 이기는 사자심왕에서 싸울 때마다 지는 실지왕으로 바뀐 것이었다. 또 계속된 십자군으로 인력과 자본력에서 다 쇠퇴한 유력 제후의 영토를 염치없이 왕령에 추가하는, 야비한 방법에도 정통한 인물이었다. 왕위에 오른 1180년과 죽은 해인 1223년의 프랑스 지도가 이 사람의 업적을 보여준다. 로마제국의 초대 황제인 아우구스투스를 프랑스어로 읽은 '오귀스트'라는 이름으로 프랑스인들의 칭송을 들을 만큼 넓어졌으니까.

중세도 후기에 들어선 13세기 전반, 유럽은 격동의 시대였다.

'마그나 카르타'의 성립은, 1215년.

필리프 오귀스트의 죽음은, 1223년.

그리고 직역하면 '헌법'이라고 해도 좋을 '멜피 헌장'이 공표된 것은, 1231년.

그 5개월 뒤에 로마 교황 그레고리우스는 '이단 재판소'를 개설한다.

왕 필리프도, 황제 프리드리히도 봉건 사회에서 중앙집권적인 군주정 국가로의 이행을 목표로 했다는 점에서는 비슷하다. 하지만 두 군주 사이에는 커다란 차이점이 있다.

필리프의 머릿속에 있던 군주정 국가는 봉건 제후의 영토를 흡수해 왕의 직할령을 넓히는 것이었다. 한편 프리드리히는 중앙집권적 군주정이라는 점에서는 같아도 법에 근거한 군주정, 즉 법치국가를 목표로 했다는 점이 다르다.

로마법의 존재조차 몰랐을 필리프의 머릿속에는 법이라는 개념이 들어갈 여지가 없었을 것이다. 하지만 로마법의 유효성을 알았던 프리드리히는 국가는 법치국가여야 한다는 생각이 강했다.

그것이 '헌장' 같은 것은 만들 생각도 하지 못했을 필리프와 '멜피 헌장'을 작성해 국가가 가야 하는 방향을 명확히 제시하려 했던 프리드리히의 차이점이다.

참고로 근현대 서유럽 연구자들이 '마그나 카르타'를 높이 평가하는 이유로 사용되는 것이 '시민의 권리'라는 말인데 13세기 당시, '시민'이라는 개념이 지금과는 다르더라도 그나마 있었던 곳은 북부 이탈리아의 코무네(자치도시)밖에 없다. 'comune'란 시민들의 자치로 성립된 주민 공동체이니까. 그리고 14세기 후반부터 시작되는 르네상스의 도시국가 시대가 되면 '시민'은 확연히 공동체의 주인공이 된다.

하지만 여기서 말하는 '시민'은 민주정에 익숙한 우리 현대인이 생각하는 '시민'이 아니다. 당시도 '대시민'과 '소시민'이 나뉘어 있을 정도로 권력을 잡고 국가의 방향을 결정할 수 있는 것은 상층에 속한 유력 시민뿐이었다. 시민의 개념이 하층으로까지 퍼지려면 프랑스혁명이 오기를 기다려야만 한다. 그러므로 '시민'의 불명확한 정의 역시 '마그나 카르타'를 과대평가하게 한 요인 중 하나다. '대헌장'이라 불렸으나 처음에는 그저 단순히 반란을 막는 데 급급한 왕이 제후들을 달래려고 그들에게 너무 양보한 것에 불과했으니까.

고대 로마 시대에는 있었으나 중세에 와서 잃어버린 것은 '시민'의 개념만이 아니다. '법'의 개념도 잊혀졌다.

모세의 십계명은 신이 주었다는 이유로 그 신을 믿는 사람들이 고치는 일을 허락하지 않았다. 하지만 이외의 법은 인간이 생각해낸 이상 문제가 생기거나 시대에 맞지 않으면 고쳐야 한다는 것이 로마인의 법 정신이었다.

프리드리히는 '멜피 헌장'으로 이 로마법 정신을 부흥한 것이다.

'헌장'의 각 조항은 'Comanda lo Imperatore(황제가 명한다)'로 시작된다. 속세의 최고 권위자인 황제가 명령하는 것이므로 그것을 고치려면 황제의 권위를 손상하는 게 아닐까 하고 생각할 수 있으나 이런 생각은 프리드리히의 머릿속에는 없었다. '헌장'이 발포된 1231년부터 시작해 20년 가까운 사이, 조항의 개정이 수없이 이루어졌으니까. 원고를 계속 수정하는 작가와 비슷한데, 프리드리히에게 '멜피 헌장'과 그에 근거한 국가 건설은 그의 '작품(오페라)'이기도 했을 것이다. 그러므로 얼마든지 부분 '수정'할 수 있도록 법치국가라는 선에서 일관되게 관철했다.

그러면 왜 '마그나 카르타'는 교과서에도 실리는데 '멜피 헌장'은 역사 연구자를 제외한 일반인들의 기억에서 사라졌을까.

첫 번째 이유는 로마 교황과 가톨릭교회가 싫어했기 때문이다. 중앙집권국가를 추진하기 시작한 프랑스 왕의 움직임을 교황은 묵인했다. 하지만 신앙만이 아니라 생활 구석구석까지 영향력을 발휘하고 있다고 믿었던 중세 고위 성직자들의 입장에서는 '황제가 명한다'라는 방식이 보급되면 곤란했다. 명령은 신의 뜻을 받든 성직자에게만 허락된 권리였기 때문이다. '멜피 헌장'이 발포된 5개월 뒤 '이단 재판소'가 개설된 것도 우연의 일치가 아니다. 로마 교황의 황제에 대한 견제를 의미하기 때문이다.

'명령'할 수 있는 권리는 황제가 아니라 신에게만, 즉 신의 뜻을 전하는 사람인 로마 교황에만 있음을 알리기 위해.

여기서 로마법과 교회법의 차이점을 분명히 해두어야 할 것 같다.

'로마법'이란 고대 로마인이 만든 법으로, 중세에서는 '멜피 헌장'에, 그리고 근현대 국가들의 법에도 많은 영향을 미친 것으로 유명하다.

한편 '교회법'은 중세 유럽을 지배했던 법으로, 지금도 바티칸시국 안에서는 적용되고 있다.

둘 다 대학에 독립된 학과가 있고 그것을 전문으로 배우는 연구자가 있는 이상 자세한 검증은 이들 프로에게 맡기고, 여기서는 아마추어인 내가 기본이라고 생각하는 한 가지만 이야기하기로 하자. 재판에 관한 것이다.

로마법에서는 고소당해도 그것을 실증할 증거가 제시되지 않는 한 유죄가 아니다.

반대로 교회법에서는 고소당하면 유죄다. 이후 반증할 충분한 증거가 제시되면 무죄가 되는데 사실상 그런 예는 없다.

판결을 받아들일 수 없는 자에게 인정되는 공소권도 로마법이나 '멜피 헌장'에서는 명백히 인정한다. 그리고 공소를 집행하는 자는 황제라고 명기하고 있다. 왜냐하면 황제는 재판하거나 당하는 측 어디에도 속하지 않고 양자 위에 있는 존재이기 때문이다. 현대라면 최고 법원이라고 해야 하나. 《로마인 이야기》를 썼을 당시, 황제가 가는 곳마다 공소 사건이 따라와 밤늦게까지 판결을 내리는 황제들을 보며 황제란 직업도 참 힘들겠구나 싶었는데 프리드리히도 이런 종류의 격무를 수행했다. 그는 그것을 모든 이의 위에 있는 제삼자로서 황제의 책무 가운데 하나로 여겨 중요시했다.

교회법에서 공소권은 인정되지 않는다. 그보다는 사실상 인정할 수 없다. 누구에게 공소할 것인가의 문제가 생긴다. 공소하려면 신에게 할 수밖에 없기 때문이다. 신의 뜻을 전하는 로마 교황이라도 공소 사건에 판결을 내린 예는 찾아볼 수 없다. 즉 교회법에 기초해 재판하는 이단 재판소에서는 고소당하면 그걸로 끝이라는 소리다.

그렇다고 프리드리히가 '멜피 헌장'에 로마법을 그대로 적용한 것은 아니다. '멜피 헌장'에만 있는 항목이 하나 있다. 그것은 공소에 이르기까지의 일반 재판은 고소된 후 1년 이내에 결론을 내린다고 정한 부분이다. 재판은 공정하게 이루어져야 하나, 그것이 몇 년씩 걸리면 원고와 피고 모두 피해가 막대해지고 그러면 법이 목적으로 하는 '공정함'조차 보장할 수 없게 되기 때문이다. 재판에 10년씩 걸리는 일도 드물지 않은 요즘, 한숨이 나올 만한 일이다.

이런 중세에서 프리드리히를 빼면 유일한 예외가 법률의 공정한 실시를 중시해 '중세의 로마'로 불린 베네치아공화국이다. 하지만 베네치아가 아무리 법치국가를 유지하려고 열심이었다 해도, 그것은 자국 안에 그친 것이고 다른 나라에 수출할 생각까지는 없었으며, 실제로 수출하지도 않았다.

그러나 프리드리히는 자국의 국익을 가장 우선한 경제인 국가의 왕이 아니다. 신성로마제국 황제라는, 그리스도교 세속의 최고위자다. 이 사람의 언동은 수출 여부를 따질 수 있는 게 아니었다. 아니, 수출될, 즉 영향을 미칠 위험이 엄청났다.

로마 교황청은 그 점을 감지하고 그리스도 교회가 정한 그리스도교적인 생활 방식에 반하는 자를 벌하는 것을 목적으로 한 이단 재판소를 개설함으로써 그 저지에 나선 것이다.

프랑스 왕 필리프가 실현한 중앙집권제 군주정 국가로의 이행이라면 그리스도교 나라의 군주로 잘못된 것은 없다. 프리드리히가 이룩한 교회법 이외의 법에 근거한 중앙집권적 군주정 국가가 그리스도교도를 통치하는 군주로서 잘못되었다고 판단한 것이다.

'멜피 헌장'이 이후 사람들의 뇌리에서 사라진 두 번째 요인은 법치국가라는 사고방식이 부흥하는 게 근현대 이후라는 사정에 있다.

로마법은 로마제국의 죽음과 함께 죽었다. 법률이란 그것을 실행에 옮기는 '장'이 없으면 학자들이 연구하는 대상일 뿐이다.

프리드리히의 '작품'이었던 법치국가 '시칠리아 왕국'은 그의 사후 16년이 지나 일어나는 만프레디의 죽음으로 끝난다. 그 후 남부 이탈리아는 처음에는 프랑스인, 다음은 스페인 왕의 지배 아래에서 봉건제 색채가 짙은 사회로 돌아간다. 그런 가운데 '멜피 헌장'도 역사상 문헌으로만 존재하게 된다. 게다가 그리스도 교회로부터 이단으로 단죄된 자가 만든 문헌으로.

그래도 그 헌장을 쭉 읽으면 협력자 전원을 한여름에 멜피성에 가두면서까지 완성에 집착했던, 삼십 대 중반의 프리드리히의 뜨거운 마음이 느껴지는 듯하다.

'마그나 카르타'는 라틴어로 쓰였다. 중세의 공식 문서는 그리스도 교회의 공용어였던 라틴어로 작성되는 것이 당시의 상식이었기 때문이다. 그런데 시칠리아 왕국의 공식 문서인 '멜피 헌장'만은 속어로 불린 이탈리아어로 쓰였다. 물론 2백 년 뒤 피렌체에서 갈고닦는 이탈리아어의 영역까지는 도달하지 못했다. 미국인이나 영국인, 프랑스인이 이탈리아어를 하는 듯한 느낌의 문장이라 웃으며 읽어야 하는 수준의 이탈리아어인 셈이다. 그래도 어쨌든 고등교육을 받지 않은 사람도 읽을 수 있는 이탈리아어로 작성한 것이다.

황제 프리드리히가 목표로 한 것은 법에 근거한 질서정연하고 평화로운 국가의 건설이다. 거기에는 성직자보다 '배움'이 없는 제후를 비롯한 일반 세속인들까지 끌어들일 필요가 있었다. 이 사람들이 읽지도 못하는 언어로 쓴다는 것은, 프리드리히의 생각으로는 사람들이 함께 살아가는 데 필요한 규칙인 '법률'이 아니었다.

카스텔 델 몬테

/

/

중세에 교회를 건설하는 것은 높은 지위를 차지하고 그로 인해 얻은 권력을 지닌 자의 의무로 여겨졌다. 교회 건설은 신에 대한 감사 표시라고 가톨릭교회가 끊임없이 이야기해왔기 때문이다. 프리드리히에게 쏟아지는 비난 가운데 하나도 교회는 짓지 않고 성채만 지었다는 것이다.

13세기 북부 유럽은 붐이라고 할 수 있을 정도로, 지금도 그 위용을 자랑하는 고딕 양식의 대성당들이 각지에 속속 건설된 시대다.

게다가 십자군의 열기가 지배적이던 시대였다. 일반인은 십자군 원정에 참여해 강한 신앙심을 드러내고 자본력을 가진 왕후는 대성당을 지어 강한 신앙심을 드러내는 것이 유행이던 시대다. 둘 다 그 일을 수행함으로써 사후 천국의 자리를 예약했다고 안심할 수 있었기 때문이다.

이런 시대에 프리드리히가 세운 교회는 하나밖에 없다. 그것도 이탈리아의 한 마을 알타무라에 세운 교회로, 외관과 내부 모두 미술사나 역사에서 다룰 만한 가치는 없다. 없어서 그냥 세웠다는 느낌으로 같은 시대에 프랑스에 차례로 세워진 대성당과 비교할 것도 없는 평범한 교회다.

그렇다면 프리드리히는 왜 교회 건설에 열정을 쏟지 않았을까.

답은 간단하다. 아름다움이라는 면에서 최고 수준인 교회가 이미 많았기 때문이다.

특히 시칠리아섬에는 아랍과 노르만, 비잔틴의 절묘한 융합으로 만들어진 시칠리아 양식의 아름다운 교회가 수없이 존재했다. 그 대표적인 것이 팔레르모와 가까운 몬레알레에 있는 대성당인데 화려함 그 자체라고 할 만한 아름다운 성당이다. 또 섬 동쪽의 시라쿠사에는 고대부터 이어져 온 해양 도시라는 역사를 반영해 고대 그리스 신전을 그대로 교회로 바꾼 대성당이 있었다. 이들은 장엄함이라는 단어가 잘 어울리는 건물이다.

이 두 성당 외에도 남부 이탈리아에는 정말 많은 아름다운 교회가 부족함 없이 있었다. 중세 동안에는 알프스 북쪽보다 남쪽이 문화 수준이 높았다.

게다가 아무리 당시 유행이라 해도 하늘을 찌를 듯 위로만 솟아오르는 고딕 양식은 물들인 듯 파란 하늘에서 따스한 햇살이 쏟아지는 남유럽에는 애당초 어울리지 않았다.

새로 교회를 세우면 로마 교황에 청해 주교나 고위 성직자를 파견받고 그 사람에게 이 교회도 앞으로 신과 만나는 성스러운 장소가 됨을 선언하기 위한, 성별(聖別) 미사를 올릴 필요가 있다. 하지만 이제는 다 아는, 교황과 황제의 관계다. 프리드리히는 그렇게까지 할 마음은 없었을 것이다.

무엇보다 그렇게 함으로써 얻는 천국 예약이라는 말을 믿지 않았다.

프리드리히는 그런 이유로 교회는 하나밖에 세우지 않았으나, 성이나 요새라면 1백 개 이상 세웠다. 그 모든 것이 전략 요지에 세워졌고 그 규모도 전략상 이유에서 큰 성, 중급 성채, 소형 요새로 나뉜다. 이 성들은 고립된 방위 시설보다 네트워크의 일부로 역할을 다했다.

구조는 북부 유럽보다도 중근동에 많았던 십자군 관련 성채와 가깝다. 그 이유는 아마도 기후였을 것이고 남유럽의 성채가 북유럽보다 시리아·팔레스티나에 가까웠기 때문이리라. 그런 까닭에 내부도 밝고 개방적이며 가벼운 느낌으로 만들어졌다. 주거의 편안함도 나쁘지 않았을 것이다.

항공기에 의한 공격을 걱정하지 않아도 되는 시대였으므로 시대에 따른 전략상 요지의 변화는 거의 없다. 그래서 시칠리아 왕국에서도 대개의 전략 요지에는 이미 프리드리히의 외가인 노르만 왕조의 왕들이 세운 성채가 있었다. 프리드리히가 한 일은 그것들을 전략적 중요성에 따라 보강하거나 개조한 것이다. 완벽하게 새로 건설한 것은 하나도 없다. 프리드리히의 전략안이 확실했다는 증거로, 바다 옆이라는 위치 때문에 대규모 개조가 이루어진 성 대부분은 지금도 이탈리아 해군이 사용하고 있다.

그런데 작은 것까지 더하면 1백 개가 넘는 숫자의 성채 가운데 하나, 어떤 목적으로 세워졌는지 모를 성이 있다. 너무나 아름다워 세계문화유산으로 지정되어 찾아오는 사람의 수도 많고 유로화 1센트 동전에도 사용되는 '카스텔 델 몬테(산상의 성)'가 그 주인공이다.

▶ 카스텔 델 몬테, ⓒ ShutterStock

모든 게 '팔각형'으로 이루어진 이 성은 유럽 전역은 물론 십자군 관련 성채가 흩어져 있는 시리아·팔레스티나 지방에도 전혀 찾아볼 수 없는 이상한 모양의 성이다.

방위를 위해 지어진 성이 아님은 딱 보면 알 수 있다.

무엇보다 멀리에서도 보일 정도로 넓은 평원 가운데 솟은 언덕 위에 있다. 주위의 평야를 공격진의 천막이 가득 메운다면 함락하기 쉬웠을 것이다.

또 중요한 가도를 감시 아래 두는 땅에 서 있는 것도 아니다. 길은 있다. 하지만 그 길은 마을에서 다른 마을로 가려면 반드시 지나가야 하는 길이 아니라 단순한 시골길에 불과하다.

가까이 가보면 성이라면 당연히 있는 해자도 없음을 알 수 있다. 해자가 없으므로 역시 중세 성의 필수품인 도개교도 없다.

팔각형의 여덟 개 탑이 지탱하고 있는 이 성에는 8면으로 이루어진 외벽이 있는데 그곳에 난 창문은 다른 성에 비해 너무 크다. 조망이나 조명을 필요로 했다면 이해할 수 있는데 방어에는 전혀 적합하지 않다.

그리고 이 성 어디에도 석궁기를 장착할 수 있는 장소가 없고, 활쏘기에 적합한 장소도 확보하고 있지 않다. 또 옥상에는 성이라면 필수적으로 있는, 벽을 기어오르는 적병의 머리에 뜨거운 기름을 쏟아부을 수 있는 구멍도 없다. 마구간도 식량 창고도 독립된 조리 공간도 없어 장기 체류에는 부적합하다. 무엇보다 말을 타고 이 성에 들어가는 것조차 불가능하다. 이를테면 황제라도 성 앞에서는 말에서 내려 걸어 들어가는 수밖에 없었을 것이다.

하지만 수도 시설은 잘 갖추어져 있다. 팔각형 탑 속의 나선형 계단을 끝까지 올라가면 나오는 옥상은 역시 다른 성에서는 볼 수 없는 돌로 포장된 바닥이 나오고 미묘한 경사와 그 옆을 흐르는 가는 수로가 있어서 빗물을 빠짐없이 모을 수 있도록 설계되어 있다. 수세식 화장실도 있고 난방도 커다란 난로도 그 시대로서는 만족할 만큼 완비하고 있다.

내부 장식은 고가의 색 대리석을 많이 사용해서인지 북유럽 성의 조악함은 찾아볼 수 없다. 그렇다고 이슬람처럼 장식이 과하다는 느낌도 아니다. 전체적으로 깔끔하고 품위 있다.

하지만 오늘날 우리가 보는 것은 8백 년 전의 내부 장식이 모두 떼어진 뒤의 모습이다. 그러나 2천 년 동안 약탈당해 3분의 1만 남았다는 콜로세움도 그 자체로 콜로세움이다. 카스텔 델 몬테도 상상력을 최대한 발휘하면 당시의 모습에 거의 다가갈 수 있는 사적임은 마찬가지다. 그런데 이

쪽은 8백 년이니까 지금 우리는 2분의 1 정도는 보는 셈이다. 그리고 그것 역시 '카스텔 델 몬테'임에는 변함이 없다.

프리드리히는 이 성을 왜 지었을까. 지방 장관에 보낸 상세한 지령이 남아 있으므로 이 성이 프리드리히의 생각대로 지어졌음은 분명하다. 분명하지 않은 점은 '이유'이다. 그래서 이 주제를 놓고 연구자들이 수많은 논문을 발표했는데 그 또한 가지각색이다. 어떤 이는 매사냥을 위해서라고 하고, 다른 연구자는 천문학이나 수학 문제를 실험하기 위해서라고 한다.

매사냥은 마니아 수준이라고 할 정도로 좋아했으니 가능성이 없지는 않다.

하지만 그는 성 옥상에서의 매사냥은 하지 않았을 것이다. 매는 높은 곳에서 풀어주지 않으면 날지 않는 새이긴 하나 프리드리히가 좋아하는 매사냥은 평원에서 말을 달리며 매를 풀어주는 방식이다. 그는 결코 성 옥상에서 매를 풀어주고 그 매가 돌아오기를 기다리는 방식은 생각도 하지 않았을 것이다. 이런 종류의 매사냥은 그의 '책'에 나오지 않는다. 실외에서의 매사냥을 즐긴 뒤 숙박지로 사용할 장소라면 가능하다. 조리실이 없는 것도 중정에서 바비큐를 하면 해결할 수 있다. 카스텔 델 몬테는 수렵용 매 훈련에 적합하지 않았을까. 살짝 높은 언덕 위에 세워진 성의 옥상은 매부리들의 매 훈련에 제일 적합하지 않았을까.

천문학이나 수학 문제를 실험하기 위해서라는 견해도 실험주의자였던 프리드리히이니 가능성이 제로는 아니다. 하지만 그를 실증하는 증거는 발견되지 않았다. 또 팔각형이라는 외관부터 카스텔 델 몬테는 모든 게 '8'이라는 숫자로 이어지는데 그 이유는 명확하지 않다. 그저 상상할 뿐이다.

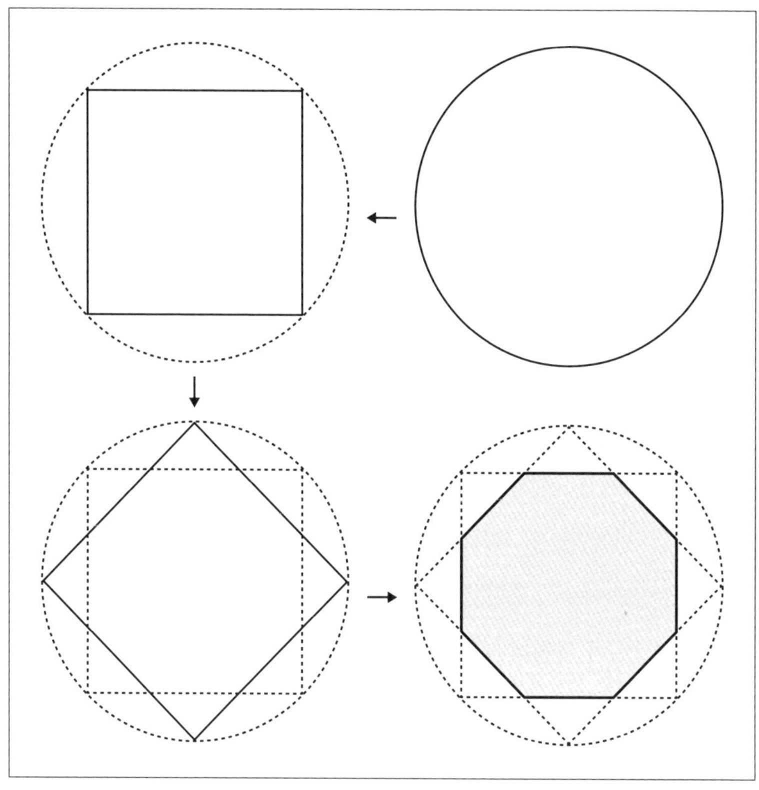

위에 있는 그림의 순서를 보길 바란다. 오른쪽 위에서 시작해 그림 네 개의 흐름을.

가장 견고하므로 완벽한 형태로 여겨지던 둥근 원을 사각형으로 잘라 나가면 팔각형이 된다. 그리고 오늘날 예루살렘에서 황금 돔으로 눈길을 끄는 술탄 오마르의 모스크라는 이름으로 유명한 모스크의 돔을 받치는 아랫부분도 팔각형이었다.

제6차에 해당하는 무혈 십자군을 이끌고, 예루살렘을 다시 그리스도교도에게 가져온 프리드리히는 예루살렘에 체류하던 그때 '팔각형'에 관심을 지니게 되지 않았을까.

하지만 사정이 이러하니 연구자 가운데 솔직한 사람은 '프리드리히의 수수께끼'라는 말로 결론을 내리는 듯하다. 프리드리히도 참 곤란한 사람이다. 8백 년 후의 연구자들까지 두 손 들게 했으니까.

하지만 나처럼 탐구심이 얄팍한 사람은 그리 쉽게 그에게 놀아날 마음이 없다. 카스텔 델 몬테를 찾을 때마다 강하게 드는 생각은 온갖 아이디어를 모두 쏟아 만들어봤더니 이런 게 완성되었다는 느낌이다. 나는 아무리 온갖 아이디어가 있더라도 내 집조차 완성할 수 없겠으나 그는 황제로 재력과 인력을 다 갖추었으니까 완성한 게 아닐까. 어쩌면 완성된 모습을 보고 나서야 본인도 이렇게 생각했을지 모른다. '자, 이제 이걸 어디다 쓰지?'

남부 이탈리아 풀리아 평원에 우뚝 솟은 '카스텔 델 몬테'는 황제 프리드리히 2세의 작품이다. 여러 해석 같은 것은 잊고 백지상태로 대해야 비로소 그 아름다움을 충분히 맛볼 수 있는, 완벽한 그의 작품(오페라)이다.

《매사냥의 서》

/

/

다음은 이야말로 틀림없는 신성로마제국 황제의 저작인 《De Arte Venandicum Avibus》이다. 직역하면 '조류를 이용해 사냥할 때의 기술(아르테)'이 되고, 여기서 말하는 '새'는 물론 '매'이다. 현재 바티칸이 소장하고 있는 페이지마다 컬러 삽화가 실린 책인데 자세히 소개할 수 없는 게 유감일 만큼 아름다운 책이다. 매사냥은 높은 지위의 사람들이 즐기는 스포츠라 일반인들에게 읽힐 필요는 없다고 생각했는지 라틴어로 썼다.

다만 이 아름다운 책은 프리드리히의 생전에 간행된 게 아니다. 황제가 된 후 30년간, 정무와 군사 틈틈이 쓰고 삽화를 그려 쌓아놓은 것을 사후에 아들 만프레디가 모아 책으로 엮은 것이다. 아버지에 대한 아들의 마음을 담아 문장은 아버지의 것을 그대로 남겼다. 따라서 분석적이고 이론적이며 냉철한 문장으로 일관되어 있다. 만프레디도 아버지를 닮아 매사냥 마니아로 유명했으므로 믿을 만한 '교열자'였다.

자, 이 책의 내용을 보겠는데, 매사냥에 대한 단순한 매뉴얼이라고 생각하면 큰 오산이다. 매뉴얼로도 충분히 유용하지만, 실험을 거듭해 얻은 사실에 근거한 고찰을 전개하는 것이 프리드리히의 진정한 의도로, 모든 글에 이 의도가 담겨 있다. 본인이 직접 '프롤로구스(프롤로그)'라는 부분에서 정확히 적고 있다.

"이 책, 조류를 이용한 사냥에 관한 책을 쓰면서 내가 명심한 것은 아래 한 가지다.

모든 것은 'que sunt, sicut sunt(있는 그대로, 그리고 본 그대로)' 쓸 것.

왜냐하면 이 방침을 관철해야만, 책을 통해 얻은 지식과 경험해보고 처음으로 이해한 지식의 통합이라는, 지금까지 아무도 시도하지 않은 과학의 길을 열 수 있을 것이라 믿어서다."

이런 구절로 시작되니까 과학자적인 관점만 있을 것 같지만 종종 통치자로서의 얼굴도 나온다. 매사냥의 필요성을 설명하는 부분이 있다.

사회 상류층 사람에게 왜 매사냥이 필요하냐면 긴장이 요구되는 일상에서 풀려날 수 있기 때문이라고 적고 있다. 적어도 매사냥을 하는 동안에는 '매일의 근심'은 '유쾌한 시간'에 자리를 양보한다는 것이다.

여기까지는 평범한데 그다음에 바로 이런 문장이 이어진다. 지위가 높은 사람의 스포츠로 여겨지는 매사냥이 실은 다른 일반인들에게도 유용하다고 주장하는 부분인데, 왜 유용하냐면 매사냥은 매우 복잡한 스포츠이기 때문에 그에 종사하는 사람에게는 광범위한 지식과 세심한 배려가 필요하다. 따라서 이 방면의 숙련자는 기능(아르테)을 마스터하게 됨으로 직업을 쉽게 구할 수 있다고 적고 있다.

왠지 요즘 영국에서 제기되는 여우사냥 폐지 반대론을 읽는 듯한 느낌이 든다. 다만 오늘날 영국 귀족 가운데 누군가가 새 해부까지 해본 적이 있었던 프리드리히처럼 여우사냥에 관한 과학적인 고찰을 책으로 엮었는지는 모르겠다.

이 책은 모두 3부로 나뉘어 있다.

제1부는 새나 작은 동물 등, 매의 포획물들에 관한 분석과 고찰에 관한 내용이다.

제2부는 이들 포획물을 노리는 모든 매의 종류에 관한 분석과 고찰.

제3부가 되어 비로소 매사냥에 관한 논고가 전개된다. 매를 키우는 방법, 사료, 시치미를 매는 방법 등등, 기막히게 균형 잡힌 서술에서 보이는 완벽주의는 단순한 매뉴얼을 완전히 능가하고 있다.

그러므로 전체 3부로 구성된 프리드리히의 이 저작은 기가 막힐 정도로 세부적인 부분까지 분류, 분석되었고 그 하나하나는 엄밀하게 해설된다. 또 이런 건 누구나 안다고 이야기하고 싶을 정도의 것까지 놓치지 않고 서술하고 있다. 이토록 분류를 좋아한 것은 그가 아리스토텔레스를 좋아했기 때문임이 분명하다. 하지만 아리스토텔레스가 썼다고 뭐든 높이 쳤다는 말은 아니다. 고대 그리스의 '지성의 거인'이 쓴 동물 전서를 보고 그것은 탁상공론의 결과라고 단언하는 부분에는 웃고 만다. 요컨대 프리드리히는 조류, 그것도 매의 포획물이 되는 다른 조류까지 언급한 백과전서를 만들어버린 것이다. 삽화가 많으니 조류도감이라 불러도 좋을 것이다. 매사냥이 스포츠로서 쇠퇴한 현대에도 새 마니아에게는 참고가 될 만한 것들이 담겨 있다.

프리드리히는 이 책의 여러 곳에 매사냥은 지위 높은 사람들의 스포츠이고, 그 이유도 거듭 언급하고 있는데 본인이 왜 그토록 매사냥을 좋아하는지에 관한 개인적인 감상은 없다. 그러므로 이 책 전체에 적힌 그의 생각을 상상해 종합하면 다음과 같지 않을까 싶다.

우선 첫째, 하늘 높이 나는 매의 모습은 단연코 그 자체로 아름답다.

둘째, 파워가 있다. 권총을 쐈을 때 손목에 가해지는 충격은 강렬한데 매를 풀어준 직후에 느끼는 손목의 충격은 비할 바가 아니다. 매가 지닌 파워를 느낄 수밖에 없는 강력함이 있다.

셋째, 매가 포획물을 낚아채는 방식의 정교함이다. 포획할 새를 발견하면 매는 우선 그 새의 상공을 돌아다니며 날개를 크게 펼쳐 상승기류를 차단한다. 그리고 지상에서의 기류를 타고 상승한 포획물에 다가가 낚아채는 것이다. 매는 절대 아래쪽에서 덮치지 않는다. 항상 위에서 덮친다.

그러므로 매는 아름다움과 파워에 더해 명석함을 지닌 맹수다. 프리드리히는 그 매에게서 자신을 본 게 아닐까.

이 책에는 매사냥을 즐기는 사람에게 필요한 특질을 열거한 부분도 있다.

우선은 좋아할 것, 그리고 그 열정을 계속 유지하는 것이라는데, 매부리에게 매를 건네받아 풀어주는 것만으로 매사냥을 즐긴다고 할 수 없다는 것이다. 즉 저마다 다른 매의 특성까지 완전히 파악하고 그에 근거해 놓아주는 방식도 달라야 한다. 거듭 말하지만 매는 맹수이고 맹수임을 알면서 사용하는 게 매사냥이므로 매의 성격을 알고 그것을 존중하는 게 당연하다는 것이다.

따라서 그가 생각하기에 매사냥을 즐기는 데 가장 필요한 자질은 지력이다. 지력(인텔리전스)에 더해 좋은 기억력과 시력, 청력, 민첩한 행동력, 냉정하고 과감한 판단력, 분노에 휩쓸리지 않는 자제력, 때로 일찍 일어나기 위해 밤에 일찍 잠드는 것까지 포함되므로 그에게 매사냥은 단순한 매사냥이 아니었을 것이다. 무엇보다 매사냥에는 어떤 날씨가 적합한지, 적합하지 않은 날씨는 어떤 것인지를 놓고 기상학자가 아닐까 싶을 정도로 자세히 분석하고 있다. 이 정도면 매사냥은 참으로 이색적인 황제였던 그의 생활 방식 자체가 아닐까 싶다. 게다가 젊기만 해서 되는 것도 아니라고 적은 부분을 읽으면 쉰이라는 나이가 되어가는 그를 상상하며 미소 짓지 않을 수 없다.

그렇다고 내게 같이 가자고 제안한다면, 나는 됐다고 대답했을 것이다.

우선 아직도 별이 떠 있는 시각에 일어나야 하니까 충분히 거절할 만하다. 말을 타고 고지대의 성에서 나와 돌 깔린 비탈길을 통과해 마을을 벗어나야 하는데 아침 이슬에 젖은 돌바닥 길은 미끄러워 일단 말타기 자체가 힘들다. 마을을 나오면 거기서부터는 임야를 향해 말을 질주하는 황제를 따라가는 것만으로도 큰일이다. 임야도 그 시각에는 아직 이슬에 젖어 있을 테고 마침내 아침의 하얀 빛이 감돌기 시작한 공간을 질주해야만 한다.

사냥에 적합한 곳에 도착할 무렵에는 주변도 거의 밝아진다. 황제가 말을 멈추면 사냥 개시 신호다. 프리드리히가 데리고 있던 매부리 그룹의 주임인 아랍인이 그때까지 팔에 올려놓고 온 매를 내게 건넨다. 머리를 감싼 붉은 두건을 벗기고 황제에게 건네는 게 내 역할인데 두건을 벗기자마자 황제의 호통이 날아온다. 매가 신경질적이 되지 않았는가! 잘못 잡았다는 것이다. 단순히 매를 잡는 데서 그치지 않고 바람의 방향까지 생각하지 않으면 안 된다는 것이다. 매를 신경질적으로 만들지 않기 위해 인간이 신경질적이 될 수도 있다는 것이 프리드리히의 매사냥에 동행할 때의 나쁜 점이다.

그런데 나처럼 생각한 사람이 없지는 않았던 듯 아들이라고 모두가 매사냥에 동행한 것은 아니었다. 엔초와 만프레디는 좋아했으니까 동행했으나 '안티오키아의 페데리코'는 피하는 쪽이었던 듯하다. 발레토라고 불린 간부 후보생이라도 되면 황제가 가는 곳마다 따라다녀야 했는데 매사냥 동행은 반 정도에 그쳤다. '협력자들'도 동행했다는 기록은 없다. 요컨대 프리드리히는 매사냥을 좋아하는 사람만 데리고 다닌 것이다. 공식 업무라면 중노동이라도 억지로, 그것도 태연히 시켰으나 취미는 다른 사람에게 강요하지 않았다.

참고로 8백 년이 지난 지금도 유럽의 매 장인들은 일 년에 한 번, 프리드리히가 가장 사랑했던 남부 이탈리아의 풀리아 지방에 모여 며칠 동안 매사냥을 한다. 이 사람들이 프리드리히의 《매사냥의 서》를 읽었는지까지는 모른다.

《매사냥의 서》에서

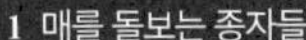

1 매를 돌보는 종자들
2 야생 매를 포획하는 모습
3 야생 매
4 훈련된 매. 다리 밑에 늘어져 있는 것이 두건
5 매의 끈을 묶는 방법 해설
6 매를 운반하는 모습

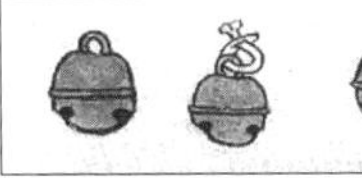

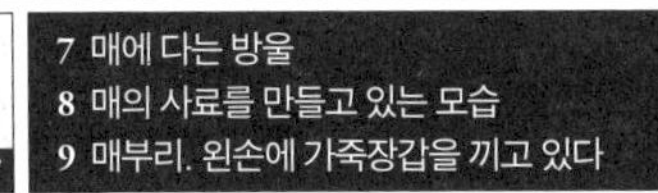

7 매에 다는 방울
8 매의 사료를 만들고 있는 모습
9 매부리. 왼손에 가죽장갑을 끼고 있다

이탈리아어의 탄생

/

/

언어란 그 방면의 전문학자들이 모여 토의한다고 만들어지는 게 아니다. 그보다는 뛰어난 문학 작품이 쓰여야 비로소 탄생하는 것이다. 왜냐하면 기록하는 언어든 말하는 언어든, 언어란 의미를 전달할 뿐 아니라 듣기에도 좋은 음악성이 요구되기 때문이고, 그렇지 않으면 쓰기도 말하기도 쉽지 않기 때문이다. 하지만 모든 것을 만족시킬 언어를 만들려면 예술가의 감성에 의지하는 수밖에 없다. 오늘날 쓰고 말하는 현대 이탈리아어의 표준어는 프리드리히의 궁정에서 탄생했고 그것이 50년 뒤에 피렌체로 이식되어 완성된 것이다.

오랫동안 라틴어가 공용어이자 지식인의 언어였던 중세에서도 속어는 존재했고 사용되었다. 다만 지방 방언에서 진화했다고 해도 남부 이탈리아에서는 방언 자체가 복잡했다. 이따금 바뀌는 지배자에 따라 그리스어, 라틴어, 아랍어, 노르만계 프랑스어, 거기에 독일어가 더해진다. 그러므로 이 방언을 진화시켜 속어인 이탈리아어로 만드는 것 역시 혁신 정신이 필요했다.

프리드리히의 궁정에서는 모든 지방에서 온 사람이 섞여 생활했고 덕분에 일상도 모든 언어가 뒤섞이는 장이었다. 또 황제 자신부터 공문서인 이상 라틴어로 쓰이는 게 당연했던 '멜피 헌장'조차도 많은 사람에게 읽히기 위해 속어인 이탈리아어로 쓰게 한 사람이다. 이 사람의 궁정이 속어 이탈리아어의 질적 향상에 적합한 환경이었음은 분명하다.

게다가 오랫동안 끌어온 북부와 남부 프랑스의 싸움이 북프랑스가 남프랑스를 병합하는 형태로 끝났고 이를 피해 도망친 프로방스의 음유시인들이 가세한다. 연애시는 쓰는 사람은 쓰기 쉽고 받는 사람은 읽기 쉬우면서 귀에도 달콤하게 들려야 한다. 무엇보다 삶Leben의 찬가이기 때문이다. 이런 요구에 응하듯 프리드리히의 궁정에서는 '소네트'라 불리는 시의 한 형식이 탄생한다. 문장을 구성하는 데도 질적 향상이 이루어진 것이다.

소네트 형식이 유행하면 꼭 사랑이 주제가 아니더라도 쓸 수 있다. 일본의 전통 시 형식인 와카(和歌)나 하이쿠(俳句), 교카(狂歌) 모두 서로 생각을 교류하는 데 적합한 것과 마찬가지다. 황제부터 정부 고관, 유력 제후까지 소네트를 지어 노는 게 유행이 된다. 황제의 자식들과 간부 후보생들과 같은 젊은 세대가 이런 식의 연가를 사랑한 것은 당연한 일인데, 이탈리아 문학사상 '스콜라 시칠리아나(시칠리아 학파)'라고 불리는 시인 그룹 가운데는 고위 관료도 드물지 않았다. 참고로 '시칠리아 학파'의 정확한 의미는 남부 이탈리아와 시칠리아를 포함한 프리드리히의 영지인 '시칠리아 왕국'에서 발생한 학파다. 이것이 프리드리히가 죽은 15년 뒤에 태어나는 단테를 비롯한 사람들에 의해 토스카나 지방으로 이식되어 '스콜라 토스카나'가 되는 것이다. 단테의 《신곡》은 '속어'로 불린 이탈리아어로 쓰였다. 그런 단테의 뒤를 페트라르카, 보카치오가 이었고 그 후로도 마키아벨리, 메디치 가문의 로렌초로 이어져 언어로서의 이탈리아어가 완성된다. 따라서 아르노강물에 씻는다는 말이 피렌체에 가서 이탈리아어를 배운다는 의미가 되는 것이다.

사실상 5백 년도 전에 고급 국어를 가지고 있던 이탈리아인인데 그 근본을 거슬러 올라가면 8백 년 전 프리드리히의 궁정에서 시작된 것이다. 마치 그리스 문화가 소아시아의 이오니아 지방에서 탄생해 아테네로 건너가 개화한 것처럼.

기존의 모든 것을 활용해 새로운 것으로 바꿔 나가는 것이 프리드리히의 방식이다. 그는 언어 분야에서도 같은 일을 했다. 라틴어에 집착해 속어를 경멸한 로마 교황청과 이 분야에서도 부딪힌 것이다. 그런 프리드리히를 당대의 연대기 작가들은 어떻게 봤을까.

동시대 '미디어'의 평가

/

/

당시 '미디어'의 대표로 여기서 다루는 세 사람 가운데 앞의 둘은 교황파(겔프)였던 시기의 파르마와 피렌체에서 살았던 사람이라, 연구자들은 반 프리드리히로 분류한다. 한편 마지막 한 사람은 프리드리히 측에 섰던 기록자이다.

⦿ 수도사 살림베네 데 아담Salimbene de Adam

황제 프리드리히보다는 아마 스무 살은 젊은, 북부 이탈리아 파르마 태생의 성직자. 성직자라는 신분과 태어난 지역으로 보아 이중의 의미에서 교황파(겔프) 연대기 작가의 대표다. 젊은 시절, 딱 한 번 황제와 만난 적 있다.

"불행히도 그는 평생 로마 가톨릭교회와 적대했다. 그를 키우고 수호하고 원조한 것이 교회였음에도 불구하고 말이다.

종교를 믿지 않고 불신앙의 무리로 살았던 그는 에피쿠로스적 향락주의자로, 영혼의 불멸을 믿지 않았음은 물론, 성서에 있다는 이유로 죽으면 아무것도 없음을 증명하는 일에 기꺼워했다.

악덕은 많았다. 약삭빠르고 교활하며 여자를 좋아하고 불성실하며 다혈질이었다. 하지만 마음만 먹으면 친절하고 싹싹하게 사람을 대했고 상대의 처지를 이해하는 법도 알고 있었다.

항상 행동했다. 중간 키였으나 용모와 행동은 아름다워, 그를 처음 만났을 때 나는 바로 그를 좋아하게 되었다. 그때도 그는 상대에 따라 태도를 순식간에 바꿀 수 있을 정도로 많은 언어를 어렵지 않게 구사했다.

만약 그가 선량한 가톨릭교도로 신과 교회에 충성을 다했다면 동시대 군주 가운데 누구보다 걸출한 통치자가 되었을 것이다."

⦿ 조반니 빌라니Giovanni Villani

프리드리히와 같은 시대 사람이라기보다 그 반세기 뒤에 태어난 단테와 같은 시대의 인물. 피렌체의 서민 계급 출신이다. 당시 피렌체의 유력한 금융업자였던 페루치와 보나코르시 가문 밑에서 은행원으로 일한 후 정계에 진출해 임기가 불과 2개월에 불과했더라도 세 번에 걸쳐 피렌체 정부 고관 여섯 명 가운데 하나를 역임했다.

다만 당시의 피렌체공화국은 단테가 기록했듯 고통을 피하려고 침상에서 시종일관 몸을 뒤척이던 병자와 같은 상태였으므로 정쟁에 휘말렸는지 빌라니도 오직(汚職) 혐의로 투옥을 경험한다. 일흔두 살의 나이에 죽었다. 보카치오의《데카메론》으로 유명한 페스트의 유행으로 사망했다.

그가 쓴 연대기가 후세에 유명해진 것은 황제 프리드리히 2세에 관해 써서라기보다 14세기 초의 피렌체와 이탈리아, 유럽을 다 담았다는 특색 때문이다. 거기서 프리드리히는 가까운 과거에서 가장 유명했던 사람으로 다루고 있을 뿐이다.

"프리드리히는 황제로서 30년 가까이 통치했다. 그가 위대한 역량을 지닌 남자였던 것만은 틀림없다. 문장을 써도 본래의 그가 드러나도록 쓸 수 있었다.

라틴어는 완벽했고 우리의 속어(이탈리아어)도 쓰고 말할 수 있었을 뿐만 아니라 독일어, 프랑스어, 그리스어, 사라센어(아랍어)에 이르기까지 읽고 말할 수 있었다. 또 가치가 있다고 판단한 저자의 번역에도 열심이어서 그에 종사하는 학자들은 충분한 보수를 보장받았던 덕분에 그 성과를 후대가 누리고 있다.

전장에서는 용감하면서도 동시에 신중해 적들이 두려워했다. 하지만 사생활은 몸가짐이 좋지 않아 육체적인 면도 포함해 온갖 쾌락에 눈을 돌렸다.

죽은 뒤에 다른 '삶'이 있다고 믿지 않았는데 그것이 성스러운 가톨릭교회로부터 계속 적대시된 최대 요인이었다."

⊙ 니콜로 디 잠실라Nicolo di Jamsilla

연구자들은 이 낯선 이름이 세상을 속이기 위한 가명이 아니었을까 생각한다. 프리드리히가 스스로 독립을 선언한 1210년부터 그 아들 만프레디가 시칠리아 왕에 오르는 1258년까지의 연대기를 쓴 이 사람은 기술 내용으로 추측하건대 나폴리대학을 졸업한 후 황제 밑에서 공증인이나 국선 변호인으로 일했을 것으로 보인다. 가명으로 발표한 이유는 발표

시기가 황제의 사후에 일어난 교황들의 맹렬한 반프리드리히 캠페인 시기와 겹쳤기 때문이 아닐까 한다.

"무엇보다 확실한 사실은 프리드리히는 열린 정신의 사람이었다는 점이다. 언동은 항상 대담했으나 자신의 현명함으로 늘 균형을 유지할 줄 알았다. 그러므로 정신없이 질주한 끝에 절벽에서 추락하는 일 없이 신중하게 내린 판단에 따라 모든 난제를 해결할 수 있었다. 그가 살았던 시대의 주류 사고방식의 방해만 받지 않았다면 더 위대한 업적을 남겼을 것이다.

평생 곤란한 국면의 연속이었으나 잠시 찾아오는 휴식 시간도 잘 활용했다. 학예 장려와 교육의 충실에도 열심이어서 그 황제 아래에는 여러 나라의 인재들이 모여들었고, 이 사람들은 황제로부터 정규 수입을 보장받으며 각자 특기 분야에서 저마다의 재능을 개화시켰다. 황제는 가난한 젊은이들에게도 그들의 학업 유지를 위한 경비를 국고에서 대기를 아까워하지 않았다. 자산의 많고 적음에 관계없이 공부하고자 하는 젊은이들의 바람에 응하는 것이 통치자의 책무라고 생각했기 때문이다. 황제 본인도 자신의 지성 표현에 열정을 쏟았다. 자연과학에 대한 깊은 관심과 그 성과이기도 한《매사냥의 서》를 쓰는 것을 통해.

그러나 무엇보다 특필할 가치가 있는 것은 법치국가 건설에 대한 그의 강렬한 열의일 것이다. 스스로 배워 얻은 법률에 대한 깊은 이해에만 기대지 않고 법률에 정통한 전문가들의 조언과 충고에 항상 귀를 기울였다. 그리고 법률은 누구에게나 공정하게 시행되어야 한다는 신념은 모든 방해 앞에서도 흔들리지 않았다.

이런 그가 자기 생각대로 통치한 왕국에서는, 변호사는 누구든 변호를 꺼리지 않았고 변호 비용이 없는 사람에게는 국선 변호사를 붙여 그 권리를 황제가 직접 보장했다. 다만 때로는 법의 엄정한 시행을 너무나 중시한 나머지 감정적인 부분이 경시될 때가 있었다.

이 황제에 대한 적의 증오는 강하고 집요해서 황제는 종종 곤경에 처했고 그로 인한 고뇌를 맛봐야만 했다.

그러나 그들로부터의 무지막지한 적대 행위도 프리드리히를 파멸시키지 못했다. 그의 지력이 그를 지키는 동안에는 불가능했다. 즉 죽음이 드디어 그를 찾아오기 전까지는."

8장

격돌 재개

고등학교 세계사 교과서에는 중세를 뒤흔들었던 교황과 황제의 싸움을 서임권 문제로 치부하고 있다. 서임권이란 대주교나 주교를 임명할 권리는 교황 측에 있다는 파와 대주교나 주교도 세속의 황후들 영지 안에 '주교구'라는 이름의 영지를 지닌 이상 그 임명권은 왕후에게 있다는 파의 의견이 충돌해서 일어난 문제다.

그러나 서임권 문제는 발단에 불과하다. 특히 이 문제가 로마 교황과 황제 프리드리히의 대결로 불타오르는 무렵이 되면 정면충돌의 요인은 수구파와 개혁파의 대결이 된다.

이는 언어만 봐도 명확해진다. 중세 라틴 문장은 고대 라틴 문장과 다르다. 달라진 이유는 고대 로마인의 언어였던 라틴어를 중세에 계승한 사람이, 어떤 의미에서 고대 로마를 멸망시킨 장본인인 그리스도교 성직자들이었기 때문이다.

그러므로 고대에는 간결하고 명쾌했던 라틴어가 중세에 들어와서는 간결하지도 않고 명쾌하지도 않게 바뀐다. 일반 신자는 알 수 없게 된 것이다. 라틴어를 이해할 수 없는 그들에게는 벽화로 이해하는 방법이 있다. 그림에 의존하면 문장으로 전할 일이 줄어들기 때문에 문장력도 떨어진다. 그런 상황이 성직자에게 불편할 건 없었다. 성직자들은 사람들이 이해하기보다는 믿어주는 게 더 편하니까.

이런 경향은 성직보다 '배움'이 부족했던 세속에도 퍼진다. 그 결과 간결하지도 명쾌하지도 않은 문장이야말로 고급 문장으로 생각하는 세월이 이어졌다. 이 시대, 속어의 질적 향상조차 성직 세계에 대한 도전이라고 여겨진 것이다.

참고로 중세 사람인지 르네상스인인지, 학자들을 고민하게 만든다는 점에서 프리드리히와 닮은 단테는 대표작《신곡》외에도 수많은 저작이 있는데 그 가운데《제정론De Monarchia》과《속어론》도 있다. 이 사람의 저작 활동은 프리드리히가 죽은 뒤 반세기 후에 개화한다.

나라면 정치 안정만으로 실현하는 평화와 속어의 질적 향상에 따른 풍요로운 표현력이라는 두 분야에 관심을 기울인 저작의 저자라는 이유만으로도 단테를 '르네상스인'으로 자리매김할 것이다.

교황 인노켄티우스 4세

/

/

15년에 걸쳐 황제 프리드리히와 적대해온 로마 교황 그레고리우스 9세가 죽은 것은 1241년 8월이었다. 그리고 새 교황 인노켄티우스 4세가 선출된 것은 22개월이 지난 1243년 6월이 되어서였다. 그사이 줄곧 유럽에서는 교황의 공위 상태가 이어졌다.

로마 교황을 선출하려면 대주교나 주교만으로는 자격이 충분하지 않고 추기경의 지위까지 올라야 했다. 모자 색깔도 달라 대주교나 주교는 자주색인데 추기경이 되면 진홍색으로 바뀐다. 추기경은 로마 교황에게만 임명권이 있었다. 중세의 추기경은 현대처럼 1백 명 이상이 아니라 많아야 20명에 못 미쳤다.

이 20명이 왜 2년 가까이 새 교황을 선출하지 못했나.

실은 선출은 하고 있었다. 그레고리우스가 죽고 2개월 뒤에 밀라노 출신의 추기경을 선출했는데 이 사람은 15일도 되지 않아 죽어버린다. 밀라노인이라도 귀족 출신에 온후한 성격으로 알려진 이 사람은 추기경단 내부의 황제파와 반황제파의 격렬한 반목에 짓눌려버린 것이다. 이리하여 공위 상태는 다시 20개월이나 이어진다. 황제파 추기경들은 프리드리히의 주장에도 일리가 있다고 생각하는 사람들이고 반황제파는 황제의 주장은 전혀 인정할 수 없다는 추기경들이었다. 1170년 이후, 교황 선출에는 추기경들의 3분의 2의 표가 필요해졌다. 공위가 이어진 요인은 추기경단의 분열로, 어느 파든 3분의 2의 표를 획득할 수 없었기 때문이다. 그렇다곤 해도 이들이 22개월이나 공위 상태를 느긋하게 만지작거리고 있었던 데는 양쪽 다 약간의 계산이 있었다.

교황을 선출하는 추기경 회의가 열리고 있는 한, 황제는 군사적 압력을 가하지 못한다는 점이다.

실제로 프리드리히는 교황 그레고리우스의 죽음을 알자 로마에서 13킬로미터 떨어진 곳까지 왔다가 군대를 철수시켰다. 그리고 다음 로마 교황이 선출될 때까지 22개월 동안, 병력을 보내는 압력을 가하지 않았다. 뒤로 손을 써 자신에게 유리한 후보를 교황으로 선출하도록 하지도 않았다. 교황 선출은 어디까지나 성직 사회의 일이었기 때문이다.

황제 프리드리히의 평생 신념은 예수 그리스도가 말했듯 '황제의 것은 황제에게, 신의 것은 신에게'라는 말에 근거하고 있다. 신도의 마음의 평안은 신의 지상 대리인인 로마 교황이 담당하고 현실 생활은 공정한 통치가 책무인 황제의 담당 분야라는 것이다. 책임 분담이라는 이 생각은 근현대에 이르러 '정교분리'라는 표현으로 정착된다.

게다가 흔들림 없는 삶의 철학을 지켜온 사람에게는 죽어도 못 하는 일이 있다. 어떤 생각을 지키며 살아온 이상 그 생각에 반하는 일을 하는 것은 자신의 철학을 흔드는 일이기 때문이다. 반대로 '논리'적으로 살겠다는 생각 없이 살아온 사람은 '논리'를 저버리는 짓도 쉽게 한다.

이 한 가지가 황제 프리드리히와 다음 반세기 뒤에 '아비뇽 유수'를 결행하는 프랑스의 미남왕 필리프의 근본적인 차이다.

'아비뇽 유수'란 프랑스 왕이 로마 교황을 프랑스령의 작은 도시 아비뇽에 유폐하고, 그런 상태가 70년 남짓 이어진 역사상의 큰 사건인데 이런 상황에서 분업은 불가능해진다. 세속의 지도자가 정신세계의 지도자보다 권위와 권력 모두에서 우위에 서기 때문이다.

열세에 몰린 측의 반발이 반드시 일어나는 것도 인간 세계의 상식이다. 이러면 질서가 수립되어야 현실화하는 평화는 더 멀어진다. 담당 분야가 명확해지는 것은 평화 확립의 장애가 되는 반발을 막는 사전 조치이기도 하다.

프리드리히의 생각이 이러한 이상, 차기 교황 선출을 기다리는 22개월 동안, 사실상의 휴전 기간이 되었다 해도 어쩔 수 없다. 되짚어보자. 자신의 신념을 지닌 사람은 그에 반하는 일은 죽어도 하지 못한다. 하면 '부끄럽기' 때문이다. 반대로 일관된 생각이 없는 사람은 부끄러움을 느낄 필요가 없으므로 무슨 짓이든 할 수 있다.

과거 로마의 서민은, 황제 프리드리히를 '매', 그 황제와 적대하는 교황 그레고리우스를 '부엉이'라고 일컬었다. 마찬가지로 로마 민중은 그레고리우스 9세의 뒤를 이어 교황에 취임한 인노켄티우스 4세를 '까마귀'라는 별명으로 부르게 된다. 녀석은 '까마귀'다, 라는 말은 이탈리아어에서 '근성이 천박하지만, 고집 센 녀석'이라는 뜻이다.

1243년 6월 25일이 되어, 드디어 새 교황이 선출되었다. 인노켄티우스 4세라는 이름의 새 교황은 제노바의 4대 유력 가문 가운데 하나인 피에스키 가문 출신으로, 볼로냐대학에서 법률을 배우고 성적이 뛰어나 어린 나이에 벌써 교단에 섰으나, 그 뒤 성직자가 된 사람이다. 그다음 추기경까지의 출세 가도는 전 교황 그레고리우스의 마음에 들었기 때문이다. 거친 행동으로 유명했던 그레고리우스가 왜 학자풍인 이 사람을 좋아했는지는 알 수 없다. 태어난 해는 프리드리히보다 1년 뒤지만, 프리드리히는 12월 26일생이니까 동갑이나 마찬가지였다. 교황이 된 이해, 마흔여덟 살이었다.

다만 새 교황을 배출한 피에스키 가문은 제노바의 4대 가문 가운데 하나인데, 도리아, 스피놀라가 황제파(기벨린)라면 피에스키와 그리말디는 교황파(겔프)로 서로 반목하며 제노바의 국정을 좌지우지했다. 이는 프리드리히에게는 악재 가운데 하나였는데 교황이 바뀜으로써 오랫동안 해결하지 못한 교황 대 황제의 항쟁을 끝맺을 기회라고 본 듯하다. 새 교황 선출로부터 한 달도 지나지 않아 지위나 능력에 손색없는 얼굴로 사절단을 꾸려 로마에 파견한다.

팔레르모 대주교 베라르도, 죽은 헤르만 대신 튜턴 기사단단장이 된 제라드, 시칠리아 왕국 해군 총사령관 안살도, 거기에 피에르 델라 비냐와 타데오 다 세사까지 다섯 명이었다.

그런데 이 면면이 새 교황의 심기를 건드린 것이다. 종교 기사단의 단장이라 파문할 수 없는 제라드를 제외한 네 명 모두가 파문당한 몸이었기 때문이다. 파문당한 사람과 접촉하기만 해도 당연히 파문당하는 게 당시 가톨릭교회의 사고방식이었기 때문인데, 이렇게 되면 프리드리히의 주변은 파문당한 사람뿐이라 로마 교황에 보낼 사절도 없다.

그런데 교황청이라는 곳은 엄격하게 보여도 엉성한 부분이 있는 조직이다. 이후 어떤 조치가 떨어졌는지 모르겠으나 타데오 다 세사와 피에르 델라 비냐 두 사람만은 교황과의 접촉이 가능해졌다.

한편 프랑스 왕 루이 9세도 이해 이루어진 새 교황 교체를 교황과 황제의 관계를 개선하는 좋은 기회로 본다. 스물여덟 살이 된 루이는 할아버지 필리프 존엄왕이 프리드리히와 맺은 독·불 불가침협정 덕분에 일찍 세상을 떠난 아버지 대신 열두 살에 왕위에 오른 자신의 통치가 문제없이 이루어져 프리드리히에게 은혜를 입었다고 생각하고 있었다. 게다가 자신은 독실한 가톨릭교도이자 세속 국가 프랑스의 왕이기도 하다. 신앙의 지도자와 세속 국가 통치자의 담당 분야가 명확해지면 나쁠 게 없었다. 아니, 오히려 이득이 컸다.

프랑스 왕 루이는 남프랑스의 유력자 툴루즈 백작을 파견하기로 한다. 중재자로서가 아니라 황제 사절의 보증인이라는 입장이었으니까 사실상은 황제 측 사람인 셈이다. 이리하여 교황과 황제의 관계 개선을 목적으로 한 교섭은 교황 측이 오토네 추기경, 황제 측이 타데오 다 세사, 거기에 툴루즈 백작이 동석하는 형태로 시작되었다. 어쨌든 신성로마제국 황제와 로마 교황의 정면충돌은 유럽 그리스도교 세계를 뿌리부터 흔드는 국제 문제였다. 그러므로 싸우는 두 개인의 단순한 화의가 아니었다.

우여곡절은 당연했다. 프리드리히는 남부 이탈리아에 있으면서도 어디까지 양보할지를 모색했고, 로마에 있는 인노켄티우스는 이전 방식을 고집할지, 아니면 바꿀지를 결정해야 했기 때문이다. 양쪽 다 조건을 내놓았다가 거두기를 반복했다.

마침내, 다음 해인 1244년 3월 31일까지 화의 동의서를 교환하기로 정하는 데 성공했다. 프리드리히는 그에 맞추어 11월, 남부 이탈리아를 떠나 북상해 토스카나 지방으로 들어간다. 해로를 택한 황제가 배를 버린 그로세토에서 로마까지는 아우렐리아 가도를 남하하면 도착할 수 있는 근거리였다.

도망친 교황

/

/

이런 상황에서 교황 인노켄티우스의 심경에 변화가 일어난 게 아닐까 추측된다. 다시 우여곡절이 시작되고 대대적 선언이 부끄러울 정도의 상황 속에서 3월 31일은 별일 없이 지나갔다. 황제가 상당히 양보했음에도 화의는 미루어졌고 황제에게 내린 파문도 그대로인 상태였다.

이에 황제는 교황에게 직접 회담을 신청한다. 교황도 받아들인다. 정상회담 장소도 치비타카스텔라나 성으로 정해졌다. 이 성은 넓을 뿐만 아니라 치안도 완벽했다. 황제와 교황이라는 정상끼리의 회담에 따라붙기 마련인 다수의 수행자도 다 수용할 수 있었다.

프리드리히는 토스카나 지방의 내륙으로 들어갔다. 교황과의 회담 장소로 간다기보다 토스카나 내륙 지역의 반황제 움직임에 대처하며 회담장으로 간다는 느낌으로 접근한 것이다. 교황도 6월 7일, 치비타카스텔라나로 가려고 로마를 떠난다. 그런데 교황의 로마 출발 방식이 기묘했다.

로마 교황이니 다수의 추기경과 고위 성직자를 이끌고 대낮에 당당히 로마의 성문을 떠났다면 이상할 게 없다. 그런데 로마 시내에 있는 황제파가 알아차리지 못하도록 병사로 변장하고, 그것도 병사로 변장한 추기경 셋만을 대동하고, 그러나 교황청 금고에 있는 돈만은 다 챙겨, 야밤을 틈타 몰래 로마를 떠난 것이다.

회담 장소인 치비타카스텔라나 성으로 가려면 플라미니아 가도를 북상하면 이틀도 걸리지 않아 도착한다. 교황 인노켄티우스와 소수의 일행도 그 길을 따랐다. 그런데 치비타카스텔라나 마을에 도착하기 바로 직전에 플라미니아 가도를 버리고 옆길로 샜다.

밭 한가운데에 난 길을 통과해 도착한 곳은 수트리라는 작은 마을이었다. 이 정도 마을이라도 하나쯤 있는 술집 겸 여관이 한동안 교황의 은신처가 된다.

이 은신처에서 미리 수배한 제노바에서 오는 배가 입항하길 기다렸을 것이다. 이번에도 밤의 어둠을 틈타 치비타카스텔라나를 떠나 치비타베키아까지 가, 항구에서 배를 탄 것이 6월 29일 밤이었다.

이 계절의 티레니아해는 잔잔했을 텐데 이상하게도 맹렬한 비바람을 만난다. 폭풍우라고 해도 좋을 만큼 거친 파도여서, 조종 기술에서는 지중해 최고라 일컬어지는 제노바 선원이 아니었다면 바다의 제물이 되었을지 모른다. 일주일 뒤 교황은 거의 초주검이 된 모습으로 제노바에 상륙한다.

프리드리히는 정상끼리 만나면 자신에게 유리하게 끌고 갈 자신이 있었다. 물론 사전의 '실무진' 협의로 치밀한 준비를 마친 상태였으나 그에게는 십 대였을 때부터 상대와 얼굴을 마주하면 항상 이겼다는 자부심이 있었다.

교황이 직접 만나 회담하자는 청을 수락했다는 소식을 듣고 천하의 그도 긴장을 풀었으리라 생각할 사람이 있을지 모른다. 하지만 회담 실현을 위한 '실무진' 협의는 그동안에도 계속되고 있었다. 교황은 '실무진'으로 파견한 추기경들을 내버려두고 도망친 것이다. 그런 탓에 프리드리히는 교황이 제노바에 도착한 뒤에야 교황의 도망을 알았다.

교황이 도망쳤다는 소식을 듣고 프리드리히가 보인 반응은 분노의 폭발이 아니라 어이없어했다고 한다.

역사상 교황이 도망친 예는 전에도 있었다. 로마 교황은 종교계의 수장이라 직접적인 군사력은 없다. 그래서 군사력을 들이대면 도망칠 수밖에 없는데 만나기로 한 장소까지 정해놓고 도망친 교황은 가톨릭교회 역사상 이제까지 한 명도 없었다.

교황의 도망을 안 황제가 한 일은 평소 그의 방식 그대로였는데 자세한 경과를 기록한 편지를 유럽의 왕후 전원에게 보낸 것이다. 그리고 토스카나 지방을 아들 페데리코에게 맡기고 자신은 북부 이탈리아로 향했다. 교황이 제노바에 도착했으니 밀라노를 비롯한 롬바르디아 동맹의 코무네가 힘을 얻어 다시 반황제의 기치를 들고 봉기할 우려가 있었기 때문이다.

하지만 이는 기우로 끝났다. 교황 인노켄티우스가 한동안 휴식을 취한 다음 깨달은 것은 조국 제노바에 있다고 해서 안전이 보장되는 건 아니라는 사실이었다.

교황은 토리노를 중심으로 한 피에몬테 지방의 영주 사보이아 백작에게 거처를 요구했다. 그런데 사보이아 백작의 딸은 프리드리히의 아들 엔초와 결혼해, 사보이아 백작령 자체가 지금은 황제파에 해당했다. 백작은 교황의 의뢰를 대놓고 거부하지 않았다. 대신 백작의 영지 백성이 숙박을 거절하거나 식사 제공을 꺼리는 등 사보타주를 전개한다. 뒤따라온 네 명의 추기경까지 합쳐 추기경만 일곱 명인 교황 일행은 북서부 이탈리아에서조차도 안식처를 얻지 못한 것이다.

마침내 교황 인노켄티우스는 파리의 프랑스 왕 루이 9세에게, 프랑스 왕령으로의 망명을 요청했다. 하지만 사자가 가져온 왕의 대답은 거부였다. 그런데도 교황은 한겨울 알프스 넘기를 강행한다. 교황과 그 일행은 이탈리아 쪽 수사에서 알프스를 넘어 프랑스 그르노블로 나오는 길을 택했다고 한다. 그렇다면 고대 로마 시대의 알프스를 넘는 간선로 가운데 하나를 선택했다는 이야기인데, 로마 가도라 해도 1천 년 넘게 방치한 상태였던 중세이니까 예전처럼 하룻밤 묵을 곳마다 여관이나 말을 갈아타는 시설이 갖춰져 있지 않았을 터이다. 게다가 계절은 엄동이었다. 누가 봐도 로마 교황이라고는 알아볼 수 없을 정도로 피로에 지친 모습으로 리옹에 도착한 것은 1244년 12월 2일이다. 병사로 변장해 로마를 도망쳐 나온 지 5개월이 지나 있었다.

리옹 입성

/

/

왜 리옹이었을까. 리옹은 프랑스 왕령이 아니었나.

만약 그 시대 리옹의 특수성을 알고 리옹을 피난처로 삼았다면 교황 인노켄티우스 4세는 세계에서 가장 오래된 대학이자 당시 최고 학부였던 볼로냐대학의 교단에 설 자격이 있다고 할 수 있다.

왜냐하면 이 시기 리옹은 아직 프랑스 왕령이 아니었기 때문이다. 오히려 신성로마제국 프리드리히의 수하였던 아를왕국의 한 도시였다. 그렇지만 제국령의 가장 서쪽 끝에 있어서 프리드리히에게는 자국 안에서도 변경이다. 그래서 리옹은 그때까지 오랫동안 유서 깊은 대주교구로 남아 있었다.

중세의 대주교구란 실제로는 대주교가 영주로서 통치하는 지역을 가리킨다. 영주가 세속의 제후가 아니라 성직자라는 점만 다를 뿐 고위 성직자인 이상 지위로 보면 로마 교황의 아래에 있는 것이다.

이런 영지의 특수성은 프랑스 안에 있으면서도 프랑스 왕령이 아닌 것은 물론이고, 그렇다고 로마 교황의 영토도 아니며 황제의 직할령도 아니라는 데 있다. 물론 당시 리옹만이 특수했던 것은 아니다. 영국과 프랑스, 독일, 이탈리아에도 고위 성직자가 통치하는 영지는 규칙적이지 않은 물방울무늬처럼 유럽 곳곳에 흩어져 있었다. 이것이 중세 유럽의 현실이었고, 이런 현실이 있었기에 황제와 교황의 대립이 이런 영지를 거느린 대주교와 주교의 임명권을 놓고 다투는 서임권 문제로 드러난 것이다.

리옹은 그야말로 전형적인 그런 영지였다. 프랑스 왕권도 미치지 않고

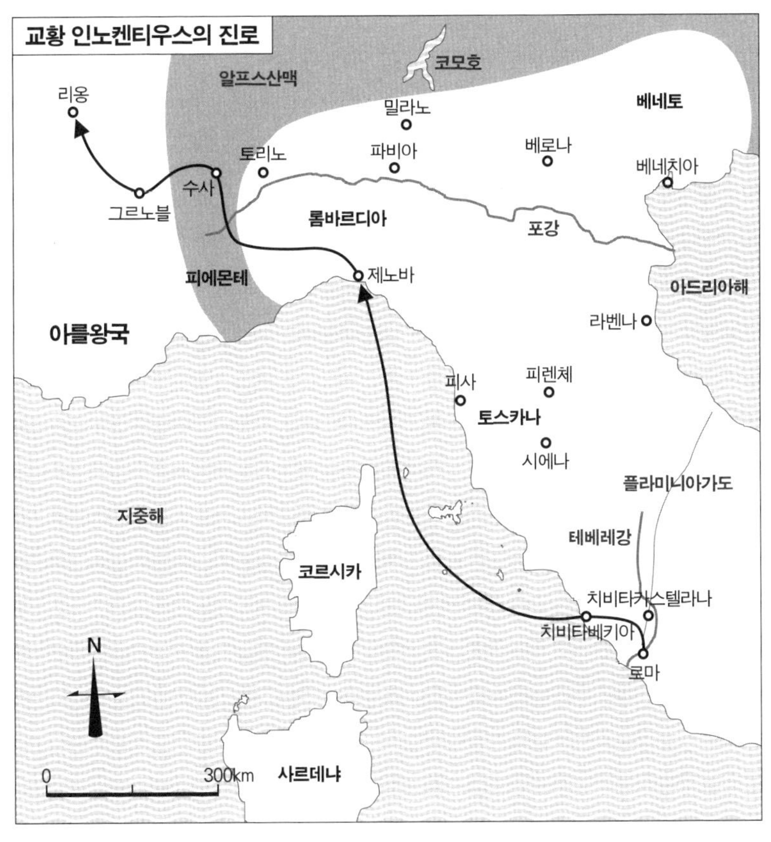

신성로마제국의 힘도 변경이라 미치기 어려운 데다 지위라는 면에서는 로마 교황의 아래에 있는 대주교가 다스리는 도시. 교황 인노켄티우스는 이런 리옹으로 도망친 것이다. 그리고 12월 27일, 교황은 다음 해 1245년 6월에 리옹에서 개최할 공의회 소집장을 그리스도교 세계의 고위 성직자 전원에 보냈다. 피로에 지친 모습으로 리옹에 도착한 날로부터 채 한 달도 지나지 않았을 때였다.

'공의회'의 역할은 교황의 소집에 따라 추기경과 대주교, 주교, 수도원장이라는 고위 성직자가 한자리에 모여, 그리스도교의 신앙과 관련된 의견 일치를 도모하는 데 있다. 그리스도 교회 용어로는 '도그마'라 부르는 이 통일된 견해가 없으면 일반 신자와 직접 접하는 주교나 수도사들이 각자 제멋대로 자기 생각을 설교하게 되므로 몇 년에 한 번씩 모여 가톨릭교회의 생각을 통일할 필요가 있었다. 그러므로 그 자리에서 토의되는 것은 신앙의 문제만으로 국한하고 세속의 일은 다루지 않는 게 법칙이었다. 왕후들도 대표를 파견할 수 있었으나 어디까지나 참관인 신분이었다.

이단 재판

/

/

남부 이탈리아의 포자 왕궁에서 성탄절과 그다음 날인 자신의 생일을 보낸 프리드리히가 교황의 공의회 개최 소식을 알게 된 것은 해가 바뀐 1245년 1월에 들어서자마자다. 그 며칠 뒤에는 리옹 공의회에서 토의될 의제도 알게 된다. 첫째는 교회 내 개혁. 둘째는 새로운 십자군 파견. 그리고 셋째는 동유럽을 침공하고 있는 몽골 대책이었다.

소식을 듣자마자 프리드리히는 알아차렸을 것이다. 리옹에서 열리는 공의회는 쉽게 해결할 수 없는 이런 문제를 토의하기 위해서가 아니라 공의회란 이름 뒤에 숨은 이단 재판이라는 것을.

'이단'이란 그리스도교도이면서 잘못된 신앙을 갖게 된 자를 '규탄'하는 언어이다. 그러므로 그를 벌하는 재판도 그리스도 교회의 수장인 로마 교황의 책임 아래 있다.

공의회를 명목으로 한 이단 재판은 그 자신이 표적이었던 전례가 이미 있었다. 4년 전인 1241년에 교황 그레고리우스 9세가 로마에서 개최하려던 라테라노 공의회가 그것이었는데 당시 프리드리히는 해로를 이용해 로마로 향하는 고위 성직자들을 해상에서 기다리고 있다가 낚아채 공의회를 무산시킨 바 있다. 그 4년 뒤에 이번에는 교황 인노켄티우스 4세가 리옹에서의 개최를 알렸다. 리옹이라면 로마와 달리 참석자들을 바다에서 납치해 공의회를 무산시킬 수 없다. 프리드리히는 북부 이탈리아로 가서 거기서 리옹 공의회를 대비하기로 한다.

프리드리히의 예상은 적중했다. 1245년 4월, 리옹의 교황이 프리드리히뿐만 아니라 엔초와 만프레디라는 두 아들로까지 표적을 넓힌 탐색령을 발했기 때문이다. 부자 셋에게 나란히 'Wanted' 명령이 떨어진 것이다. 셋 다 거주지가 확실했으므로 '수배'라는 말은 웃긴 이야기지만, 로마 교황에 의한 반황제 의사의 제1탄이었다.

이렇게 된 이상 프리드리히도 재판장에서 자신을 대변할 사람이 필요해졌다. 성직자에게만 출석 자격이 있는 공의회였으나 세속 군주의 대리 출석은 인정되었다.

황제는 대리로 타데오 다 세사를 임명했다. 그의 충성심은 의심할 여지가 없었고 이론적으로도 유능했으며 열정적으로 설득하는 능력도 있는 남자였기 때문이다. 그러나 공의회나 이단 재판 모두 교회법 아래에서 이루어진다. 즉 고발은 곧 판결이 되는 식으로 전개되었다.

공의회에 대비해 북부 이탈리아로 떠나야 했던 프리드리히가 남부 이탈리아와 시칠리아섬으로 이루어진 시칠리아 왕국을 걱정할 필요는 없었다는 게 그나마 큰 안심이 되었을 것이다.

시칠리아 왕국은 15년 전에 발포한 '멜피 헌장'에 근거해 풍요롭고 질서 잡힌 평화를 누리고 있었다. 그 실현에 진심으로 협력해주는 엔리코 디 모라를 비롯한 과거 봉건 제후이자 프리드리히 아래에서는 고급 관료로 변신한 제1세대는 죽거나 퇴장했다. 하지만 그 아들들인 제2세대는 프리드리히에 의해 간부 후보생으로 길러져 이미 요직에 임명되어 활약하고 있었다. 또 이 제2세대보다 나이로는 열 살 정도 어린 프리드리히의 아들들도 성장했다. 간부 후보생들은 서른 전후에 요직에 임명되는 것이 상식이었는데 아들들은 스무 살이 되기 전에 최전선에 나가게 했다.

나이에서는 둘 다 차세대인 간부 후보생들과 아들들은 성장한 다음에도 서로 협력을 이어나갔다. 당연했다. 황제 옆에서 자라는 동안 격의 없이 지낸 사이로, 프리드리히의 방침에 따라 카이로의 술탄이 오리엔트의 최신 기술을 이용한 물시계나 우주 모형을 선물로 보내면 어깨를 맞대고 그것을 들여다보던 사이였다. 황제와 그 친구들의 대화도 방청하고 매사냥에도 따라갔던 사이였다. 동창 의식이 강한 것도 당연했다.

이 '차세대'에 시칠리아 왕국이라는 한 지방만 의탁한 게 아니다. '성 베드로의 자산'이라고 불린 중동부 이탈리아의 마르케 지방과 피렌체의 통치까지도 그들에게 일임했다. 그러나 밀라노가 리더인 롬바르디아 동맹을 여전히 완전히 제압하지 못한 북부 이탈리아는 능력이나 경험에서 베테랑급 실적이 있는 둘에게 맡겼다. 아들 가운데서는 가장 연장자로 이제 스물아홉이 되었고 지금은 사르데냐 왕인 엔초와 봉건 제후에서 올라와 냉혹하나 군사적 재능이 뛰어난 베로나의 영주 에첼리노 다 로마노였다.

프리드리히는 그의 저작《매사냥의 서》를 봐도 알 수 있듯 사정이 허락하는 한 모든 요소를 다 파악한 다음에야 전진하는 성향이 강했다. 즉흥적인 생각은 친구들과의 유쾌한 대화에서만 즐겼을 것이다.

1245년 4월, 프리드리히는 남부 이탈리아를 떠나 북부 이탈리아로 향한다. 리옹에서의 공의회에 대비하려면 아직 해야 할 일이 하나 더 남아 있었다. 목적지는 베로나. 이미 알프스 북쪽 제후들에게는 베로나에서 개최하는 '디에타(제후 회의)' 소집장이 보내졌다. 베로나는 독일에서도 브렌네로고개만 넘으면 올 수 있기 때문이다. 물론 이해 베로나에는 열일곱 살이 된 아들 콘라트도 왔다. 나이는 위라도 서자인 엔초와 달리 적자인 그가 프리드리히의 뒤를 이을 왕위 계승 서열 1위였다.

6월 2일, 세속 영주와 성직자 영주가 모두 모인 자리에서 황제는 설명했다. 자신과 교황 사이의 오랜 불화가 어디서 비롯되었는지, 교황의 명분은 이것이고 자신의 명분은 이것이라고 명쾌하고 솔직하게 말한 것이다. 황제라는 지위에 어울리는 라틴어를 쓰지 않았다. 언어로는 아직도 미숙했으나 그 자리에 모인 사람들이 다 이해할 수 있는 독일어로 말했다고 한다.

베로나에서 열리는 '디에타'에는 봉건 제후 외에 오스트리아 대공과 모라비아 공작, 카린지아 백작이라는, 신성로마제국이라 해도 독립적인 색채가 짙은 지방의 영주들도 참석했다. 황제 프리드리히는 리옹에서의 결과가 어떻게 나오든, 알프스 북쪽에 펼쳐진 이들 지방에 미칠 영향력을 최소한으로 줄이려고 갖은 노력을 한 것이다.

제후들이 알프스 북쪽으로 돌아간 후에도 콘라트만은 한동안 베로나에 머물렀다. 그리고 그 2주간이 아버지와 아들이 함께 보낸 마지막 시간이었다.

리옹 공의회

/

/

1245년 6월 28일, 성가대가 부르는 '오시옵소서, 위대한 창조주여'가 울려 퍼지는 리옹대성당에서 리옹 공의회의 막이 열렸다. 사실 이 공의회에는 하위 성직자까지 포함해 150명도 안 되는 사람이 모였다. 보통 5백 명에서 8백 명은 모였는데 이탈리아와 독일에서 참석한 사람이 없었던 탓에 인원이 대폭 줄었다.

교황 인노켄티우스는 그래도 강행한다. 참석자는 의장인 교황 인노켄티우스의 모두 발언을 듣는 순간 이 공의회의 진짜 목적이 소집장에 적힌 교회 개혁이나 십자군 원정, 몽골 대책이 아님을 알 수 있었다. 모두 연설에서 교황이 힘주어 발언한 단어가 '이단'이었기 때문이다.

교황의 연설이 끝나자마자 타데오 다 세사가 일어나 말했다. 이 재판은 (그는 대놓고 재판이라고 했다) 고발하는 측과 판결을 내리는 측이 같으므로 무효라고 주장한다. 하지만 이는 헛된 시도로 끝날 수밖에 없었다. 고발하는 측의 검사와 중립적인 입장에서 판결을 내리는 재판관의 역할 분리를 중시한 것은 로마법과 그에 기초한 '멜피 헌장'뿐이었으니까. 교회법은 달랐다. 이보다 나중에 유럽을 뜨겁게 달군 이단 재판도 재판관과 검사의 구별 없이 둘 다 같은 사람이 맡는 게 상식이었다. 그리고 공의회는 교회법에 따라 진행된다. 이러면 프리드리히가 아무리 양보해도, 영국과 프랑스 왕이 황제의 말을 보장하더라도 헛수고로 끝날 수밖에 없다. 교황 인노켄티우스는 누가 황제의 말을 믿겠느냐는 말로 두 왕이 보낸 대리인의 신청조차 기각했다. 다음번 공의회는 7월 5일에 열기로 하고 그날은 폐회했다.

7월 5일, 공의회 이틀째인 이날은 검사 역할의 스페인 주교 세 명과 변호인인 타데오 다 세사 사이의 공방이 이어졌다. 법정극을 다룬 미국 영화에서는 손을 들고 "재판장님, 이의 있습니다!"라고 외치고 반론을 시작하는 변호인이 있는데 타데오 다 세사가 리옹에서 한 일이 그것이었다. 칼라이스, 콤포스텔라, 타라고나의 주교 세 명이 속속 제기하는 '황제의 죄상'에 대해 그때마다 자리에서 일어나 자료를 들고 반박한 것이 그였으니까.

1245년 리옹에서 전개된 공의회라는 이름을 빌린 이단 재판장에서 검사와 변호인의 공방은 기록으로 남은 덕분에 역사적 사실만을 모아 재구성해보면 다음과 같다.

검사 | 황제는 장남이자 적자인 하인리히를 냉대했을 뿐만 아니라 정신적으로 학대해 그를 자살로 몰아갔다.

타데오 다 세사는 그에 대해 독일 왕이었던 하인리히의 행동을 조목조목 꼽아 사실무근이라고 반박한다.

검사 | 정식으로 결혼한 왕비 세 명이 모두 몇 년 만에 세상을 떠났는데 그것도 황제가 그리스도교도인 아내를 이슬람교도의 환관에게 감시하게 하고 학대한 게 원인이다.

타데오 | 전혀 사실이 아니며 만약 그렇다면 증인을 불러 증언하게 하라. 황제는 애인에게조차도 그런 대우를 하지 않는다.

검사 | 루체라에는 원래 그리스도교도가 살고 있었는데 그들을 쫓아내고 그 땅에 이주시킨 사라센인에게 그들만의 마을을 만들도록 인정했다.

타데오 | 황제는 자국 안에서 그리스정교도, 유대교도, 이슬람교도라도 황제의 통치에 반대하지 않는 한 각자의 신앙을 인정하고 있다. 이슬람교도만을 루체라에 모여 살게 한 것은 어디까지나 통치상의 이유 때문이다.

게다가 루체라는 오래전 내륙의 밭 가운데 있던 마을로, 주민의 수 자체가 적었다. 그랬던 루체라가 지금은 주민도 늘었다. 확실히 대다수는 사라센인이지만, 그리스도교도 주민도 없지는 않다. 특히 전 교황 그레고리우스의 요구대로 설교 수도사 파견을 황제가 받아들여 이슬람교에서 그리스도교로 개종한 사람도 적지 않다. 그 가운데 한 사람은 황제에게 등용되어 남부 이탈리아의 중요 관직에 있다.

검사 | 이슬람 여러 나라의 술탄이나 태수(아미르)와 우호 관계를 유지하는 것은

가톨릭교를 지키는 게 임무인 황제가 할 일이 아니다. 게다가 황제는 딸 하나를 그리스정교도인 니케아제국의 황제와 결혼시키는, 그리스도교도로서는 해선 안 될 일까지 했다.

타데오 | 국경을 접하거나 접하지 않았더라도 양호한 관계를 유지하는 것이 국익에 도움이 된다고 판단되면 해당 국가 지도자들과 우호 관계를 유지하는 것은 국가 통치를 일임받은 자의 의무다. 그러므로 그 상대가 그리스정교도이든 이슬람교도이든 성직자가 아닌 황제에게는 잘못이 없다. 황제가 딸을 이슬람교도와 결혼시킨 것은 아니다. 지금은 가톨릭교와는 분리되었어도 어디까지나 그리스정교도 그리스도교다.

타데오 다 세사의 반론은 근현대라면 정론이고 문제가 되지 않았을 것이다. 하지만 아무리 로마 교황의 권위가 흔들리기 시작했더라도 당시는 여전히 중세 후기였다. 즉 성직자들을 각성시킬 수는 없었을 것이다. 따라서 검사 역할의 주교들도 흔들리는 붉은 천을 본 투우처럼 돌진을 멈추지 않았다.

검사 | 포자 왕궁에서는 종종 연회가 열리고 그 자리에는 사라센 여자들이 시중을 들며 춤까지 춘다고 한다.

타데오 | 무엇보다 황제는 연회를 좋아하지 않는다. 개최하더라도 그것은 다른 나라의 요인이 찾아왔을 때뿐이며, 개최하더라도 여자들이 시중들게 하는 일은 없다. 그런 자리에서 춤을 보여준 적은 있으나 그걸 직업으로 하는 여자들을 부른 것이며 그런 종류의 여자는 이슬람교도밖에 없다.

검사 | 포자 왕궁 안에는 사라센 여자들이 상주하고 있다. 그것이야말로 이슬람식에 물든 황제의 하렘이다.

타데오 | 왕궁 일각에 이슬람교도 여자들이 거주하는 것은 사실이나 그녀들은 황제와 고관들이 입을 옷감을 짜는, 번듯한 일을 하고 있다. 고급 직물을 굳이 비싼 돈을 주고 오리엔트에서 사오는 것보다 자국 안에서 생산하는 것은 황제의 자국 산업 장려 정책 중 하나다.

검사 | 황제의 병사 가운데 적지 않은 수는 루체라에 사는 사라센인이다. 신성로마제국 황제라는 사람이 이슬람교도 병사를 거느린다는 게 말이 되는가.

타데오 다 세사에게 결점이 있다면 마음에 품은 생각을 얼굴과 말로 고스란히 드러낸다는 점이었다. 이쯤 되니 아주 지긋지긋했던지 그는 비아냥으로 응대한다.

타데오 | 황제는 피가 흘러야만 하는 전쟁터인 이상 거기서 흘릴 피는 그리스도교도보다는 이슬람교도의 피여야 한다고 생각했을 뿐이다.

검사 | 황제의 주변에는 항상 젊은 남자들의 출입이 많다. 이야말로 황제의 남색 취향을 드러낸 것이다.

여기에는 타데오도 요즘 표현으로 열 받았다. 그래서 열 받은 채 말했다.

타데오 | 그들은 황제의 아들들이고 고관의 자식들이다. 그들과 황제가 그런 관계였다면 확실한 증거를 제시하라.

가십 잡지 같은 이런 공방에 공의회에 참석했던 성직자들도 미간을 찌푸린 듯하다. 기록에는 침묵이 지배했다고만 적혀 있으니, 리옹대성당을 가득 메운 그들 사이에서 불만의 소리가 터져 나온 것은 아니다. 하지만 교회 안의 공기가 단숨에 차가워졌음은 검사 역을 맡은 스페인인 세 주교도 알았을 것이다. 그래서 그들도 공격의 칼날을 돌린다.

검사 | 황제는 교황령인 마르케 지방에 침략하는, '성 베드로의 자산'에 대한 침해 행위를 저질렀다.

타데오 | 그것은 반환하겠다고 황제가 확언했다. 그리고 황제의 보증인으로 프랑스와 영국 왕이 나선 이상 역시 문제는 없다.

검사 | 새로운 십자군 원정에 황제는 전혀 관심을 보이지 않고 있다.

타데오 | 이제까지는 필요가 없었기 때문이다. 지난해(1244년)에 예루살렘이 태수(아미르) 한 사람의 폭거로 점령되었으나 이로 인해 원정이 필요하다는 결정이 내려지면 황제도 떠날 뜻이 있다.

이런 식으로 이틀째 공의회는 끝났다. 이날의 공방은 바로 베로나의 황제에게도 전해졌다.

프리드리히가 이 전개를 어떻게 봤을지는 알 수 없다. 알려진 사실은 그가 베로나를 떠나서 토리노로 이동했다는 것뿐이다.

토리노라면 베로나보다 리옹에서 보내는 보고를 빨리 전달받을 수 있다고 생각했기 때문일까.

아니면 직접 리옹에 들어갈 경우도 생각한 것일까.

황제 프리드리히 2세는 결석 재판 중인 피고였다. 엄밀히 말해 교황 인노켄티우스 4세는 '피고'에 호출장을 보내지도 않았고, 진정한 의미에서의 피고 대리인 전권 대사를 보내라고 한 적도 없다.

리옹에서 타데오 다 세사는 사실상 전권 대사의 역할을 하고 있었다. 그러나 그의 위치는 성직자만이 출석하는 공의회의 참관인으로만 출석이 인정된 프랑스와 영국 왕들의 '대리'나 마찬가지였다. 즉 타데오는 황제를 지킬 사람으로서 교황의 호출을 받고 온 게 아니라는 것이다.

이를테면 결석 재판이라도 피고를 지킬 변호인의 출석은 인정되는 것이 재판이라는 생각은 로마법적인 사고방식이고 리옹의 공의회는 피고도, 그리고 그 피고를 지킬 임무를 지닌 변호인도 출석하지 않은 재판이었다.

▶ 리옹 공의회(가운데가 인노켄티우스 4세)

그래도 타데오 다 세사가 사실상 변호인 역할을 한 것은 출석한 프랑스와 영국 왕의 대리라는 존재를 교황도 무시할 수 없었기 때문이다. 그리고 이 사람들은 자기 왕의 의향에 따라 타데오가 반론을 제기하는 게 당연하다고 생각했다.

5일 뒤인 7월 10일, 세 번째 공의회가 시작된다. 그날, 타데오 다 세사는 재판장이기도 한 교황에게 다음 공의회는 15일 뒤인 7월 25일에 열어달라고 신청하고 허락을 받아냈다. 이때 타데오는 이제 황제가 정식 임명한 전권 대사가 등장할 시기라고 생각했을지 모른다.

공의회 연기에 프랑스와 영국 왕의 대리들도 찬성했다. 결정적인 결과가 나오기 전에 양측이 양보해 결렬을 피하는 것이 유럽 왕후 대다수가 바라는 일이었다. 15일간의 연기는 그런 그들에게 타당하게 여겨졌다.

하지만 교황 인노켄티우스는 황제 프리드리히가 토리노에 와 있다는 사실을 알고 있었다. 알프스산맥을 넘어야 하니까 단순 비교는 불가능하지만, 토리노에서 리옹까지는 직선거리로만 따지면 리옹에서 파리까지의 거리의 절반이었다.

말을 잘 다루는 사람이라면 이 지점부터 알프스를 넘는 일은 그리 어려운 일도 아니었다. 게다가 계절은 여름. 산맥을 넘어 그르노블로 내려오면 거기서 리옹까지는 말을 질주시키면 금방이다. 게다가 프리드리히는 쉰 살인 지금도 매사냥을 빠짐없이 즐기고 있었다. 매사냥이란 말을 잘 다루면서 빨리 달려야 하는 스포츠이기도 했다.

7월 17일, 교황은 급히 공의회를 소집했다. 다음 회의는 25일로 정해져 있었다. 그런데 아직 8일이나 남은 17일에 소집한 것이다.

교황은 8일이나 앞당긴 소집 이유에 대해 전권 대사조차 보내지 않은 황제에게 25일까지 시간을 줄 필요는 없다고 말했을 뿐이다.

하지만 전권 대사는 이미 토리노를 떠나 알프스산맥을 넘고 있었다. 프리드리히는 교황의 소집 여부와 상관없이 전권을 부여한 피에르 델라 비냐를 리옹으로 보냈다. 그리고 보냈다는 사실을 심부름꾼을 시켜 교황에게 먼저 알렸다. 그러므로 교황은 그 사실을 알면서도 공의회 날짜를 앞당겼고, 게다가 그 자리에서 황제는 전권 대사조차 보내지 않았다고 말한 것이다.

15일이나 휴회한다고 하니 공의회 참석자 가운데 적지 않은 수가 리옹을 비우고 있었다. 영국 왕의 대리는 이 기회를 이용해 왕과 협의해야겠다며 본국으로 건너가 협의를 끝내긴 했으나 아직 도버 해협을 건너지 못한 상태였다. 다행히 타데오는 리옹에 머물면서 동료 피에르 델라 비냐의 도착을 기다리고 있었다.

그러므로 7월 17일에 갑자기 소집된 공의회의 참석자는 원래 모였던 150명에서 대거 줄어 있었을 것이다. 그래도 교황은 강행한다.

출석한 사람만 모인 자리에서 교황은 재판관의 판결을 읽어내려갔다. 공소권을 인정하지 않은 교회법에 근거하는 이상 그것이 최종 판결이 된다.

재판장이기도 한 인노켄티우스 4세는 검사 역을 맡은 세 명의 스페인인 주교가 주장한 황제의 죄상을 다 인정했다. 그에 대한 타데오의 반론은 모두 기각했다. 이날 교황의 판결 요지는 다음과 같다.

황제 프리드리히 2세는 그가 차지한 높은 지위에 전혀 어울리지 않는 인간이다. 그런 그가 한 모든 짓은 이단 행위이고 그 자신이 속한 가톨릭교회의 가르침에 완전히 반하고 있다. 이제까지 그에게 내렸던 파문도 이 '교회의 적'을 바른길로 인도하는 데 도움이 되지 못했다. 따라서 더욱더 엄격한 처벌을 내릴 수밖에 없는 것이다.

이렇게 말한 교황은 계속했다.

나는 독일의 선제후들을 비롯한 제후 전원에게 진언한다. 프리드리히를 대신할 황제 선출을 서두르라고.

다만 시칠리아 왕국의 장래를 결정하는 것은 이 왕령의 진정한 소유자인 로마 교황에 권리가 있는 이상 왕국의 왕이 될 자는 내가 생각하겠다.

이 판결을 들은 타데오 다 세사는 손도 안 들고 일어나 넓은 대성당이 쩌렁쩌렁 울릴 정도로 소리쳤다.

"디에스 이스타 디에스 이라에, 칼라미타티스 에 미제리아에! Dies ista dies irae, calamitatis et miseriae"

"오늘 이 순간 신이 분노의 불길을 일으켜, 인간이 고통받는 시대가 시작되었다!"

주군과 항상 같은 생각을 해온 타데오 다 세사였다. 그런 그가 내뱉은 라틴어의 의미를 생각하면 아마도 다음과 같을 것이다. 즉 황제의 것은 황제에게, 신의 것은 신에게, 라고 말한 예수의 가르침에 명백하게 반하는 행동에 나선 교황 인노켄티우스에 신이 분노해, 이로 인해 결정적인 일이 된 황제와 교황의 항쟁으로 관련 없는 사람까지 고통을 받는 시대가 온다고. 초원에서 거대한 코끼리끼리 격돌할 때의 폐해는 중소 동물들에 더 많은 영향을 미치기 때문이다.

이제는 서임권 문제라는 영역을 뛰어넘었다. 세속 왕후의 영지 안에 주교구라는 이름의 영토를 거느린 주교나 대주교의 임명권은 세속 왕후에 있는지, 아니면 종교계의 수장인 로마 교황에 있는지의 문제가 더는 아니었다. 이제 갈아치울 대상은 대주교나 주교가 아니라 황제와 교황이었다.

독자들은 이 리옹 공의회가 '콘스탄티누스 대제의 기진장'이 아직 진짜라고 믿어지던 시대의 일임을 기억하기 바란다. 그것이 11세기 전반에 교황청이 만들어낸 새빨간 가짜임이 실증되는 것은 1440년이기 때문이다. 리옹 공의회에서 프리드리히가 단죄된 것은 1245년. 즉 여전히 콘스탄티누스 대제가 그리스도교를 공인했을 뿐만 아니라 당시 로마제국의 서쪽 반에 해당하는 유럽까지 로마 교황에 증여했다고 믿어지던 시대였다. 그러므로 교황 인노켄티우스는 프리드리히가 외가로부터 물려받은 세습 영토인 시칠리아 왕국도 진정한 소유권은 로마 교황에 있다고 주장한 것이다.

중세의 로마 교황들이, 그것도 11세기 이후의 교황들이 '교황은 태양이고 황제는 달'이라는 한마디를 무기로 삼은 것은 '콘스탄티누스 대제의 기진장'이 가짜로 드러나기 전이기 때문이다. 그 대신 중세 내내 잊힌 것이

'황제의 것은 황제에게, 신의 것은 신에게'라는 예수의 말이다.

리옹 공의회장에서 일어난 일은 종교계 최고위 인물이 속세의 최고위 인물의 지위를 박탈한 것이다. 이를 '테오크라티아'라고 한다. '신권 정치'라는 뜻이다.

중세 유럽을 뒤흔든 교황과 황제의 항쟁은 '카노사의 굴욕'에서 시작해 프리드리히 시대의 정면충돌을 거쳐 '아비뇽의 유수'에 이른다. 아니, 어쩌면 그걸로 끝난 게 아닐 수도 있다. '정교분리'가 당연히 여겨지는 현대에 이르는 데는 르네상스와 계몽주의를 거쳐야 했다.

자신에게 내려진 판결을 토리노에서 알게 된 프리드리히는 격노해 소리쳤다. 이제까지는 경의를 표해왔으나 앞으로는 배려하지 않겠다, 이제 철퇴를 내리겠다고.

그리고 이전처럼 유럽의 왕후들에게 서신을 보내고 그 속에 자기 생각을 명확하게 표명했다. 미사여구 같은 것은 전혀 없는, 칼집에서 뽑은 칼을 크게 휘두르는 듯한 문장인 것으로 보아 미사여구를 잘 구사하는 피에르 델라 비냐가 아니라 프리드리히가 직접 수많은 서기 앞에서 구술해 적게 했을 것이다.

우선 공의회라는 이름을 빌린 리옹의 이단 재판을, 이것은 재판이 아니라고 단언한다.

고발한 측의 고소 이유를 실증하는 확실한 증거가 하나도 제시되지 않았고, 고발 측이 법정에 소환한 증인은 모두 고발 측의 주장만을 되풀이했을 뿐이다. 이런 증인은 어떤 법정에서도 증인으로 인정받지 못할 텐데 리옹에서는 그들의 말을 모두 증거로 인정했다. 반대로 변호인 측의 증언과 증인은 무슨 말을 하든, 누구를 소환하든 모두 무시하고 기각했다.

이어서 프리드리히는 칼끝을 교황에 돌린다. 우선은 재판장으로서, 다음은 종교계 수장으로서.

재판장으로서는 피고 출두를 마지막까지 요구하지 않았다는 점이다. 이는 고발인과 변호인 측의 주장을 충분히 듣고 판결을 내려야 하는 재판관이라는 자리에 앉을 자격을 처음부터 내버린 것이라고 비난한다.

종교계의 수장으로서 리옹에서 교황이 한 행동은 그 지위에 부여된 권한을 크게 이탈한 것이라고 단언한다. 왜냐하면 교황이 황제의 지위를 박탈해도 된다는 이야기는 어디에도 적혀 있지 않고, 누구도 말한 바 없다.

황제가 지닌 권력은 신이 인정하신 것이다. 교황의 권력을 신이 인정하신 것과 마찬가지다.

만약 황제가 악정이나 범죄를 저질렀다 해도 황제는 그 책임을 신에게 진다. 로마 교황에 질 필요는 없다. 왜냐하면 로마 교황의 권한은 종교적인 것으로 제한되어 있으므로 황제가 부여받은 세속의 권한까지는 미치지 않기 때문이다.

유럽의 제후들에게 보내는 서신을 이렇게 적어 내려간 프리드리히는 마지막 문장으로 글을 맺었다.

"교황이 내게 내린 조치는 내일 당신에게도 일어날 것으로 생각해야 한다. 공의회라는 이름을 빌린 이번 리옹 재판은 로마 교황이란 누가 그 자리에 앉든 세속의 권위 권력에 대해 참견과 권력 행사를 서슴지 않을 인종임을 실증한 것이다."

이 마지막 문장은 꽤 효과가 있었던 듯하다. 프랑스와 영국의 왕이나 독일 제후도 황제와 연락을 끊지 않았고, 나아가 자유를 기치로 프리드리히에게 반기를 들어온 북부 이탈리아의 자치도시마저도 교황에 찬성 의견을 표명하는 대신 침묵을 지켰으니까.

'리옹' 이후

/
/

교황 인노켄티우스에게는 뜻밖의 지점에서 불똥이 튀었다. 주교구이므로 사실상 영주인 리옹의 주교가 종교상 문제를 토의해야 할 공의회가 이런 결과로 끝난 데 대해 불쾌감을 드러낸 것이다. 기분이 상한 교황은 주교를 해임한다. 지금까지의 교황의 행동에 상당히 심기가 불편했던 주교는 그대로 수도원에 들어가 버린다.

이 주교는 그동안 선정을 베풀어 주민들의 사랑을 받은 듯, 주민들은 그의 해임에 분노했고 교황이 체류하는 주교 사택 주위가 험악한 분위기에 휩싸인다. 신변의 위협을 느낀 교황은 리옹을 떠나 더 북쪽의 클뤼니 수도원으로 거처를 옮길 수밖에 없었다. 중세의 큰 수도원은 어디나 본격적인 성채로 지어졌기 때문에 리옹 마을 가운데 있는 주교 사택보다는 안전했다.

그렇다고 교황이 수도원 안에서 신에게 기도만 올린 것은 아니다.

'가톨릭교회의 적', '적그리스도', '증오할 이단의 무리'인 황제 프리드리히를 군사적으로도 타도하자는 기치를 내건, 반황제 십자군 결성을 전 유럽에 호소했다. 단순한 호소로만 그치지 않았다.

현대에서 8백 년 전인 중세 후기라도 프로파간다의 중요성에는 변함이 없다. 교황은 각 지방의 대주교나 주교가 관리하지 않는 로마 교황 직속인 수도원 수도사들을 동원한다. 클뤼니에 있는 교황으로부터 각 수도회에 지령이 내려왔다. 수도회의 수도사들을 반황제 프로파간다에 총동원하라는 지령이었다.

대주교나 주교 밑에 있는 사제의 설교가 마을 교회의 제단에서 이루어진 데 반해 수도사의 설교는 거리에서 이루어진다. 교회 안이 아니라 광장이나 길거리에서 이루어지는 것이다.

그해 11월도 말이 되어, 완전히 눈에 뒤덮인 클뤼니 수도원으로 뻗은 길을 형형색색의 호화로운 옷을 입은 사람들과 경호병들이라는, 신의 거처로 향하기에는 너무나 어울리지 않아 보이는 일행이 걷고 있었다.

프랑스 왕 루이 9세와 그의 왕비이자 프로방스 백작의 딸 마르그리트, 그리고 왕에게 절대적인 영향력을 미치고 있는 왕의 친어머니이자 카스티야 왕가 출신의 서른 살의 비안카, 그리고 스페인 아라곤 왕과 카스티야 왕까지 포함된 일행이었다.

그들은 수도원의 한 방에서 교황과 만났다. 일행을 대표해 루이가 교황에게 유럽 전역을 소란으로 끌어들이지 말자며 황제와의 관계 개선을 요청했다.

결과는 실패로 끝났다. 교황 인노켄티우스는 왕 세 명의 간청에도 귀를 기울이지 않았을 뿐만 아니라 프랑스의 왕제(王弟) 하나에게 시칠리아 왕국의 왕위를 줄 테니까 왕도 동생에게 군사력을 주어 시칠리아 왕국을 프리드리히에게서 빼앗는 일에 협력하라고 한 것이다.

루이 9세에게는 세 명의 동생이 있었다. 루이는 이 셋에게 걸맞은 지위와 영토를 줄 의무가 있었다. 그러나 루이는 이때 교황의 요청을 단호히 거절한다.

스무 살 연상의 프리드리히와 오랫동안 쌓아온 양호한 관계를 고려했기 때문만은 아니다. 이전의 '파문'은 파문만으로 끝났고 또 언젠가는 늘 풀렸다. 그런데 리옹 이후로는 파문은 곧 영지 박탈이 된다는 것을 신앙심이라면 누구에게도 뒤처지지 않았던 루이조차 깨닫고 말았다. 주는 권리를 인정하고 그것을 받으면 빼앗을 권리도 있음을 인정하는 셈이다.

리옹 공의회에서 드러난 로마 교황의 명백한 월권행위에 동의하지 않는 것은 왕후들만이 아니었다. 이 사람들의 수하인 '기사'들은 더 구체적인 행동에 나선다. 프랑스 안에서는 말을 탄 기사들이 길거리에서 반황제 프로파간다를 실행하는 수도사들을 쫓아버리는 사건이 수없이 일어났다. 비슷한 일이 독일에서도 일어나자 이런 상황을 걱정한 제후가 교황에 사절을 보내 황제와의 관계 개선을 요구하기도 했다.

클뤼니 수도원에 있던 교황은 전술을 바꾸었다. 그때까지는 독일 제후에게 프리드리히를 대신할 황제를 뽑으라고 '진언'했을 뿐이었는데, 교황이 직접 나서기로 한 것이다.

교황의 '긴 손길'

/

/

하인리히 라스페는 튀링겐 백작의 3남으로 태어났다. 맏형이 프리드리히가 이끄는 제6차 십자군에 참가하려 했으나 출발 전에 역병으로 죽어, 아직 어린 아들의 섭정으로 튀링겐 백작령을 통치해왔다. 서른일곱의 나이에 황제의 명령에 따라 동유럽까지 침입한 몽골군을 격퇴했다. 프리드리히는 교황과 계속 대립하면서도 유럽으로 쳐들어오는 몽골군과의 최전선에도 서 있었다. 폴란드나 헝가리 왕에게 원군을 보낸 것이다. 그해, 라스페의 활약은 황제의 귀에도 들어간 듯, 프리드리히는 그다음 해에 라스페를 아직 열네 살이었던 후계자 콘라트를 돕는 고관 중 하나로 임명했다.

교황이 바로 이 라스페를 눈여겨본 것이다. 자신이 영주인 영지가 없지만 군사적 재능은 있는 듯한 라스페에게 밀사를 보내 설득한 것이다. 우선 독일 왕에 선출되도록 이쪽이 손을 쓸 테니까 독일 왕인 콘라트를 끌어내려라. 그런 다음에는 황제를 시켜주겠다는 조건이었다. 마흔둘의 라스페는 교황의 조건을 받아들였다.

교황이 '이쪽에서 준비하겠다'라고 한 것은 라스페의 독일 왕 선출에 필요한 표를 이쪽에서 모으겠다는 뜻이다.

앞에서도 이미 설명했는데, 중세 독일 사회는 스스로 영지를 획득해 그 땅의 통치자가 된 '세속 제후'와 원래는 로마 교황이 '서임'한 대주교가 주교구라는 명목이라도 사실상 영주가 된 '성직자 제후'가 함께 있는 사회였다. 이 두 종류의 '제후' 사이의 평화로운 공존을 실현한 것이 프리드리히가 독일 통치에 성공한 요인이었는데 교황 인노켄티우스는 이 두 제후 사이를 떼어놓는 술책에 나선 것이다.

'성직자 제후'에게는 약점이 있다. 아무리 조카를 내세워 주교 자리를 대물림하며 사실상의 세습 영주로 있더라도 '세속 제후'와 다른 점은 정당한 세습권을 주장할 수 없다는 점이다. 그리고 리옹의 공의회 이후로는 교황의 파문은 곧 영지 박탈을 의미하게 되었다. 파문당해 대주교 자리를 잃은 데다 영지까지 박탈당하면 나무에서 떨어진 원숭이 꼴이다.

독일의 '성직자 제후' 가운데 유력자인 쾰른과 마인츠 대주교가 그런 사정을 슬쩍 내비치며 협박하는 교황에 굴복했다. '세속 제후' 대다수가 반대했음에도 불구하고 라스페의 독일 왕 선출이 성공한 것은 이 두 대주교가 라스페 측으로 돌아서 다른 '성직자 제후'의 표를 모았기 때문이다.

독일 왕에 선출된 라스페는 제일 먼저 콘라트에게 양위를 압박했다. 열일곱 살의 애송이니까 쉽게 물러나리라 생각했는데 돌아온 대답은 결단코 거부라는 것이었다. 물론 열일곱의 왕은 알프스 남쪽에 있는 아버지의 지시를 따른 것이지만, 콘라트 자신도 이미 10년 가까이 독일 왕의 자리에 있었다.

덕분에 라스페는 독일 왕에 선출되자마자 제대로 삐끗한 셈인데 이후로도 라스페는 '세속 군주'들의 지지를 얻지 못했다. 세속 군주들은 이런 그를 'rex clerus(렉스 클레루스, 성직자의 후원으로 왕이 된 남자)'라고 불렀다. 라스페를 이렇게 부르는 제후 대부분이 콘라트 측에 남았다.

평화적 교체에 실패한 라스페는 군사력을 이용한 교체에 나선다. 1246년 8월, 프랑크푸르트 근처에서 양군이 대결했다. 이때는 라스페가 이겼다. 이제 막 열여덟이 된 콘라트의 군사적 재능 문제가 아니다. 교황이 콘라트 측에서 싸웠을 세 영주에게 각각 마르크 은화 6천 개와 콘라트의 영지 가운데 백작령 하나를 주겠다고 약속했기 때문이다. 그러므로 패배에 따른 손실도 거의 없어, 콘라트 본인은 한 달 뒤 바이에른 공작의 딸과 결혼식을 올린다.

라스페와 콘라트의 두 번째 전투는 첫 번째 전투로부터 6개월 뒤에 치러졌다. 이번에는 콘라트의 승리였다. 상처를 입은 라스페는 고향인 튀링겐으로 도망친다. 그의 뒤를 따르는 제후는 없었다. 그 상태 그대로 라스페는 죽었다. 독일 왕에 선출되고 1년도 지나지 않은 때였다.

라스페의 죽음도 교황 인노켄티우스의 마음을 바꾸어놓지는 못했다. 하지만 이제 독일 제후 가운데 어떤 누구도 교황 측에 서서 콘라트, 즉 프리드리히에 반대하려는 사람은 없었다. 어쩔 수 없이 교황은 네덜란드 왕자인 열두 살의 윌리엄에게 시선을 돌렸다. 난데없이 네덜란드 사람을 독일 왕으로 내세우면 독일 제후들의 반발을 살 게 뻔하므로 독일 왕 대신 신성로마제국 황제 자리를 주기로 약속하고 독일 입성을 승낙하게 한 것이다.

그래도 쾰른과 마인츠 대주교의 힘을 빌려 샤를마뉴가 안치된 아헨에서 제위에 앉을 수는 있었다.

하지만 몇 년 지나지 않아 이 사람도 네덜란드로 도망쳐 돌아갈 수밖에 없었다. 전쟁터에서 콘라트에 패배한 일과 이제는 '성직자 제후'들까지 그에게 등을 돌렸기 때문이다.

이상이 교황 인노켄티우스가 공의회라는 이름을 빌리면서까지 황제 프리드리히의 파멸을 획책했던 리옹 직후, 즉 1245년부터 다음 해에 걸쳐 일어난 일들이다.

유럽의 왕후들은 파문당하고 황위와 왕위까지 박탈당한 프리드리히와의 관계를 바꾸지 않았다. 교황이 호소한 반프리드리히를 내세운 십자군에 응해 일어선 제후는 유럽 어디에도 없었다.

그동안 프리드리히는 북부 이탈리아에 계속 머물렀다. 토리노, 베로나, 파도바를 이동하면서 유럽 각지의 움직임을 계속 감시하며 대책을 세우는 데는 북부 이탈리아가 가장 적합했다.

그런데 그런 프리드리히의 발등에 불이 떨어졌다. 유럽 각지의 상황이 자신이 바라는 대로 흘러가는 게 확실시되던 순간에 날아든 소식은, 예상치 못한 것이었을 뿐만 아니라 큰 충격을 주었다.

먼 곳에 있으면서도 술책을 부리는 것을 유럽에서는 '긴 손길'이라고 표현한다. 교황 인노켄티우스 4세는 독일에도 '긴 손길'을 뻗쳤고 이탈리아에도 뻗쳤다. 독일 땅에서 라스페의 독일 왕 선출과 이탈리아에서 벌어진 이 사건은 같은 시기에 추진되었기 때문이다.

음모

/

/

교황 인노켄티우스의 여동생과 결혼한 오를란도 롯시라는 이름의 남자가 있다. 이 남자는 처남이 교황으로 선출되기 이전에는 황제 프리드리히군에 들어가 교황파인 북부 이탈리아 롬바르디아 동맹과 전투를 벌이기도 했다. 그래서 황제 수하의 장수들과도 친했다. 처남이 교황이 된 뒤로는 황제 밑에서 일할 수 없게 되어 아내의 친정인 피에스키 가문 영지에 틀어박혀 있었는데 그 영지가 파르마 근처에 있었다. 이 남자가 황제 밑에 들어간 파르마에서 황제 대리로 통치하고 있던 테발도 프란체스코와 가까워진 것이다.

테발도 프란체스코는 유소년기의 황제를 혼자 교육했던 굴리엘모 프란체스코의 아들이었다. 황제는 방치된 고아였던 자신에게 필요한 모든 것은 가르치면서도 제자가 다른 데 호기심을 드러내도 그것을 결코 교정하려 하지 않았던 이 교사에게 은혜를 입었다고 느낀 듯하다. 일개 교사의 아들이었음에도 테발도를 봉건 제후이자 지금은 정부 고관으로 일하는 요인들의 아들과 같이 궁정에 들여 '간부 후보생' 과정을 밟게 한 것이다. 후보생을 졸업한 테발도는 황제파와 교황파를 되풀이해 오가는 파르마의 제압과 통치를 황제로부터 일임받았다.

오를란도로부터 교황의 내밀한 계략을 전해 들은 테발도의 심경에 어떤 변화가 일어났는지까지는 알 도리가 없다. 알려진 사실은 테발도 프란체스코는 오를란도의 이야기를 곧장 판돌포 파자넬라와 자코모 모라에게 그대로 전했다는 것이다. 사람 좋기로 유명한 테발도가 놀란 것도 무리는 아니다. 오를란도가 전한 교황의 뜻이라는 것이 황제와 그 아들 엔초의 살해였으니까.

테발도에게 계획을 전해 들은 판돌포와 자코모는 놀라지 않았다. 둘 다 프리드리히의 궁정에서는 '발레토'라는 이름으로 불린 간부 후보생 가운데서도 연장자 세대에 속한다. 즉 후보생을 졸업한 뒤 황제에 의해 요직에 임명되어 10년 가까이 일해온 남자들이었다.

다만 판돌포 파자넬라는 토스카나 지방을 담당하는 황제 대리라는 지위를 최근에 황제의 아들 페데리코에게 넘긴 바 있다. 하지만 자코모 모라는 프리드리히가 임명한 마르케 지방의 황제 대리로 일하고 있었다. 여전히 황제 밑에서 일하는 요인 가운데 하나였던 것이다. 이 둘이 각자의 형제까지 끌어들여 일가가 음모에 가담한다.

이리하여 간부 후보생들 사이로 퍼진 음모의 참가자는 시칠리아섬의 황제 대리 데 아미치스, 역시 황제 대리로 풀리아 지방을 담당하는 치칼라, 거기에 대영주이자 고관이었던 산세베리노 일가까지 총 아홉 명으로 늘어났다. 하지만 문제는 그 수가 아니다.

이 남자들의 공통점은 유력한 봉건 제후이면서도 프리드리히 정부에서 요직을 맡아온 사람들의 아들이었고, 차세대를 짊어질 간부로 육성되었으며 대다수가 삼십 대에서 사십 대로 요직을 경험한 바 있다는 것이다. 오십 대에 들어선 프리드리히는 그의 사후를 맡길 생각으로 육성하고 실증할 기회까지 준 인재 대다수로부터 배신당한 셈이다.

그렇다면 왜 그들의 아버지들은 프리드리히에게 평생 충성했나. 그 아버지를 보면서 자란 아들들은 왜 갑자기 황제에 반기를 들었을까.

또 그들과 같은 길을 걸어온, 그들보다 젊은 세대는 왜 이 음모에 가담하지 않았나.

가장 쉽게 답할 수 있는 것은 세 번째 질문이다. 이십 대가 될까 말까 한 이 세대는 아직 후보생이었던 터라 요직에 임명되지 않았다. 따라서 교황의 음모자 명단에 들어가지 않았고 반기를 들기로 한 윗세대로부터 가담 요청을 받지도 않았다. 다만 이 세대에 속한 사람이라도 음모에 가담한 사람은 있다. 자코모의 막냇동생인 루제로 모라다. 모라 가문은 일가 전체가 음모에 가담한 탓에 발각되어 도망친 성에는 이 젊은이도 있게 된다.

그럼 첫 번째 질문 말인데, 인간이란 때로 각자의 이해를 잊고 꿈을 공유하는 삶을 선택할 때가 있다.

남부 이탈리아의 유력 봉건 영주였던 제1세대는 과거와 마찬가지로 봉건 제후로 남는 게 더 이득이다. 그들이 살던 중세 후기는 봉건제 사회였고 남부 이탈리아와 독일이 한 인물의 지배 아래 들어가는 것을 극도로 싫어한 로마 교황도 시칠리아 왕국이 봉건 제후의 힘이 강하고 왕은 약체인 사회로 있길 바랐기 때문이다. 또 그 당시 프리드리히라면 쓰러뜨리기도 쉬웠다.

그런데도 그들은 프리드리히의 '꿈'을 실현하는 데 평생을 바쳐 협력한다. 프리드리히의 꿈이 자신들 봉건 영주의 권한을 축소하는 것임을 알면서도 봉건 사회에서 벗어나 법에 근거한 군주정 국가를 실현하기로 한 프리드리히와 꿈을 공유해온 것이다.

자코모의 아버지 엔리코 모라는 이 사건 4년 전에 죽었는데 법의 공정한 시행을 가장 중요시하는 프리드리히로부터 법무부 장관과 비슷한 직무를 맡아 죽음으로 중단될 때까지 20년간, 이 중책을 해냈다. 해군을 맡은 치칼라는 시칠리아 왕국의 바다 쪽 방위의 최고 책임자로 일생을 마쳤다. 산세베리노는 이 사람의 영지가 중부와 남부 이탈리아의 경계에 있는 탓에 육지 쪽 방위를 전담했다.

세속의 유력자들만이 프리드리히와 '꿈'을 공유한 것은 아니다. 성직에 몸을 담은 이상 교황 측 사람인 성직자들 가운데서도 꿈을 공유한 사람이 있었다.

팔레르모 대주교 베라르도는 무슨 일이 일어나든 황제 옆을 떠나지 않았고 튜턴 기사단단장 헤르만도 죽을 때까지 황제를 위해 일했다. 아시시의 프란체스코에 이어 프란체스코 수도회의 2대 수도원장이 된 엘리아 다 코르토나는 교황 그레고리우스의 명을 받아 프리드리히를 설득하러 갔다가 오히려 그의 편이 된 사람인데 화가 난 교황에게 파문을 당해도 황제 옆에 머물렀다.

프리드리히는 이런 사람들이 아낌없이 협력해준 덕에 독일에도 이탈리아에도 마음대로 갈 수 있었다. 모라는 황제가 자리를 비운 동안 시칠리아 왕국을 황제 차석이라는 자격으로 통치한 사람이다. 프리드리히가 이런 협력자의 아들들을 불러들여 차세대 간부로 길러야겠다고 생각한 것은 당연한 일이다. 그것은 아버지 세대가 떠난 뒤 착실히 성과를 올리고 있었다. 즉 협력자들의 제1세대에서 제2세대로의 계승은 상당히 성공한 상태였다.

그럼 왜 제2세대는 반기를 들었는가.

연구자들은 두 가지 이유를 든다. 첫째는 리옹 공의회 결과에 놀란 그들이 회개하고 진정한 그리스도교도로 돌아가기로 마음먹었다는 것이고, 둘째는 프리드리히의 힘겨운 인사에 전부터 불만을 지니고 있었다는 것이다.

프리드리히는 전에도 여러 번 파문을 당했다. 마지막이 1239년이니까 그의 가신인 음모자들은 이미 5년 전부터 '회개하고 진정한 그리스도교도로 돌아갈' 기회가 있었던 셈이다. 그런데 이때 자코모 모라는 프리드리히로부터 스폴레토 장관으로 임명되어 취임했다. 파문당한 자의 가신은 충성할 의무에서 해방되는 것이 파문의 불문율이었음에도 그런 규칙은 마이동풍처럼 흘려듣던 사람 가운데 5년 뒤에 음모의 수괴가 되는 자코모도 있다.

힘겨운 인사는 프리드리히 궁정에서는 지위 고하를 막론하고 누구나 견디기 힘들어하는 부분이었다. 황제인 프리드리히 본인이 누구보다 바빴으므로 그 아래에서 일하는 고관들도 눈코 뜰 새 없이 바빴다. 그런데 지금까지는 그에 불만을 드러내지 않았는데 왜 지금 와서 그랬냐는 의문에는 답할 수 없다.

결국은 이런 '이유'가 아니라 다른 무언가가 삼십 대부터 사십 대라는 성숙기에 들어간 남자들을 주군을 죽인다는 폭거로 내달리게 했다고 생각할 수밖에 없다.

간부 후보생 중 연장자 세대는 프리드리히에 의한 군주정 국가가 확립될수록 자신들 아버지의 입장이 영주에서 고관으로 바뀌는 과정을 지켜봤다.

봉건 사회인 중세에서는 자기 영지를 유지하는 데 지독하게 집착한다. 자신들의 힘의 원천이 영지에 있음을 알기 때문으로, '시민'이라는 단어가 '자신의 영지가 없어서 도시에서 살 수밖에 없는 사람'을 의미하던 시대였다.

게다가 중세 봉건 제후란 자신의 힘으로 영지를 획득한 사람들이기도 했다. 교황이나 왕으로부터 부여받은 게 아니라 스스로 획득한 사유재산이다. 그 영지를 잃으면 그 사람의 존재 이유마저 사라진다고 생각하는 사람들이 중세의 봉건 영주였다.

프리드리히는 이런 사정을 꼼꼼하게 배려했다. 봉건 영주를 정부 고관에 등용하더라도 그 사람의 영지까지 몰수하지 않았다. 다만 내가 지배하는 왕국 안에서는 봉건 영주의 영지라도 내가 정한 법률에 근거해 매사를 결정하라는 것뿐이었다. 그런 까닭에 영주의 자식들도 자신의 영지를 지닐 권리를 인정받았다. 실제로 차남으로 태어나 모라 가문의 영지 계승권이 없는 자코모에게도 작은 규모였으나 그만의 영지를 내려준 사람이 바로 프리드리히였다.

황제 프리드리히 2세는 중세의 특징인 봉건제도를 폐지하고 군주정 국가로 탈바꿈하려던 게 아니다. 봉건 영주들의 형태는 유지하면서 그 내실을 바꾸려고 한 것이다. 만약 봉건 영주 전폐에 몰두했다면 법에 근거한 군주정 국가의 창설은 절대 실현되지 않았을 것이다.

왜냐하면 13세기 유럽 전체가 봉건제 사회였기 때문이다. 영국은 '마그나 카르타'로 왕권이 축소되어 봉건 영주들이 할거하는 사회로 돌아갔다. 군주정을 추진하는 듯 보이던 프랑스에서도 제후들의 힘은 여전히 강했고 전쟁에 나갈 때는 왕조차도 제후들의 병력에 의존해야 했다. '성직자 제후'와 '세속 제후'가 병립하는 독일은 여전히 봉건 사회 그 자체였다.

이런 시대, 힘이 모든 것을 말하는 봉건 사회를 벗어나 법에 근거해 군주가 임명한 관료가 행정을 담당하는 군주정 국가로 변신하려 하는 것만으로도 이색적이었는데 더욱 이색적인 것은 이 반세기 후부터 시작된다. 토지에 경제 기반을 두지 않은 사람들이 모여 만든 도시국가가 그것인데, 그곳에서 사람은 자신의 머리와 손만으로 승부를 보게 된다. 바로 여기에 르네상스의 혁신성이 있다.

르네상스 문화와 문명은 이들 '시민들'이 만들어낸 것이며, 그것은 50년 뒤부터 싹트기 시작해 1백 년 뒤에 꽃을 피우고 250년 뒤에는 만개하며 중세를 완전히 끝낸다.

하지만 그런 까닭에 르네상스까지는 아직 많은 시간이 남아 있는 1246년 당시에는 황제의 살해를 획책한 자들이 봉건 영주들인 것도 당연하다. 다만 그들은 자신이 현재 소유하고 있는 것을 잃었기 때문에 주군 살해라는 거사를 기도한 게 아니다. 여전히 소유하고 있으면서도 기도한 것이다. 르네상스 시대 사람인 마키아벨리는 250년 뒤에 이렇게 썼다.

"인간이 불안에 사로잡히는 것은 현재 가지고 있는 것을 잃을 때가 아니다. 언젠가는 잃게 되지 않을까 하고 생각하기 시작할 때다."

이렇게 생각하기 시작한 그들에게 교황 인노켄티우스가 던진, 프리드리히 밑에 있으면 장래는 보장되지 않는다는 말이 적중했을 것이다.

음모의 목적은 황제와 엔초 두 명을 살해하는 것이었다. 서른 살이 된 아들 엔초가 서자임에도 프리드리히의 오른팔 같은 존재인 것은 누구나 아는 사실이다. 그리고 이 둘의 살해가 성공하든 못하든 남부 이탈리아 전역을 지배 아래 두기 위해 살해 집행자를 뺀 모든 이는 남부 이탈리아의 두 개 성에 모이기로 했다.

결행일은 부활절 날로 정해진다. 1246년의 부활절은 4월 8일이었다.

부활절 날에 결행하기로 한 것은 그리스도교도에게는 크리스마스와 파스쿠아가 가장 중요한 축일로, 그날은 온 가족이 식탁에 모여 앉는 날이라 자연히 경비도 느슨해지기 때문이다. 또 암살 집행자로 정해진 자코모 모라와 판돌포 파자넬라도 황제가 아들처럼 키운 남자들이다. 축일에 황제와 엔초를 방문해도 의심받을 염려는 없었다.

그런데 이 음모는 예정일 한 달 전에 발각되고 만다.

포획물을 덮치는 매

어린 세대의 간부 후보생 가운데 조반니 다 프레센차노라는 젊은이가 있었다. 이 음모의 주모자인 간부 후보생 연장자 세대로부터 음모 가담을 요구받고 처음에는 그도 가담할 마음이 있었다. 하지만 너무나도 중차대한 일이라 점차 중압감에 시달린다. 그래서 같은 세대의 간부 후보생 리카르도를 찾아가 모든 것을 털어놓은 것이다.

카세르타의 영주이기도 한 리카르도는 나이는 어리지만, 성격은 냉정하고 침착한 듯하다. 곧바로 신뢰할 수 있는 부하 하나를 시켜, 자코모 모라와 판돌포 파자넬라가 어디 있는지 파악하게 한다. 그 부하에게는 둘의 소재를 아는 즉시 말을 타고 자신을 뒤쫓아 오라고 명했다. 그리고 리카르도 자신은 조반니를 데리고 당시 황제가 체류 중이던 중서부 이탈리아의 항구도시 그로세토를 향해 말을 달렸다.

쉰한 살이 된 프리드리히가 두 젊은이가 전하는 소식을 어떤 심정으로 들었는지를 알려주는 사료는 없다. 하지만 이후 그의 행동으로 추측해보면 엄청난 분노에 휩싸였을 것으로 상상된다. 어쩌면 리옹 공의회 결과를 들을 때보다 더 크고 격렬하게 분노하지 않았을까. 다음 날에는 리카르도의 부하도 도착했다. 주모자 둘이 이미 도망쳤다는 정보를 가지고.

자코모와 판돌포는 리카르도가 조반니와 함께 황제에게 갔다는 사실을 듣고는 자신들의 계획이 발각되었음을 알아차렸다. 둘 다 간부 후보생이었을 때 프리드리히의 '수행원'으로 일한 바 있다. 이런 일이 생겼을 때 황제가 어떻게 행동할지 누구보다 잘 알았다. 성채에 틀어박히는 것 정도로는 살 가망성은 없었다.

그래서 도망쳤는데 도망칠 곳도 별로 없었다. 둘이 도망쳐 왔다는 것을 알면 그곳에 프리드리히의 공격이 집중될 것이다. 바로 얼마 전까지 황제의 고관이었던 두 사람을 도우려고 황제의 공격까지 견딜 도시는 없었다. 너무나 확실하게 반황제파인 밀라노조차도 선뜻 나서지 않았다. 둘이 도망칠 곳은 로마밖에 없었다. 웬만한 이유가 아닌 이상 교황의 도시인 로마에 군대를 보낼 사람은 없을 테니까. 둘은 로마 시내의 반황제파 추기경의 저택에 몸을 숨긴다.

이리하여 음모 주도자 두 명은 남부 이탈리아에서 기다리던 동창들을 죽게 내버려둔 셈이다. 남부 이탈리아에 살고 있던 아내와 자식도 죽게 내버려두었다.

1246년 4월 8일은 음모가 발각되지 않았다면 황제와 엔초가 살해되었을지도 모를 날이었다. 그날, 황제의 소집으로 북부와 중부 이탈리아의 책임자 전원이 그로세토에 모였다. 부활절을 희생하더라도 음모자에 대한 대책을 결정하기 위해서인데, 토의해서 정한다기보다 이미 프리드리히가 정한 것을 사람들에게 알리는 자리였다.

북부 이탈리아는 사실상 베로나 영주로 자리 잡은 에첼리노와 아들 엔초 둘에게 맡겼다. 중부 이탈리아는 아들 페데리코에게 일임한다. 다만 이 셋의 임무는 공격이 아니다. 발각되었다고는 하나 시도하려 했다는 것만으로도 충격적인 이 사건에 자극을 받은 각지의 반황제파가 봉기하려 하면 제압하는 것이 그들 셋의 임무였다. 남부 이탈리아에 있는 음모자 토벌에는 황제가 직접 군을 이끌고 간다. 도망친 둘은 그대로 둘의 운명에 맡기기로 했다. 그 둘은 어떤 위협도 되지 않았으므로.

연대기 작가에 의하면 '포획물을 덮치는 매'처럼 남부 이탈리아로 간 프리드리히라고 되어 있는데 실제로는 그렇게 빨리 행동할 수 없었다. 우선 오래 끌면 불리한 농성전을 피해 공격을 집중함으로써 단기간에 승부를 볼 필요가 있으므로 대형 투석기를 대량 만들어 남부 이탈리아까지 운반해야 하는 문제가 있었다. 무기들을 배에 싣고 티레니아해를 남하해 장화 모양의 이탈리아반도 발꿈치를 돌아 타란토에 상륙하는 방법을 택한다.

다만 군대는 프리드리히가 직접 이끌고 육로로 남하하는 길을 선택했다. 아우렐리아 가도를 남하해 로마로 가는데, 로마로 들어가지 않고 그곳에서 아피아 가도를 통해 남쪽으로 향했다. 이러면 목적지까지는 시간이 걸리나 음모를 알고 동요했을 시칠리아 왕국의 민심에 대한 황제의 힘의 과시되기 때문이다.

음모자들이 모여 있는 성채를 눈앞에 두자, 프리드리히는 그야말로 '포획물을 덮치는 매'로 돌변했다. 이제까지 그의 특징이었던 도량이나 아량, 관대함, 고결함은 전혀 찾아볼 수 없었다. 황제가 직접 진두지휘하는 대대적인 공격을 받고 음모자들이 둘로 나뉘어 들어가 있던 두 개의 성은 함락되었다.

이 공방전 중에 전사한 사람은 음모자 가운데 없었다. 붙잡힌 사람은 자코모 모라의 형과 동생, 테발도 프란체스코, 판돌포 파자넬라의 두 동생, 굴리엘모 산세베리노, 루제로 디 아미치스, 안드레아 치칼라까지 여덟 명이다. 음모를 획책한 사람 가운데 그 자리에 없던 것은 일찌감치 로마로 도망친 자코모 모라와 판돌포 파자넬라 둘뿐이었다.

붙잡힌 전원이 황제 앞에 끌려 나왔다. 프리드리히에게 낯선 얼굴은 하나도 없었다. 그 가운데 모라 가문의 삼남 루제로는 매사냥을 좋아하는 젊은이로 프리드리히가 매사냥을 떠난다고 하면 무슨 일이 있어도 따라나서 때때로 황제가 놀리기도 했던 사람이다. 열심인 데다 능숙한 기술 때문에 그때까지 아랍인이 늘 맡았던 매부리 임무를 대신하도록 했을 정도였다. 이 모라 가문의 삼남은 형 자코모가 시키는 대로 음모에 가담했을 뿐이지만.

그들 앞에 선 프리드리히가 분노를 폭발시켰다는 이야기는 어떤 기록에도 남아 있지 않다. 하지만 폭발시키지 않은 만큼 오히려 분노는 더 깊었을 것이다.

음모자들은 신성로마제국 황제이자 시칠리아 왕국의 왕인 프리드리히의 살해를 획책한 것이다. 최고위자에 대한 이런 행위의 죄는 우리말로 하면 '대역죄'다. 왜냐하면 최고위자의 목숨을 빼앗음으로써 그 사람이 통치하는 국가의 명운까지 위협했기 때문이다. 로마법에서도 이를 중죄 가운데서도 가장 큰 죄로 다스린 것은 리더를 죽이는 행위가 곧 '국가'라는 이름의 '주민 공동체'의 질서를 파괴하는 것이기 때문이다.

음모자들은 중세적인 의미에서도 중죄를 저지른 것이었다. '신종 서약'을 깼기 때문으로 그것은 신의를 저버린, 즉 배신행위다.

중세의 신종 서약은 계약서를 교환하며 이루어지지는 않는다. 중세에서 계약서를 교환하지 않으면 믿을 수 없다고 생각하는 것은 상인들 이야기라고 생각했다. 중세 사회를 구성하는 중요한 일부분인 기사 세계에서는 일본으로 치면 '무사에게 두말은 없다'는 이야기가 그대로 통했다. '서약'이란 '신의'였고 서약을 지킨다는 것은 신의를 지키는 일로 여겨졌다. 그러므로 음모자들은 신의에 바탕을 둔 '서약'까지 깬 것이다.

게다가 부친 살해까지 더해진다. 이것도 로마법 이후 중죄가 된 죄다. 프리드리히는 그들을 자기 아들과 다름없는 환경에서 키웠다. 후계자인 탓에 아버지와 멀리 떨어진 독일에서 자라야 했던 적자보다 그들이 차기 리더를 육성하는 데 훨씬 적합한 환경을 누린 셈이다. 그런 그들에게 등을 찔린 사람이 1246년의 프리드리히였다.

법에 근거한 통치를 무엇보다 중요하게 생각했던 프리드리히가 그들에 대해서만은 재판이라 할 만한 재판을 전혀 거치지 않는다.

우선 전원의 자산이 몰수되었다. 그리고 벌겋게 달군 쇠막대기로 두 눈을 찌른다. 이 형벌은 뜨거운 막대기를 사용하기 때문에 눈을 멀게 하는 목적은 달성하면서도 상처가 짓무르는 것은 막을 수 있어서 중세에서 중죄인을 상대로 많이 사용한 형벌이었다.

두 눈을 멀게 한 뒤 방면한 사람은 루제로 모라와 테발도 프란체스코 두 명이다. 루제로는 형 자코모에 끌려왔을 뿐이라는 게 드러난 데다 프리드리히로서는 아무래도 매사냥을 좋아하던 천진난만한 소년을 죽음으로까지 몰고 갈 수는 없었을 것이다. 테발도는 나이가 들었어도 아직 살아 있는 스승에게 외아들의 죽음이라는 슬픔을 주고 싶지 않았기 때문이다.

나머지 여섯 명은 프리드리히가 이제까지 한 번도 명령한 적 없는 극형을 내렸다. 양손이 묶인 채 질주하는 말에 매달려 온 마을을 끌려다닌 후에 손목뼈를 부러뜨리고 어떤 사람은 그대로 교수형을, 다른 이는 독사와 납덩이가 든 가죽 자루에 넣은 채 바다에 던져졌다. 가죽 자루에 갇힌 채 바다에 던져지는 형벌은 부친 살해에 대한 형벌로 알려져 있다.

일찌감치 로마로 도망친 두 사람도 그대로 끝나지는 않았다. 그들 둘이 주모자인 것은 잡힌 자들의 증언으로, 또 프리드리히가 모은 두 사람의 주변인 증언으로도 의심할 여지없이 분명해졌다.

황제는 이 둘의 처자를 비롯한 식솔들에게 음식도 주지 않고 투옥하는 형태로 보복했다. 여자와 어린아이까지 감옥에 갇힌 것인데 이 사람들의 운명이 어떻게 되었는지는 아무도 모른다.

도망쳐 목숨만은 건졌던 두 사람의 이후 행보로 말하자면, 개인적으로는 어떤 위협도 되지 못할 거라는 프리드리히의 예상이 맞았다. 판돌포 파자넬라의 이름은 이해를 마지막으로 사라진다. 자코모 모라는 5년 뒤까지는 살아 있었으나 교황조차 상대해주지 않아 황제가 죽은 뒤 1년도 안 되어 소식이 끊어졌다.

프리드리히는 음모자를 낸 가계를 전부 근절하지는 않았다. 같은 가계라도 전혀 몰랐던 사람이나, 낌새는 알았으나 더는 행동하지 않은 사람은 벌하지 않았다. 거기까지 처벌하면 시칠리아 왕국 통치에 필요한 인재마저 사라진다. 그러므로 무고하다면 주모자의 동생이라도 처벌하지 않았다. 프리드리히는 분노했다. 그러나 그로 인해 정신을 놓지는 않았다. 왕국의 유지가 우선이었기 때문이다.

이렇게 사후 처리를 절반쯤 끝낸 프리드리히를 기다리고 있던 것은 병이 더 진행된 비안카였다. 연대기 작가들이 황제가 진심으로 사랑했던 유일한 여인이라고 기록했던 비안카 란치아는 프리드리히와 20년이나 함께하며 세 아이를 얻었다는 점에서도 왕비까지 포함한 다른 여자와는 달랐다. 또 결혼은 무조건 정략에 의한 것이어야 한다고 생각했던 프리드리히가 설사 네 번째라고는 해도 정략 없이 결혼한 것도 그녀 하나였다.

일단 사후 처리를 끝낸 그해 여름, 황제는 이전 그녀에게 주었고 이후 그녀의 안식처가 된 조이아 델 콜레 성에서 병들어 누워 있는 사랑하는 사람 곁에서 지내려 한다. 그것을 실증할 사료는 없으나 그 시기 프리드리히가 어디에 있었는지 실증하는 사료도 없다. 확실한 것은 그해 여름에 비안카가 죽었다는 것뿐이다. 열여섯 살의 봄에 당시 서른한 살이었던 프리드리히와 만난 뒤로 20년의 세월이 흘렀다.

가을, 쉰둘을 앞둔 프리드리히는 행동을 재개한다. 해야 할 일이 아직 세 가지 남아 있었다.

10월, 해안가에 우뚝 솟은 바를레타의 장려한 성에 남부 이탈리아와 시칠리아섬으로 이루어진 '시칠리아 왕국'의 행정을 담당하는 고관 전원이 소집되었다.

그들에게 보낸 소집장에는 왕국의 행정기구 재편을 위한 콜로퀴움이라고 적혀 있었다. 하지만 'Colloquium'이라는 라틴어에는 협의라는 뜻 말고 구두 시문(試問)이라는 뜻도 있다. 게다가 이 말을 프리드리히가 사용했으니 화기애애하게 토의하다가 결정하는 것은 절대 아닐 것이다. 그들 앞에 나서서 황제가 한 말을 임지로 돌아가 그대로 실행에 옮긴다는 의미에 가까웠다.

무엇보다 '멜피 헌장'의 각 조항을 '황제가 명한다Comanda lo Imperatore'라는 문구로 시작한 사람이다. 프리드리히가 생각하는 법에 기초한 군주정 국가는 황제가 생각하고 그 실행에도 황제가 모든 책임을 지는 정치체제였다.

그해 봄에 시작해 여름에 끝난 고관들의 음모는 봉건 제후이면서 고급 관료로 변모하는 자신들의 처지에 불안을 느낀 자들이 일으킨 것임을 프리드리히는 알고 있었다.

평범한 군주라면 이런 종류의 불만을 알아내면 이들 봉건 제후를 이전 상태로 돌려놓음으로써, 즉 양보함으로써 그들의 불안을 가라앉혔을 것이다. 불안만 사라지면 그들이 군주에게 반기를 들 이유도 사라지기 때문이다. '마그나 카르타'에 서명할 때의 영국 왕 존이 그랬다.

하지만 프리드리히는 존 실지왕이 아니었다. 봉건 제후를 정부 고관으로 끌어들이는 일에 성공하고 있었다. 봉건 사회에서 군주정 국가로 이행하려는 생각은 절대 변하지 않았다.

프리드리히가 존보다 기가 셌기 때문은 아니다. 가신 대부분이 등을 돌린 존과 달리 프리드리히는 중신들이 거의 그의 편에 남았기 때문이다.

오랜 세월 물심양면으로 충성했던 엔리코 모라의 아들이 배신한 것은 황제에게 타격이었을 것이다. 4년 전, 엔리코가 세상을 떠나지만 않았더라면. 이런 생각도 했을지 모른다. 그러나 황제 수하의 중신들 가운데 이번 음모에 가담한 것은 모라와 산세베리노 두 가문뿐이다. '멜피 헌장'으로 만들어진 군주정 국가에서 왕을 돕는 조언 기관(황실 회의)에 봉건 제후의 대표로 이름을 올린 유력 제후 카세르타 백작과 아체라 백작은 모두 황제 편에 남았다. 이 두 가문이 남으면 이 가문들의 '위성'과 같은 존재인 다른 중소 제후도 남는다.

음모 사건으로 프리드리히가 잃은 것은 유력 제후라고 할 수 없는 제후 몇 명과 간부 후보생 코스를 끝내고 요직에 있던 사람까지 합쳐도 열 명이 채 안 되었다.

그러나 나이로 치면 삼십에서 사십 대, 게다가 그들 대다수가 정부의 현역 고관이었다. '수'가 아니라 '전력'으로 따지면 프리드리히는 적어도 '전력'의 3분의 1을 잃은 것이다.

질주하는 말에 매달려 온 마을을 끌려다닌 끝에 교수형을 당하고 시신은 그대로 방치된 음모자 한 명의 가슴에는 황제의 명령으로 클뤼니 수도원에 있는 교황이 음모자에게 보낸 편지가 붙어 있었다.

물론 지식인이었던 교황 인노켄티우스가 뒤에서 조종하는 사람이 자신임을 드러내는 짓은 하지 않았다. 하지만 보낸 사람의 이름에 로마 교황의 인장이 찍혀 있는 것을 보면 누구나 알 수 있었다. 이 음모에도 로마 교황의 긴 손길이 뻗쳐 있었음을.

재구축

/

/

바를레타 성에서 이루어진 왕국의 행정기구 재편성에 대해 한 연구자는 "왜곡된 배경을 똑바로 교정하는 정도로 끝났다"라고 평했다. 그것은 '전력'보다 '수'를 중시했기 때문일 텐데 '수' 또한 중요하다. 영국 왕 존은 프랑스에 있는 영국의 영지를 '실지(失地)'해버린 책임자였던 터라 그 '수'조차 유지하지 못했기 때문에 '마그나 카르타'를 받아들일 수밖에 없었다. 반대로 프리드리히에게는 '수'라면 아직 있었다.

도망치거나 처형되어 비어버린 자리는 최대한 빨리 채워야 한다. 프리드리히는 그 자리를 봉건 제후 계층보다 중류 계층에서 등용해 채웠다. '중류'라고는 해도, 영주라 불릴 정도의 토지는 없더라도 학문을 닦을 정도의 자금력은 지닌 사람들이니까 의지와 능력이라는 면에서는 제후 계층 못지않았다.

인재 등용에서 출생만이 아니라 능력도 중시한 게 프리드리히의 방식이었으므로 이번만 특별했던 것은 아니었다. 리옹 공의회에서 열변을 토한 타데오 다 세사도, 착실히 출세 가도를 밟아온 피에르 델라 비냐도 지적으로는 상류라도 자금력에서는 중류에 속한 사람들이다. 다만 여기서 지적이라는 것은 지식이 아니라 지력을 뜻한다. 사전에서는 이 '지력'을 지적 재능과 역량이라고 설명하고 있다.

바를레타 성에서의 일을 마친 황제는 1246년의 남은 시간을 다 써서 사후 처리 제2단계에 들어갔다. 그의 행보를 한마디로 말하면 간부 후보생이라는 인적 네트워크를 혈연으로 이어 강화하는 전략이다.

프리드리히는 간부 후보생(발레토) 시스템을 바꾸지 않았다. 음모에 가담했든 안 했든, 음모 이전에 그들이 드러낸 실적을 통해 이 시스템의 유효성을 증명했기 때문이다. 따라서 내실만 바꾸었다. 이제까지 프리드리히는 장래를 맡기려고 육성한 간부 후보생들의 결혼에는 전혀 간섭하지 않았다. 그런데 음모 사건 이후로는 간섭하기 시작한다.

이 전략 변경에는 많은 여인을 사랑하고 그 여인들에게서 총 열다섯이나 되는 아이를 얻은 게 아주 유용했다. 한 번이라도 사랑한 여자에게는 최대한의 안식을 제공했던 프리드리히였으니까 그 아이들에게도 마찬가지로 배려한 데 불과하다고 주장하는 사람도 있다. 하지만 그렇게 한 장본인이 프리드리히라면 단순한 안식처로 끝나지 않는다.

'발레토valletto'라 불린 간부 후보생들 가운데는 이탈리아 출신뿐만 아니라 신성로마제국의 본거지인 독일 제후의 자식들도 있었다. 그 젊은이들은 남부 이탈리아 유학을 끝내고 독일로 돌아가 황제가 임명한 요직에 취임하기로 되어 있다. 황제의 후계자인 콘라트를 보필하는 것이 프리드리히가 기대한 그들의 역할이었기 때문이다.

존 실지왕의 딸이자 현재의 영국 왕 헨리의 여동생인 이사벨은 세 번째 왕비로 프리드리히와 결혼해 1남 1녀를 낳고 죽었다. 남은 아들은 아직 여덟 살이고 그 누나도 아직 아홉 살 소녀였다. 하지만 아버지는 그 소녀를 독일 제후 가운데 유력자인 튀링겐 백작의 후계자와 약혼시킨다. 이 시대의 약혼은 성립되자마자 상대 집안으로 보내져 결혼식을 치를 때까지 그 집에서 보내는 게 일반적이었다.

오랫동안 애인으로 있다가 네 번째 정식 부인이 된 비안카는 프리드리히와의 사이에서 1남 2녀를 얻었다. 장녀 콘스탄체는 비안카가 정식 부인이 되기 2년 전에 니케아제국의 황제와 결혼했다.

당시 최고 권력자에게는 드문 일인 애인인 비안카를 정식 부인으로 삼는 일을 했던 프리드리히를, 연구자들은 아이들을 서자로 있게 할 수 없다는 비안카의 간청에 졌기 때문이라고 추측하는데, 나는 서자는 많아도 적자는 적었던 프리드리히가 적자를 더 많이 만들고 싶어서 그랬던 게 아닐까 생각한다. 니케아제국은 콘스탄티노플에서 쫓겨나 지금은 소아시아로 도망친 망명 정권이라도 비잔틴제국의 후계를 주장할 수 있는 최단 거리에 있었다. 그런 황제와 결혼시키려면 아무래도 서출로는 불충분하지 않았을까.

비안카에게서 얻은 유일한 아들 만프레디는 아직 열네 살이었는데 어머니가 정식 부인이 되었으니 그도 이제는 적자가 되었다. 아버지는 이 아들과 사보이아 백작의 딸을 서둘러 결혼시킨다.

사보이아 백작의 장녀는 이미 4년 전, 적자인 장남을 그 사건으로 잃었던 프리드리히의 서자 가운데 가장 연장자인 엔초와 결혼했다. 그런데 이번에는 만프레디까지 결혼함으로써 황제와 사보이아 백작의 결속은 더 강해진 것이다. 이것도 프리드리히의 전략이었다. 백작의 영지인 토리노를 중심으로 한 피에몬테 지방이 확실히 황제 측에 서면 그 서쪽에 있는 프랑스에도, 동쪽에 있는 밀라노에도, 남쪽에 있는 제노바에도 황제의 감시가 미치기 때문이다.

게다가 엔초는 지금 사르데냐섬의 왕이기도 하다. 이탈리아반도 서쪽의 티레니아해까지 프리드리히의 세력권에 들어온 것이다.

비안카에게서 태어난 막내딸 비오란테는 1246년 당시에는 아직 열세 살 소녀였다. 아버지는 이 딸을 카세르타 백작의 장남인 리카르도와 결혼시킨다. 음모를 알게 되자마자 말을 달려 황제에게 알린 사람이 바로 리카르도인데 카세르타 백작이라는, 프리드리히 왕국의 봉건 제후 가운데서도 가장 유력자로 알려진 둘 중 하나의 후계자이기도 했다.

아직 간부 후보생이었던 젊은이와 열세 살 소녀의 결혼식은 남부 이탈리아 유력자 전원이 출석한 가운데 카스텔 델 몬테에서 거행되었다. 이 화려했던 며칠이 그 아름다운 성이 공식 행사에 사용된 처음이자 마지막이었다.

독일어로 읽으면 프리드리히라도 이탈리아어로는 '페데리코'가 되는 아버지와 구별하려고 '안티오키아의 페데리코'라는 이름으로 정착한 서자 페데리코는 이미 아버지로부터 알바 백작령을 받았는데 토스카나 지방의 황제 대리로 임명되어 로마 북쪽에 광대한 영지를 지닌 폴로 가문의 딸과 결혼한다. 즉 그도 장기판 위의 말처럼 사용된 것이다.

서출 딸 중 하나인 아그네스는 어머니 이름도 모르는 출생이나 차별받지는 않았다. 남부 이탈리아에서 태어나고 자란 이 황제의 딸은 독일 제후와 결혼했다. 하지만 이 독일 제후도 간부 후보생 경험자라 이들 부부는 아내가 아직 모르는 독일어가 아니라 프리드리히의 궁정에서 쓰인 이탈리아어로 대화했을지 모른다.

하필, 이라고 말하고 싶을 정도인데, 최고의 상담 상대였던 팔레르모 대주교 베라르도의 조카에게 빠져 태어난 서자 리카르도는 아버지에게 키에티 백작령을 받고 스폴레토 공작령도 황제 대리로 통치하는 위치까지 올랐다. 하지만 이 사람도 아내로 유력 제후의 딸을 맞아들인다.

장기판의 마지막 말은 언제 어디서인지는 전혀 모르지만, 독일 귀족 딸과의 사이에서 태어난 마르게리타이다. 이 딸에게 아버지가 준비한 혼처는 카세르타 백작과 나란히 남부 이탈리아를 주무르는 유력 제후인 아체라 백작의 장남 토마소 다퀴노였다.

중세 최고의 철학자로 유명해지는 토마스 아퀴나스와는 형제이거나 사촌으로 생각되는데 어쨌든 황제의 사위는 대영주의 후계자들이었다. 왕실 회의라 불러도 될 왕에게 조언하는 최고 기관에 항상 이름을 올린 유력자였다. 프리드리히는 카세르타 백작과 아체라 백작이라는 수하의 봉건 제후를 대표하는 두 가문의 후계자들을 간부 후보생으로 길렀을 뿐만 아니라 자신의 사위로도 삼은 것이다.

간부 후보생 시스템은 그대로 이어진다. 하지만 이제부터는 그들과 딸을 결혼시킨다. 아들들도 간부 후보생들의 누나나 여동생과 결혼한다. 이것이 음모가 일어나고 바뀐 프리드리히의 인적 네트워크 형성 방식이었다.

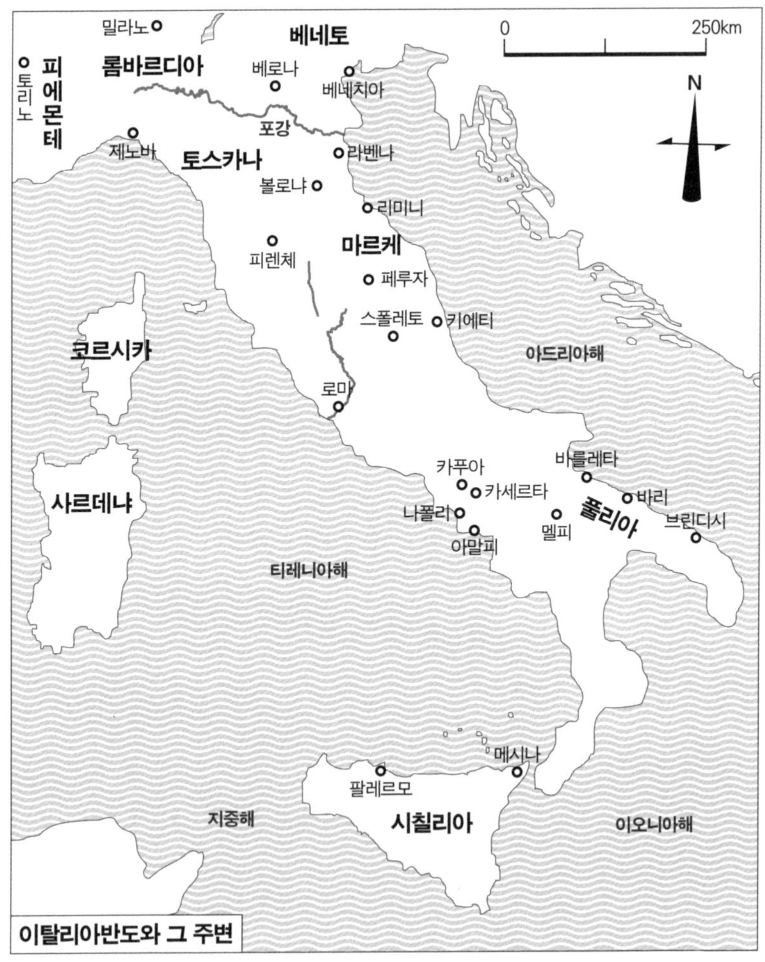

이탈리아반도와 그 주변

해가 바뀌어 1247년 봄이 되자 사후 대책 제3단계가 공표되었다. 그것은 남부 이탈리아만이 아니라 이탈리아반도 전체를 시야에 넣은 것이었다. 역사에서는 '황제 프리드리히에 의한 새로운 이탈리아 전역의 통치체제'로 부르는 것이다.

베네치아공화국령을 제외한 북동부 이탈리아는 에첼리노 다 로마노의 담당 지역으로 결정된다. 황제는 자신과 같은 또래인 이 베로나의 참주와 비안카의 시녀에게서 태어난 셀바지아를 결혼시켜 이 부하와의 결속을 강화한다.

북부 이탈리아에서도 롬바르디아 지방이라 불린 중앙부는 아들 엔초에게 일임한다. 하지만 이 지방에서는 8만의 인구를 거느리며 반황제 깃발을 내리지 않고 있는 밀라노라는, 어려운 문제를 아직 해결하지 못하고 있었다. 서른한 살의 엔초는 가장 어려운 지역을 맡은 것이다.

이 롬바르디아 지방의 서쪽에서 알프스에 달하는 '롬바르디아 서부'라 불리는 일대와 피에몬테 지방은 이 지역에 영지가 있는 사보이아 백작과 비안카의 친정인 란치아 후작, 카레토 백작 세 명의 담당 지역으로 정했다.

한편 중부 이탈리아의 토스카나 지방을 맡은 것은 또 다른 아들 '안티오키아의 페데리코'였다. 아직 이십 대 초반이라는 젊은이였으나 이미 착실히 실적을 올리고 있었다.

이탈리아반도의 중동부에 있는 로마냐와 마르케 두 지방도 아들인 키에티 백작 리카르도의 담당으로 정해졌다.

여기에 프리드리히의 손자도 가세한다. 폐위될 수밖에 없었던 장남 하인리히의 아들은 아버지의 실각 이후 할아버지 밑에서 자랐다. 자신과 같은 이름을 쓰는 열일곱 살의 손자에게 프리드리히는 기병 부대를 맡긴다. 언젠가 외가인 오스트리아 공작 지위를 물려받게 될 이 젊은이의 실지 경험을 위해서였다.

남부 이탈리아와 시칠리아섬으로 이루어진 '시칠리아 왕국', 프리드리히에게는 마음의 고향인 이 왕국의 통치에는 괄티에로 마노펠로가 임명된다.

이 사람은 프리드리히보다는 조금 어렸다고 하는데 프리드리히를 따라 제6차 십자군에 종사하며 프리드리히와 알 카밀이 강화를 맺자 이로 인해 실현된 중근동 이슬람교도와 그리스도교도의 공생 관계 감시라는 난제를 맡아 프리드리히가 이탈리아로 떠난 뒤에도 한동안 오리엔트 땅에 머물렀던 사람이다. 이탈리아로 돌아온 뒤에도 이 사람의 황제에 대한 충성심에는 변함이 없었다.

다만 마노펠로는 봉건 제후 출신이라도 대영주가 아니라 중소영주 출신이다. 프리드리히는 그런 사람을 이제까지 유력 제후만이 차지했던 자리에 올린 것이다. 그리고 이 사람 밑에 대영주의 후계자만이 아니라 황제의 딸과 결혼해 사위가 된 두 젊은이를 배치한다. 말하자면 실무 베테랑 밑에서 실제 통치를 배우라는 뜻의 인사였다.

프리드리히의 세력 아래에 있는 모든 지역의 법·행정 최고 책임자로는 리카르도 몬테네로가 임명되었다. 이 사람 역시 지적으로는 상류층이나 자금력에서는 중류에 속하는 사람이다. 16년 전에 작성된 '멜피 헌장'의

초안 작성 그룹에도 이미 이름을 올린 바 있다. 볼로냐대학에서 발탁해 프리드리히가 세운 나폴리대학의 초대 학장에 앉힌 로프레도의 전공이 민법이라면 나폴리대학에서 발탁된 몬테네로의 전공은 형법인 듯하다. 프리드리히는 이 사람을 법무부 장관에 임명했다.

그리고 이 모든 이의 위에 서는 '로고데타'에는 피에르 델라 비냐가 발탁되었다. 'Logotheta'란 중세 라틴어로 '황제의 최고 대리인'을 뜻하며, 말하자면 군림하며 통치하는 프리드리히 정부의 국무총리인 셈이다. 프리드리히는 이 요직 중의 요직에 봉건 사회에서는 신흥 계급에 속하는 사람을 등용한 것이다.

이 비냐와 나란히 이야기될 때가 많은 타데오 다 세사에게는 명확한 담당 분야를 주지 않았다. 리옹 공의회에서 열변을 토한 이 남자와 프리드리히는 모든 점에서 죽이 잘 맞았던 듯, 이후 항상 황제 옆에서 보필하는 게 그의 임무가 된다.

항상 프리드리히 곁을 지켰던 팔레르모 대주교 베라르도도 칠십에 이르러 빈번하게 이동하는 프리드리히를 따라다닐 수 없는 나이가 되었다. 그렇다고 그가 은퇴한 것은 아니었다. 남부 이탈리아에 머물며 통치 자문을 맡는다. "베라르도에게 묻게"라는 말이 프리드리히의 말버릇이었을 정도니까.

연구자들이 말하는 1246년부터 시작된 '프리드리히에 의한 새로운 이탈리아 전역의 통치체제'란, 장로 세대를 여전히 남겨두면서도 베테랑과 젊은 세대를 적극적으로 활용함으로써 이루어진 것이다. 계급과 세대의 교체를 단숨에 이룬 것이라 해도 좋으리라.

이 새로운 체제에서도 여전히 프리드리히의 밑으로 들어오지 않았던 것은, 여전히 본토(테라페르마)에 영토가 없는 관계로 황제와 이해 충돌이 발생하지 않은 베네치아공화국과 궁지에 몰렸으나 여전히 반황제파 기수로 있는 밀라노, 현 교황의 고향인 제노바까지 세 도시국가, 그리고 로마뿐이었다.

로마는 성 베드로의 순교지라는 이유로 로마 교황의 수도가 되어 있었다. 아무리 프리드리히라도 그 로마까지 영토에 편입시킬 생각은 할 수 없지 않았을까. '교황은 태양이고 황제는 달'이라고 생각하는 로마 교황에는 반발했지만, '신의 것은 신에게, 황제의 것은 황제에게'라는 선에서 행동할 교황이라면 인정했기 때문이다.

이 새로운 체제가 시행되면서 이탈리아반도에 교황 인노켄티우스가 돌아갈 수 있는 땅은 사라졌다. 제노바로 돌아가려 해도 제노바 자체가 안전하지 않았다. 육지 쪽에서는 황제의 세력이 조여왔고 바다 쪽에서는 황제의 밑에 있고 제노바와는 맞수인 피사가 제노바 선박의 행동을 막으려는 만반의 준비를 끝내고 있었다. 게다가 사르데냐섬도 지금은 엔초의 영토였다. 사르데냐가 황제 아래로 들어가면 그 위쪽의 코르시카 근해에서도 제노바 선박의 안전한 운행을 보장할 수 없게 된다.

게다가 제노바에서는 교황의 생가인 피에스키 집안과 오랫동안 원수지간인 도리아와 스피놀라라는 황제파가 권력 탈환을 노리고 있었다.

그렇다면 로마로 돌아오면 되지 않느냐고 생각할 텐데 로마도 지금은 사실상 황제파에 포위된 상태였다. 그럼 프랑스로 도망치면 안전하냐면 그렇지도 않았다.

리옹에서도 안전하지 않아 클뤼니 수도원으로 옮긴 교황인데 그 땅은 프랑스 왕국의 영토 안에 있었다. 바로 그 프랑스 국왕이 수없이 황제와의 관계 개선을 권하러 오는 게 영 성가셨으나 달리 안전한 망명지도 없었다.

이런 교황의 유일한 구원은 프랑스 왕 루이 9세의 머리가 새로운 십자군으로 가득했다는 점일 것이다. 그러므로 루이는 교황과의 관계가 험악해지는 것만은 피하고 싶었다. 그렇다고 제7차 십자군 원정에 교황 대리를 동행하게 해달라는 요청도 하지 않았다. 프랑스 왕도 자국 안 교황의 체류는 묵인해도 로마 교황을 중요하게 여겼던 것은 아니었다.

이 밖에 독일까지 뻗쳤던 교황의 '긴 손길'의 성과도 무참한 상태였다. 프리드리히 대신 내세운 라스페가 풋내기에 불과한 콘라트를 상대로 패배한 다음 죽어버렸다. 독일 제후 가운데 세속 제후들은 여전히 황제를 따랐기 때문이다.

이것이 리옹 공의회에서 1년 반이 흐른 시점의 유럽 상황이었다.

황제의 방해를 받지 않을 리옹까지 도망쳐, 종교상의 문제를 토의해야 하는 공의회라는 이름을 빌려서까지 사실상 이단 재판을 강행했던 교황 인노켄티우스 4세였다. 파문 정도로는 꿈쩍도 하지 않는 프리드리히를 파멸시키려고 황제와 왕의 지위를 박탈한다는 엄벌까지 강행한 것이다. 하지만 그 성과는 이것밖에 없었다.

프리드리히는 공의회의 '판결'을 안 직후 유럽 왕후들에게 보낸 서신에, 이는 나만의 문제가 아니라 당신들의 문제기도 하다고 적었다.

프랑스 왕과 영국 왕, 그리고 독일 제후들에게는 황제 프리드리히가 실제로 이단인인지 아닌지는 이미 이차적인 문제가 되지 않았을까. 그보다 로마 교황이 이단이라고 단정하면 자신들의 목이 날아가고 다른 사람으로 교체될 수 있다는 사실이 일차적인 문제지 않았을까.

리옹에서 벌인 교황의 행위는 고위 성직자들에게조차도 교황의 월권행위로 비쳤다. 그러니 그들보다 세속의 인간인 왕후들이 더 민감하게 반응한 것도 당연하다. 성직자들에게는 신학적인 문제였겠으나 세속의 왕후들에게는 현실의 이해(利害)가 달린 문제였기 때문이다.

다시 말하지만, 교황의 이런 행위를 정당화해온 '콘스탄티누스 대제의 기진장'이 교황청이 날조한 위조문서로 밝혀지는 것은 이보다 2백 년이나 뒤이다. 그러나 인간에게 누구나 있는 자기방어본능은 과학적으로 입증되지 않았더라도 피부로 느끼는 직감을 불러일으킨다. 그리고 과학적인 증명은 이 직감이 옳았음을 알려줄 때가 의외로 많다.

1245년의 리옹 공의회가 무엇이었냐는 질문을 받으면, 나는 '로마 교황 요주의'라는 신호가 깜박이기 시작한 최대 기회였다고 대답할 것이다. 그것 또한 자기 생각을 정확한 형태로 정보 공개까지 하며 프리드리히가 당당하게 정면 대응했기 때문에 일어난 일이지만.

중세를 뒤흔든 교황과 황제의 항쟁은 주교 임명권이 누구에게 있냐는 서임권을 둘러싼 싸움이 아니었다. 황제와 왕, 제후라는 세속 통치자들의 목을 날리고 다른 사람을 그 자리에 앉힐 권리가 로마 교황에게 있는지를 놓고 벌인 투쟁이었다. 그것도 과학적인 방법으로 '가짜'임이 증명되기 2백 년 전에. 그리고 정교분리가 당연해지는 현대보다 8백 년 전에.

1247년 2월에 시작된 새로운 체제의 정착이 확실해지는 그해 후반부터, 황제는 다시 북부 이탈리아의 롬바르디아 동맹 제압에 나선다. 쉰세 살이 된 프리드리히의 최대 적은 '시간(템포)'뿐이었기 때문이다.

중세 시대의 사회는 '기도하는 사람'과 '싸우는 사람', '일하는 사람'으로 나뉘어 있었다.

'기도하는 사람'은 성직자이고 '싸우는 사람'은 기사 계급이다. 한편 '일하는 사람'으로 한데 묶인 것은 사농공상에서 농공상을 담당한 서민이다. '공'과 '상'에서 두각을 나타낸 도시에 사는 '시민'도 이 제3계급에 속했다.

일본이라면 '사'가 '싸우는 사람'인데 통치하는 사람이 아니라 싸우는 사람이라 불린 것은 중세란 좋게 말하면 군웅할거의 시대라 통치에 앞서 제패가 선행되어야 했기 때문이다.

같은 제패라도 정치적 제패와 군사적 제패는 다르다. 그 차이는 고대 로마에도 있었다. '정치적 제패'란 말 그대로 제패한 뒤 그 계획을 효율적으로 실행하기 위해 각 지방의 책임자를 정하는 것까지이다. 그다음에 '군사적 제패'가 실행에 옮겨지고 그것도 끝나면 비로소 본격적인 '통치'를 행할 수 있게 된다. 정치적 안정이 실현되면 사회도 평화로워지고 그것이 사회 번영으로 이어지니까.

1247년 2월에 공표된 '황제 프리드리히에 의한 새로운 이탈리아 전역의 통치체제'의 경우, 이미 통치 단계에 들어선 남부 이탈리아를 제외한 북부와 중부 이탈리아는 '정치적 제패' 단계에 불과했다. 여전히 롬바르디아 동맹 세력이 강력한 북부 이탈리아에서는 이른바 '군사적 제패'가 남아 있었다. 그를 위해서는 항상 강자임을 어필할 필요가 있다. 자기방어본능을 지닌 인간은 '기댈 만한 큰 나무'에 모여드는 게 일반적이므로, 제패하려는 사람은 늘 '큰 나무'임을 드러내야만 한다. 절대왕정이 확립된 근세 군주보다 그것이 확립되지 않은 중세 군주가 더 격렬한 경쟁 세계 속에서 살았다.

빅토리아 소실(燒失)

/

/

현대의 우리는 북부 이탈리아에 있는 파르마를 스탕달의 소설《파르마의 수도원》의 배경이 된 마을로, 또 이탈리아의 오페라 거장 주세페 베르디의 고향으로 알고 있다. 하지만 파르마라는 도시의 역사는 오래된 것으로, 고대 로마 시대에 이미 아드리아해에서 밀라노로 향하는 에밀리아 가도의 주요 도시로 발전했다. 따라서 로마 시대 도시가 기원인 라벤나나 베로나, 크레모나와 함께 파르마도 고대의 발음을 그대로 쓰는 것이다.

중세 들어 코무네(자치도시)가 된 파르마는 롬바르디아 동맹에 참여해 반황제 측에 서거나 동맹에서 탈퇴해 황제 측에 서기를 되풀이했다. 도시 안의 교황파(겔프)와 황제파(기벨린)가 세력 다툼을 끊임없이 벌였다는 점에서 파르마도 북부 이탈리아의 다른 코무네와 다르지 않았다.

한참 전부터 파르마는 황제 측에 있었다. 도시에서 황제파가 우위에 섰기 때문이다. 그리고 파르마가 자기편에 있는 것은 프리드리히에게 있어 무시할 수 없는 이득이었다. 왜냐하면 황제에게 독일에서 북부 이탈리아로, 북부 이탈리아에서 남부 이탈리아로 가는 길의 확보는 항상 중요 사안이었기 때문이다. 알프스를 넘어 베로나로 나오면 만토바, 파르마, 피사까지는 계속 남하하기만 하면 되고, 피사에서부터 해로로 나폴리에 상륙하면 그곳은 이미 시칠리아 왕국이다. 프리드리히는 북부와 남부 이탈리아 사이를 왕복할 때 완전히 해로를 이용하게 되었다.

그 파르마에도 교황 인노켄티우스의 '긴 손길'이 뻗친 것이다. 이번에도 실제로는 교황의 처남 오를란도 롯시가 움직인다. 파르마에는 교황 대리라는 고위 성직자까지 동원되었다.

교황 대리는 전 교황 그레고리우스 시대부터 롬바르디아 동맹의 리더인 밀라노에 파견되었다. 추기경 몬텔론고가 그 장본인이다. 교황은 반프리드리히에 열정적인 이 성직자를 파르마에 보낸다. 파르마 주민에게 황제가 이단의 무리라고 선동하기 위해서였다.

'상'과 '공'의 분야에서 능력을 드러내기 시작한 북부 이탈리아의 코무네 주민들이니까 경제인일 테고, 그렇다면 베네치아인들처럼 '그리스도교도이기에 앞서 베네치아인'이라고 생각할 것 같지만 그렇지 않았다.

롬바르디아인이라고 불리는 북부 이탈리아 사람 대다수는 독실한 그리스도교도라고 자부하고 있었다. 주세페 베르디의 오페라 중 〈제1차 십자군의 롬바르디아인〉이라는 작품이 있다. 다만 종교적 열정이 전장에서의 승리로 이어지라는 법은 없기에 제1차 십자군에 참가했던 롬바르디아인은 이후 참가한 십자군에서는 처참한 결과를 얻는 데 그친다. 하지만 전투 결과는 상관없었다. 신이 명한 십자군에 참가해 이교도와 싸웠다는 것

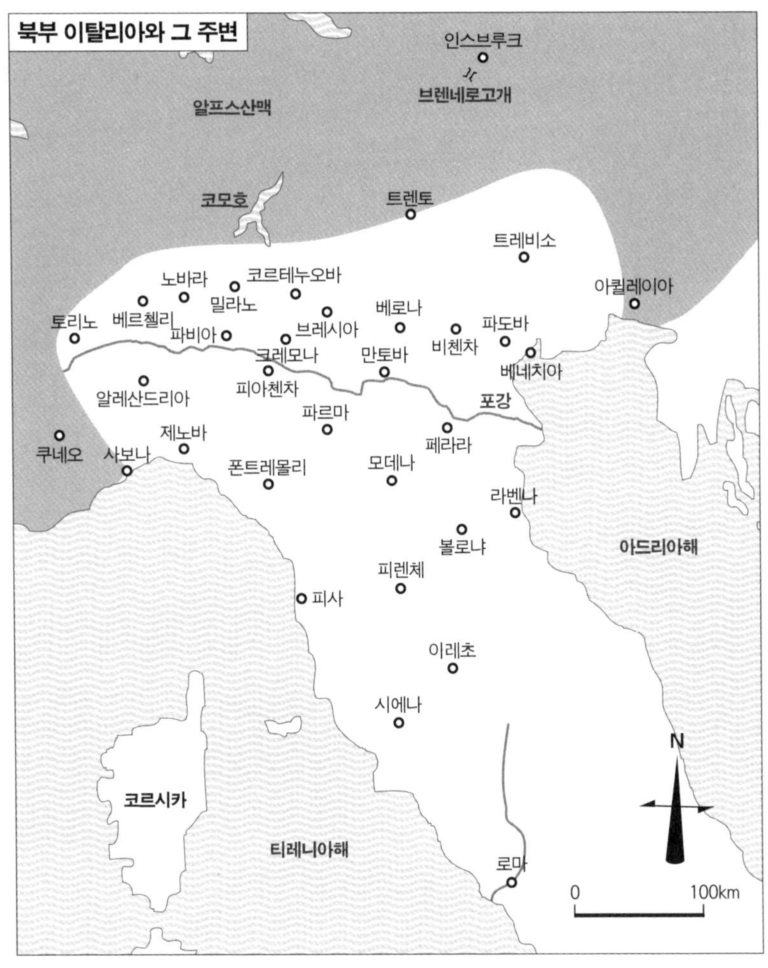

만으로 그리스도교도의 역할을 다했다고 믿었던 것이 베네치아를 제외한 북부 이탈리아의, 당시 '경제인'들의 생각이었다.

그런 그들의 가슴속에 항상 프리드리히에 반발하려는 마음이 있었던 것은 당연했다. 신성로마제국 황제가 적 이슬람과 강화했다는 것 하나만으로도 그들이 보기에는 이단이었다. 그들의 경제력도 자기들이 만든 제품을 이슬람교도가 사주었기에 생긴 것이라고 설명해도 들을 마음이 전혀 없었을 것이다. 이런 종류의 사고방식을 이탈리아에서는 '프로빈차레Provinciare'라고 하는데 이런 점에서 그들은 촌놈이었다. 그리고 이런 종류의 '촌놈(프로빈차레)'일수록 교황의 선동에 잘 넘어갔다.

여기에 황제파가 된 파르마에서 추방된 망명 파르마 사람들을 집결시키는 올란도 롯시의 움직임이 가세한다. 반황제 정서에 반황제 인사와 무기가 더해지자 쿠데타는 성공했다. 달랑 70명의 봉기에 단 하루 만에 파르마는 황제파에서 반황제파로 바뀐 것이다.

황제 프리드리히는 이 사태를 그냥 두고 볼 수 없었다. 재빨리 엔초가 이끄는 군대를 보냈으나 교황 대리의 열렬한 후원을 받은 주민들은 성벽 안에 틀어박혀 방어전만 벌일 뿐 성문 밖으로는 한 걸음도 나오지 않았다. 이 시기 남부 이탈리아에 있던 프리드리히도 이런 상태라면 마을 전체를 포위해 기아에 허덕이게 해서 항복시키는 수밖에 없다고 생각했다. 이리하여 파르마 포위망 건설은 1247년 여름부터 시작되었다. 이번만은 프리드리히도 승부를 서두르지 않은 것이다.

포위망은 완벽했던 듯하다. 외부에서는 식량과 사람 어느 것도 들어오지 못했다. 보급로는 이미 폐쇄되었다. 밀라노를 비롯한 북부 이탈리아의 교황파가 필사적으로 보내는 사람과 물자 모두 황제파의 봉쇄망을 뚫지 못했다. 기병 부대 하나를 맡은 황제의 손자도 기병만이 낼 수 있는 기동력을 발휘해 눈부신 성과를 올렸다.

한편 상당수의 병사를 거느린 엔초와 란치아의 군대는 둘로 나뉘어 파르마 주변 일대를 초토화하는 작전을 시작했다. 보통 가을이면 주변 일대를 황금물결로 물들였던 교외 농지가 불타버려 초토화된 평원 가운데에 파르마 마을만이 고립되었다. 시내에서는 식량이 떨어지기 시작했다. 식량만이 아니라 모든 물자가 부족해졌다. 굶주림에 지친 사람들에게 교황 대리는 의기양양하게, 마치 눈앞에 황제가 있는 듯 탄핵의 목소리를 내뱉었다. 사람들은 절망했다. 극한까지 치달은 절망은 쉽게 분노로 바뀌는 법이다.

한편 프리드리히 쪽은 파르마 바로 근처에 '빅토리아(승리)'라는 이름의 기지를 신설했다.

기지라고 해도 항구적인 기능을 생각하며 만든 기지는 아니다. 고대 로마 군단이 이동하며 만든 기지와 비슷하게 주변에 구덩이를 파고 빈틈없이 말뚝을 박아 만든 울타리로 방어했다. 그 안에 병사들을 위한 천막이 늘어서 있을 뿐이라면 군사상 기지에 불과하겠으나 빅토리아는 그것만 있는 것이 아니었다. 황제 체류에 필요한 제반 설비와 주민을 위한 교회와 상점, 식당도 있는 작은 마을 같은 곳이었다. 다만 건축자재는 모두 목재였다. 임시 기지와 마을 중간쯤 되는 느낌으로, 군단 기지에는 사방으로 하나씩만 있는 문을 두 개씩 만들었다. 이는 곧 방어에 구멍이 생긴다는 뜻이었다. 그리고 기지도 아니고 마을도 아닌 빅토리아 안에는 황제부터 병졸에 이르는 모든 이를 위해 천을 짜 옷을 만드는 소규모 공장까지 있었다. 그곳에서 일하는 직인 대다수는 포자 왕궁에서 데려온 사라센 여성들이었다.

황제는 이 빅토리아에 1248년으로 해가 바뀐 2월 초에 왔다. 파르마의 항복은 이제 시간문제라는 보고를 받았기 때문이다. 황제의 도착과 함께 황제의 관도, 황제의 정장 의복도, 보석을 박은 왕좌도, 그리고 군자금을 넣은 황제의 금고까지 빅토리아로 옮겨졌다. 프리드리히는 파르마가 굶주림에 지쳐 항복하면 마을 전체를 완전히 파괴해 지상에서 없앤 다음 바로 옆의 빅토리아에 파르마 주민을 전부 이주시킬 생각이었다. 물론 그때는 빅토리아도 지금과 같은 목조가 아니라 석조 도시로 변모할 것이다. 쉰세 살이 된 프리드리히는 이미 그런 광경을 머릿속에서 현실로 그리고 있었다.

이때 황제가 데려온 병력은 양분되어 아들 엔초가 이끄는 군과 비안카 란치아의 친정 가문인 갈바노 란치아가 이끄는 군으로 나뉘어 행동했다. 그리고 빅토리아의 방어는 란치아가 책임졌다. 가혹한 추위 속에서 행군해도 멀쩡한 서른한 살의 젊은 엔초와 달리 프리드리히와 또래인 란치아가 기지 방어를 선택한 것이다.

1248년 2월 중순, 북부 이탈리아에서는 드물게 맑은 날이 이어졌다. 프리드리히는 더는 참을 수 없었다. 다음 날 아침 매사냥에 나가기로 한다. 아직 군사적 제패 중이었으나 그래도 다 끝났다고 생각했을 것이다. 그런 황제와 동행한 사람은 아직 열여섯인데도 아버지를 닮아 매사냥을 좋아하는 만프레디와 역시 매사냥을 좋아하는 동호인 50명 정도의 그룹이었다. 다만 프리드리히에게 북부 이탈리아는 내 집 마당 같은 남부 이탈리아가 아니었으므로 경비를 소홀히 하지는 않았다. 5백 명의 기병이 수행했다고 한다.

황제가 자리를 비운 사이, 란치아와 그의 수하 병사들이 빅토리아를 지켰다. 이외에 기지에 남은 요인은 타데오 다 세사가 있었다. 이 사람은 모든 면에서 프리드리히와는 합이 잘 맞았으나 매에 대한 애정만은 공유하지 않았을지 모른다.

2월 18일, 아직 밤의 어둠이 걷히기도 전부터 반짝이는 별빛으로 그날의 맑은 날씨를 예상할 수 있었다. 당연히 황제는 해가 뜨지도 않은 시각에 말을 내오게 한다. 그리고 기지 밖으로 나오자마자 말에 채찍질을 가했다. 떠오르는 태양을 등지고 기지에서는 서쪽으로, 즉 기지의 동쪽에 있는 파르마에서는 더 서쪽을 향해 말을 달렸다. 그런 황제의 뒤를 만프레디와 매부리, 매사냥 동호인이 하나가 되어 달렸다.

파르마 측은 이 기회를 기다리고 있었다. 그 무렵이 되면 북부 이탈리아의 교황파(겔프)들은 황제를 악마의 우두머리로 여겼는지 황제와 정면으로 싸우는 일은 누구나 피했다. 그런 황제가 없는 상황이다.

황제파에서 교황파로 변신한 파르마의 '포데스타(행정장관)'이니까 반황제의 열정만큼은 뜨거웠다. 또 파르마가 황제 측에 있을 때 망명해 밀라노군에 들어가 황제의 장수들과 싸웠으므로 군사 경험도 풍부했다. 그런 점에서 질베르토라는 이름의 이 인물은 군사적 전략 면에서의 재능도 뛰어났다.

장관 질베르토는 우선 파르마 시내에 있는 병사만으로 꾸린 부대와 여자들까지 포함한 주민만으로 구성한 부대로 나누었다. 두 부대 모두 역할은 명확했다. 우선 병사 부대는 시외로 나가 공격 의도를 드러내 빅토리아 안에 있는 란치아군을 기지에서 끌어낸다. 다음은 도망치면서 란치아군을 기지에서 멀리 떼어놓는다. 그로 인해 무방비 상태가 된 빅토리아에 부대라기보다는 무리를 이룬 주민들이 들이닥친다.

작전은 완벽하게 성공했다. 사실상 무방비 상태였던 빅토리아는 수만이나 되는 군중에 사방에서 습격당했다. 지령을 받은 군대의 공격을 받는 것보다 폭도 무리에 습격당하는 게 훨씬 무서운 법이다. 울타리가 불타오르고 문이 부서지고 저마다 낫과 도끼를 든 남녀노소가 눈사태처럼 밀려들어 왔다.

타데오 다 세사는 거의 혼자서 병사를 모으려고 소리쳤다. 하지만 병사들은 검과 창을 들고 있었으면서도 공포로 얼어붙어 있다가 살해당했다.

목조로 지은 건물은 모두 폭도가 지른 불에 타버렸다. 한군데 불이 붙으면 바로 다른 곳으로 옮겨붙었다. 폭도가 된 군중은 뺏을 수 있는 물건은 모조리 빼앗는 것도 잊지 않았다. 그리하여 황제의 관도 왕좌도 금고의 내용물도 모두 약탈당했다. 한 페이지마다 아름다운 세밀화를 그려 넣어 이미 제본 직전까지 완성되어 있던 황제 최초의 저작《매사냥의 서》도 약탈당했다. 다 불태우고 약탈할 수 있는 물건은 모두 빼앗은 뒤 빅토리아를 떠나 의기양양하게 파르마로 돌아온 사람들은 호화로운 직물 다발을 짊어지고 포로로 삼은 남성과 여성들을 끌고 왔다.

▶ 빅토리아와 파르마의 공방

빅토리아의 소실로 입은 황제의 손실을 연대기 작가는 사망자 1천5백, 포로 2천이라고 기록하고 있다. 하지만 이 숫자는 믿기 힘들다. 첫 번째 이유는 그 정도 규모의 기지에는 란치아 수하의 군대까지 포함해 1만이나 되는 수의 사람을 수용할 수 없다. 두 번째는 이 숫자가 승리한 파르마 측이 남긴 기록이라는 점이다. 연구자 가운데 적지 않은 사람은 실제로는 이 기록의 반 이하였으리라 본다. 그래도 변명의 여지없이 프리드리히의 패배였다.

무엇보다 북부 이탈리아의 일개 도시에 불과한 파르마에 황제라는 자가 당한 것이다. 그것도 매사냥을 나간 사이에. 소식을 듣고 급히 돌아온 프리드리히는 잿더미가 되어버린 빅토리아를 볼 수밖에 없었다. 그는 말을 탄 채 곧장 충성이라는 면에서 완전히 신용할 수 있는 크레모나로 향한다.

이 사고로 황제가 잃은 요인은 타데오 다 세사 하나뿐이었다. 리옹 공의회에서 열변을 토했던 이 충신은 파르마 사람들에게도 유명했다. 붙잡혀 여기저기 베인 끝에 파르마 감옥에 던져졌고 출혈 과다로 죽고 말았다.

황제관은 승리의 증표로 파르마대성당에 봉헌되었다. 왕좌는 보석을 다 빼낸 다음 파괴했다. 금고에 들어 있던 금화와 은화는 당연히 파르마의 시 금고로 직행한다. 제패를 위해 준비한 자금을 모두 잃은 프리드리히는 자신의 병사들에게 줄 월급마저 나중에 은화로 바꾸어주겠다는 조건을 달고 가죽으로 만든 통화로 치를 수밖에 없었다.

《매사냥의 서》는 일단 밀라노 상인이 사들였는데, 그다음 살 사람을 찾지 못했던 듯 얼마 후 행방을 찾을 수 없게 된다. 즉 그 가치를 아는 사람이 없었다는 소리다. 현재 바티칸이 소장하고 있는 것은 전에도 이야기했듯 아들 만프레디가 아버지의 사후에 생전 아버지가 남긴 초고와 데생 등을 모아 다시 편집한 것이다.

크레모나로 난을 피한 꼴이 된 황제 프리드리히가 어떤 심정이었는지를 알려주는 사료는 없다. 프리드리히니까 빼앗긴 게 물품인 만큼 낙담이나 분노는 금방 소화했을 것이다. 하지만 타데오를 잃은 것은 쉽게 잊지 못했으리라. 체면을 구긴 것도 뼈아픈 일이었다. 면목이나 세상의 이목 차원의 문제가 아니다. 항상 강자임을 드러내야 하는 황제에게 체면이 구겨지는 일은 실질적인 피해로 이어질 위험이 있었다. 그런 사태를 피하려면 파르마의 예가 롬바르디아 지역 전체로 퍼지는 것을 사전에 막는 수밖에 없다.

실제로 빅토리아 소실 사건으로부터 한 달도 지나지 않은 3월 중반, 파르마 주변을 포함한 롬바르디아 전역의 제지권(制地權)은 파르마에서 승리한 교황파(겔프)가 아니라 파르마에서 패배한 황제파(기벨린)에게 있었다. 여기서 제지권은 제해권에 빗대어 쓴 말이다. 프리드리히가 직접 군대를 이끌고 제지권 확보의 최전선에 선다. 아들 엔초도 별동대를 이끌고 전과를 올린다. 하지만 제지권 확보 최전선에는 실지 만회라는 의미에서 누구보다 필사적이었던 란치아가 서 있었다.

롬바르디아 지방의 제지권 확보를 목적으로 한 이 시기의 군사 행동에는 다른 목적도 있었다. 프리드리히가 내린 명령에는 죽이기보다 포로로 잡으라는 게 있었다. 이 군사 행동으로 얻은 포로를 빅토리아 소실 때 파르마 측에 잡힌 사람들과 교환하기 위해서였다.

중세는 의외로 포로 교환이 빈번하게 이루어진 시대다. 강화에도 서로의 포로 교환이라는 항목이 반드시 들어갔다. 강화까지 가지 않아도, 그러니까 아직 적이라도 포로 교환은 종종 이루어졌다. 왠지 너무 차고 넘치니 바꾸는 듯한 느낌인데, 포로도 보관에는 어느 정도의 비용이 드니까 그 비용을 절약한다는 의미도 있었다. 물론 양쪽이 같은 조건이라는 법은 없다.

한편에는 포로가 남아도는데 다른 한편은 그렇지 않을 때도 있다. 그럴 때는 몸값이라는 형태로 금전이 개입했다.

중세에서는 어떤 형태든 포로 교환은 늘 이루어졌다. 전투는 하더라도 같은 그리스도교도라는 유럽의 상황 때문은 아니다. 그리스도교도와 이슬람교도 사이에서도 교환은 이루어졌다. 십자군 역사에서도 이런 종류의 예는 손에 꼽을 수 없을 정도로 많다. 포로 교환의 관습은 비합리가 지배했던 중세에 존재했던 합리적인 정신의 발로가 아니었을까 한다.

이런 이유로 제지권 확보와 포로 획득에 매진한 1248년 여름이었다. 이 시기 란치아가 이끄는 황제군과 오를란도 롯시가 이끄는 교황군이 충돌했다. 이번에는 군대와 군대의 대결이다. 란치아의 완승으로 끝났다. 이제까지 항상 교황의 '긴 손길'의 수족이 되었던 교황의 처남은 붙잡혀 무참히 베인 채 파르마 성벽 앞에 던져졌다.

그리고 파르마가 교황(겔프) 측에 붙어서 생긴 지리상의 손실도, 빅토리아 소실로 5개월이 지난 무렵에는 만회했다. 파르마에서 티레니아해로 통하는 길 중간의 폰트레몰리를 수중에 넣었기 때문인데, 이로써 파르마를 통하지 않고도 북부 이탈리아와 남부 이탈리아를 잇는 길을 확보할 수 있었다.

빅토리아 소실 후 프리드리히가 보인 엄청난 회복력은 알프스를 끼고 프랑스 땅에서 망명 생활을 하던 교황 인노켄티우스를 떨게 했다.

묵인이라는 형태로 망명을 인정했던 프랑스 왕의 머리에는 교황의 안전은 들어갈 여지가 없었다. 서른세 살이 된 루이 9세는 오랜 꿈이었던 십자군 원정을 실현한 것이다. 동생 셋과 왕비까지 데리고 같은 해 8월 15일, 남프랑스 에그모르트에서 출항했다.

제7차가 되는 이 십자군은 2년도 못 견디고 왕 이하 모든 군대가 포로가 되는 처참한 결과로 끝나는데, 이제까지 소극적이나마 보호자를 자처했던 왕이 떠나자 프랑스 땅에 있던 교황이 불안해진 것은 당연했다. 북서부의 유력자 사보이아 백작까지 자기편으로 만든 황제가 언제 알프스를 넘으라고 군대에 명령할지 알 수 없었기 때문이다. 교황은 알프스를 넘으면 바로 나오는 프랑스 동부에서 망명 중이었다. 불안을 숨기지 못한 교황 인노켄티우스는 영국 왕 헨리에게 보르도로의 이주 허가를 요청했다. 헨리의 아버지 존이 '실지'한 덕분에 프랑스 안의 영국령 대부분을 잃었으나 그래도 아직 보르도를 중심으로 한 일대는 영국령으로 남아 있었다. 헨리는 명백한 거부 의사를 밝혔다. 알프스 동쪽에서 군사적 제패를 추진 중인 황제의 기척을 느끼면서 교황은 클뤼니 수도원에서의 망명 생활을 계속하는 수밖에 없었다.

프리드리히는 폰트레몰리를 수중에 넣어 언제든 남부 이탈리아로 돌아갈 수 있는 상태를 회복했음에도 그해부터 다음 해까지 북부 이탈리아에 계속 체류했다. 크레모나를 본거지로 삼고 밀라노와 파르마 근처에 있으면서 이 지방 전역의 군사적 제패를 수행하겠다고 생각했을지도 모른다.

이유는 전혀 알 수 없으나 프리드리히의 존재 자체가 수만 명의 군대보다 훨씬 뛰어난 군사적 효과를 가져왔다.

이는 그 개인적으로는 기쁜 일이 아니었을 것이다. 프리드리히의 이상이었던 '법에 근거한 군주정 국가'란 군주가 누구든 기능하는 정치체제이기 때문이다. 그런데 현실은 그라는 개인의 비중이 강해질 뿐이었다. 그리고 그의 최대 적인 '시간(템포)'은 오십 대 중반에 가까워진 프리드리히에게도 가차 없이 흘러갔다.

해가 바뀐 1249년 1월, 그때까지 내내 의사 없이 생활했던 프리드리히에게 육체의 쇠약을 드러내는 최초의 징후가 나타난다. 온몸이 간지럽고 긁으면 그 부분이 빨갛게 되는 증상으로, 의학적으로는 홍반성 낭창이라고 부른다. 왕실 의사가 시간이 지나면 나을 거라고 했으니 황제는 평소의 바쁜 일정을 바꾸지 않았다. 아마도 극도의 스트레스로 인해 본연의 면역력이 저하되었던 게 아닐까 싶은데 프리드리히는 이런 상황에도 자제력을 최대한 발휘해 황제로서 행동하길 멈추지 않았다.

피에르 델라 비냐

/

/

2월, 황제와 그의 궁정 자체가 체류 중이던 크레모나에서, 언론이 존재했다면 분명히 톱뉴스가 되었을 사건이 발생한다. 황제의 '로고테타', 즉 황제가 대통령이라면 국무총리에 해당하는 지위인 피에르 델라 비냐가 갑자기 체포된 것이다. 유럽인이라면 누구나 아는, '레자 마에스타'라고 하는 대역죄가 죄목이었다. 프리드리히 편인 크레모나 주민들은 그 죄목을 듣자마자 격앙해 체류지 감옥에서 끌려오던 비냐를 습격한 탓에 연행하던 병사가 오히려 그를 경호해야만 했을 정도다.

피에르 델라 비냐는 1190년 전후 출생이라니까 프리드리히보다 다섯 살 정도 많다. 나폴리 북쪽에 있는 카푸아라는 마을의 작은 상점에서 태어났다고 한다. 하지만 어렸을 때부터 머리가 좋은 것으로 유명했다. 또 카푸아 자체가 단순한 남부 이탈리아의 중소 도시 중 하나가 아니라 고대 로마 시대에는 남쪽으로 향하는 간선로 두 개, 즉 아피아 가도와 라티나 가도가 합류하는 곳이었다. 중세로 들어온 뒤로는 그렇게 중요한 요지는 아니더라도 기반은 남아 있었으리라. 카푸아 시는 이 명석한 젊은이에게 대학 장학금을 주었다.

당시 유일한 최고 학부였던 볼로냐대학에서 공부를 시작한 비냐의 꿈은 이 대학의 교수가 되는 것이었다. 하지만 볼로냐대학의 후원자는 로마 교황청이고 고위 성직자의 추천 없이 그 꿈을 실현하기는 어려웠다. 주교나 유력 제후와 끈이 없는 비냐는 우수한 성적으로 법학부를 나왔으나 실업자가 되고 말았다.

이때 팔레르모 대주교 베라르도의 눈에 들면서 길이 열린다. 어디서, 무엇을 계기로 이 둘이 만났는지는 모른다. 어쩌면 프리드리히의 인재 스카우트 열의가 대단하다는 것은 유명했으니까 서른 살이었던 비냐가 직접 찾아갔을지 모른다.

대주교 베라르도는 프리드리히에게 평생 헌신한 사람이다. 그런 베라르도가 젊은 학사 졸업생에게 무엇을 발견했는지는 모르겠으나 당시 스물다섯이었던 프리드리히에게 비냐를 추천한 사람이 베라르도인 것만은 확실하다. 이렇게 피에르 델라 비냐는 황제에 막 즉위한 프리드리히 밑에서 일하게 되었다. 처음에는 황제가 하는 말을 받아 적는 서기 가운데 하나였다. 이 시기 작성된 '카푸아 헌장'은 프리드리히 자신과 대주교 베라르도, 황제가 볼로냐대학에서 스카우트해온 로프레도를 비롯한 법학자들이 작성했는데 그 시기 비냐는 서기로만 관여했다.

그러나 4년 뒤에 이루어지는 나폴리대학 창설에는 비냐도 깊이 관여했다. 또 7년 뒤인 1231년에 발표되는 '멜피 헌장'에서 비냐의 지위는 멜피에 감금당하는 요인 가운데 하나로까지 출세해 있었다. 힘이 센 자가 모든 것을 결정하는 봉건제도를 탈피해 법률이 모든 것을 결정하는 국가를 건설한다는, 중세에서는 획기적인 대사업에 10년 전의 고학생이 작성자의 하나로 참여한 것이다.

이 시기에 비냐가 대학 교단에 서고 싶다는 젊은 시절의 꿈을 실현하려 했다면 쉽게 이루었을 것이다. '멜피 헌장'의 작성에 협력한 법학자 대다수가 반포 후 나폴리대학 초대 학장이었던 로프레도와 함께 나폴리대학으로 돌아갔으니까. 그러나 사십 대에 들어선 비냐는 예전의 꿈에는 전혀 관심이 없었던 듯하다. 그는 '멜피 헌장' 뒤로도 내내 황제의 측근으로 일했다.

다만 내가 전에 그를 '책상머리 사람'이라고 평했듯, 외교 사절로서의 실적은 대단치 않다. 측근이라 가끔 파견되기는 했으나 잘 해내지 못했다. 교섭이 암초에 걸리면 비냐 대신 다른 사람이 급히 파견된 일이 한두 번이 아니었다. 아수라장에는 약한 사람이었을지 모른다. 그걸 알았는지, 프리드리히도 리옹 공의회라는 결전장에 타데오 다 세사를 파견했다. 거의 마지막에는 비냐도 보내기는 했으나 그는 리옹에서 전혀 활약하지 못했다.

그래도 비냐는 유능한 관리였다. 황제는 쉰여섯 살이 된 비냐를 황제 대리관을 뜻하는 '로고테타'에 임명한다. 갑자기 체포된 시점에도 피에르 델라 비냐는 그 지위에 있었다.

황제 최측근의 체포는 그것만으로 충격적인 뉴스였다. 소식은 곧바로 온 유럽에 퍼졌고 온갖 억측이 유럽을 휘몰아쳤다.

비냐의 소지품에서 프랑스에 있는 로마 교황과 내통한 증거가 발견되었다는 것을 체포 이유로 꼽는 사람도 있었다. 분명 비냐는 리옹에서 교황과 만났다. 그때 교황과 비냐는 다른 사람을 물리치고 둘이서만 이야기했다고 한다.

또 비냐가 예순에 가까운 나이에도 불구하고 황제의 애인을 가로챈 사실을 알고 화가 난 황제가 체포했다고 말하는 사람도 있었다.

이 밖에도 비냐의 재산 축적이 황제의 분노를 샀다는 사람도 있었다.

오래전 온 유럽을 놀라게 했던 사건이 있다. 리처드 사자심왕과 존 실지왕의 아버지인 영국 왕 헨리 2세가 캔터베리 대주교 토머스 베케트의 살인을 청부한 사건이다. 황제 프리드리히와 국무총리 같은 존재인 비냐 사이에 일어난 이 사건도 오랫동안 가까웠던 두 남자 사이에 일어난 비극으로서는 토머스 베케트 사건과 비슷해 뜨거운 화젯거리가 되었다.

단테도 이 사건이 일어나고 반세기 뒤에 쓴 《신곡》에서 피에르 델라 비냐를 등장시킨다. 거기서 단테는 비냐의 실각 원인을 그가 스스로 말하도록 했는데 비냐의 출세를 질투한 고관들이 황제에게 중상했고 황제가 그 말을 믿었기 때문이라고 했다. 즉 단테는 비냐의 무고를 믿은 것이다. 단테는 독자에게 비냐를 소개하며 '프리드리히의 마음을 여는 열쇠를 두 개나 가진 남자'라는 표현을 썼다.

하지만 그건 아닌 것 같다. 그게 누구든 자기 마음을 여는 열쇠를 다른 사람에게 건넬 프리드리히가 아니다. 열고 싶으면 스스로 열었을 것이다. 마음은 자신이 열고 싶을 때 여는 것이다. 그렇게 믿은 사람이 바로 프리드리히였다.

단테보다 오십 년 정도 빨리 태어나 실제로 프리드리히를 만날 수 있었고 그 인상을 남긴 사람으로 살림베네라는 수도사가 있다. 이 사람에 대해서는 '동시대 미디어의 평가'라는 항목에서 이미 소개했는데, 거기서 소개한 평가 중에 하나 더 주목했으면 하는 게 있다. 그것은 프리드리히를 언급할 때마다 살림베네는 '황제'라고 쓰지 않고 '그'라는 삼인칭 단수를 고집한 것이다. 살림베네 같은 교황파에게 리옹 공의회 이후의 프리드리히는 이미 황제가 아니라는 것이다.

친절하고 예의 바르게 행동하며 상대의 처지를 이해하는 것도 '그럴 마음이 들 때'뿐이다. 이런 사람이 자기 마음을 여는 열쇠를, 심지어 '두 개나' 다른 이에게 건넬 리 없지 않나.

그리고 이중으로 '안티'였던 사람에게까지 이렇게 평가되었던 프리드리히가 가장 싫어한 것이 자신에게 알리지 않고 무단으로 행동하는 것이었으리라.

피에르 델라 비냐는 주군에게 이득이 될 거라는 생각에 뻗쳐온 교황의 '긴 손길'을 잡았을지 모른다. '로고테타'라는 지위는 상당히 많은 문제를 황제에게 알리지 않고 혼자 처리할 수 있는 지위였다. 다만 결정하더라도 그것은 어디까지나 황제의 뜻을 따르는 것이어야 했다.

게다가 교황과의 관계 개선이라는 문제는 그 혼자 결정할 수 있는 문제가 아니었다.

그럼에도 불구하고 비냐가 단독으로 움직였을 가능성이 없지는 않다. 만약 그랬다면 명백한 월권행위이고 속된 말로 '주제넘은 짓'이 된다. 신하가 월권행위를 저지르는 것만큼 프리드리히가 싫어한 것도 없다. 비냐를 발굴하고 이후 30년이나 아낌없이 도왔던 팔레르모 대주교 베라르도가 이 사건에서는 전혀 움직이지 않았다. 베라르도에게는 자랑스러운 제자였음에도 어떤 변호도 하지 않은 것이다.

감옥에는 가두었으나 재판은 하지 않았다. 황제는 달군 쇠막대기로 눈을 지지라는 명령을 내렸다. 하지만 사형을 명한 것은 아니다. 크레모나의 감옥에서 토스카나 지방의 산 미니아토에 있는 성으로 옮기게 했을 뿐이다. 체포되고 한 달 뒤, 피에르 델라 비냐는 갇힌 감옥 석벽에 머리를 여러 번 찧는 것으로 자살을 선택한다. 쉰아홉 살의 죽음이었다.

진상은 연구자들의 노력에도 불구하고 지금까지 알려진 바 없다.

왕권과 교회권의 대립이 원인이었던, 헨리 2세와 토머스 베케트의 사건보다 알려진 게 없다. 하지만 로마대학에서 중세사를 가르친 라파엘로 모르겐 교수는 다음과 같이 썼다.

"피에르 델라 비냐는 황제 프리드리히에게 있어서 황제가 만들어내려던 신흥 계급, 봉건제도 밖에서 법률이라는 무기만으로 살아가는 새로운 통치자 계급의 유효성을 나타내는 구체적인 모델이었을 것이다. 중세에서는 완벽하게 새로웠던 이 계급도 20년 뒤에 찾아오는 황제 일족의 멸망과 운명을 함께한다."

혹시 모르겐 교수의 가설이 맞는다면 이 사건을 대하는 프리드리히의 심정은 분노보다는 절망이 아니었을까.

교황들과의 투쟁에서는 말이 많은 편이었던 프리드리히인데 이 건에 관해서는 한마디도 하지 않았고 기록도 남기지 않았다. 중세사는커녕 역사 연구자도 아닌, 그저 역사를 말하는 작가에 불과한 나는 이런 생각이 든다.

피에르 델라 비냐에게 있어 불행은 타데오 다 세사가 1년 전에 살해된 것이었다고.

사업이란 그것이 크든 작든 같은 세대 사람끼리 협력할 때 잘되는 법이다. 모든 면에서 무리하지 않을 수 있기 때문이다. 프리드리히도 비냐도 타데오도, 나이 차이가 조금씩은 있어도 모두 같은 세대였다.

프리드리히는 카푸아에, 마치 고대 로마의 3주신, 유피테르와 주노, 미네르바처럼 자신을 가운데에 두고 타데오와 비냐를 좌우에 배치한 석상을 세웠다. 황제의 머리 부분은 나중에 반황제파가 파괴해 머리 아래만 남아 있는데 좌우에 놓인 두 중신은 머리까지 있는 흉상이 지금도 남아 있다. 게다가 이것은 비냐의 출생지인 카푸아에 세워진 것이다. 왕년의 고학생 비냐는 가장 화려한 형태로 금의환향한 것이다.

굳이 분류하자면 피에르 델라 비냐가 '책상머리 사람'이었던 데 반해 타데오 다 세사는 '책상머리 사람'임과 동시에 '행동하는 사람'이었다. 황제 프리드리히도 이 타입이다.

그런 타데오는 1년 전에 살해당해 지금은 없다. 혼자 남은 비냐와 만날 때마다 프리드리히는 타데오 다 세사를 떠올리지 않았을까.

혹시 그랬다면 그것은 비냐에게는 너무나 불행한 일이었을 것이다. 황제를 만날 때마다, 국무총리라는 지위에 있었으니까 다른 사람보다 만날 일이 훨씬 많았을 텐데, 그때마다 주군의 시선에 깃드는 그림자를 느끼지 않았을까. 왜 너 혼자 살아남았냐고 묻는 듯한 느낌을.

만약 그게 사실이라면 교황 인노켄티우스가 뻗쳐온 '긴 손길'을 오히려 적극적으로 잡지 않았을까. 30년이나 모신 주군에게 타데오는 죽었고 자신은 살았으며, 그 살아남은 자신만으로도 충분하다는 사실을 알리기 위해.

'로고테타'의 지위까지 승진한 비냐는 우리말로 하자면 입신양명의 대표자이다. 출신 계급으로 보건대 더 이상의 출세는 바랄 수 없었고 더 이상의 부도 바랄 수 없었다. 그런 사람이 무엇을 원해 주군에게 활시위를 당겼을까. 활시위를 당길 수 있다는 생각조차도 하지 못했으리라. 그런 그가 잊은 것은, 프리드리히라는 사람이 자신과 상의하지 않고 중요 사안을 추진하는 것을 무엇보다 싫어한다는 사실이었다.

카푸아 성에 놓인 석상 말인데, 타데오 다 세사가 죽은 뒤에도 그대로 둔 프리드리히의 마음은 충분히 알 수 있다. 그런데 피에르 델라 비냐가 자살한 뒤에도 그대로 두었다. 카푸아는 프리드리히의 영토였으므로 철거를 명하면 바로 실행되었을 터다. 하지만 프리드리히의 명령은 없었다. 이유는 모른다. 반황제파 사람이 쓴 연대기에 따르면 오랜 중신의 자살을 알았을 때 프리드리히의 입에서 나온 말은 "무에서 온 자가 무로 돌아갔을 뿐이야"라고 한다. 이는 '무'에서 입신한 사람에게 배신당한 절망은 아니었을까.

1249년 겨울과 봄은 이처럼 프리드리히의 신변에 다양한 사건이 일어났다. 그동안에도 북부와 중부 이탈리아의 군사적 제패는 꾸준히 진행되고 있었다. 통렬한 일격을 안겼던 파르마에는 아들 엔초가 이끄는 황제군이

맹공을 퍼부었다. 알프스 북쪽에서는 스물한 살의 적자 콘라트가 독일 내 교황파(겔프)를 상대로 용맹하게 싸우고 있었다. 중부 이탈리아의 토스카나 지방에서도 안티오키아의 페데리코가 중부 이탈리아의 핵심인 피렌체를 확실히 황제 편에 끌어들이려고 선전하고 있었다. 북서부 이탈리아에서도 사보이아 백작의 딸과 결혼한 열일곱 살의 만프레디에게 첫아이가 생기려 하고 있었다. 밀라노를 견제하는 데 최적인 사보이아 백작과의 인연은 이로써 더 강력해질 터였다.

프리드리히는 남부 이탈리아로 돌아오기로 한다. 이제 북부 이탈리아에 계속 있을 필요는 없다고 봤을 것이다. 북부 이탈리아 전역의 참모본부처럼 된 크레모나는 아들 엔초에게 물려줬다. 황제 본인은 숨을 죽이고 있는 파르마를 오른편으로 보면서 티레니아해를 빠져나와 피사 항에서 기다리는 배를 타고 남하해 나폴리에 상륙했다. 그때가 5월 말이었다. 그런데 나폴리 체류 중에 황제는 두 가지 비보를 받는다.

첫 번째는 아직 이십 대의 젊은이였던 키에티 백작이 전투 중에 사망했다는 소식이었다. 아버지로부터 키에티 백작령을 받은 리카르도는 프리드리히가 사랑한 여자 중 하나였던 만나와의 사이에서 태어난 아들이다. 중동부 이탈리아의 황제 대리로, 그 역시 정치적 제패를 군사적 제패로 바꾸는 최전선으로 보내져 거기서 임무를 수행하던 중 전사한 것이다. 프리드리히에게는 폐위할 수밖에 없었던 장남 하인리히의 자살에 이어 두 번째 아들의 죽음이었다. 그래도 아들의 죽음만으로 사태가 끝난 것은 키에티 백작을 보좌했던 간부 후보생 출신이 곧바로 대신 지휘했기 때문이다.

황제는 후임을 임명할 필요조차 없었다.

그러나 두 번째 비보는 비보라기보다 통렬한 타격이라고 표현하는 편이 적절한 소식이었다. 키에티 백작 리카르도가 전사한 5월 22일로부터 나흘 뒤인 5월 26일, 이 일이 일어났다.

사르데냐 왕이기도 했던 엔초가 볼로냐 군대와의 전투 도중에 붙잡혀 그대로 볼로냐로 끌려갔다는 소식이었다.

엔초, 붙잡히다

/

/

서자라 해도 프리드리히의 아들 가운데 가장 연장자였던 엔초는 서른세 살이었다. 빼어난 미남으로 유명했던 엔초는 10년 남짓 항상 황제의 오른팔로서 북부 이탈리아를 주요 무대로 활약하며 실적을 올렸다. 3년 전에 일어난 음모 사건에서도 음모자들이 살해 대상으로 정한 것이 황제와 엔초였다. 이런 엔초를 적이 포획했다는 것은 프리드리히에게 있어서 큰 타격을 동반한 비보일 수밖에 없었다.

붙잡은 볼로냐 측도 엔초의 가치는 충분히 알고 있었다. 전투 중에 얻은 부상 치료에는 볼로냐 최고의 의사를 불러왔고 엔초를 잡아둔 장소도 감옥이 아니라 시청사 꼭대기 전체가 제공되었다. 게다가 신변을 돌보는 사람까지 하나가 아니라 여러 명 딸려 있었다. 소중한 인질인 셈이다. 볼로냐의 유력자들도 엔초가 수중에 있는 한 황제가 공세를 가하지 않는다는 사실을 알고 있었다.

편지를 주고받는 것도 자유로웠다. 사람을 만나는 것도, 황제 쪽 사람이

▶ 볼로냐에서 붙잡힌 엔초

아닌 한 누구나 만날 수 있었다. 시청사로 연행될 때도 손발을 묶지 않았고 몰아붙이지도 않았다. 늘 자연스럽게 행동하던 엔초였다. 평소처럼 조용하고 유연하게 걷는 그를, 붙잡힌 황제의 아들을 한 번이라도 보려고 연도를 가득 메운 시민들이 숨을 멈추고 맞이했을 정도로 미남이었다. 어깨까지 내려오는 물결치는 듯한 금발과 단테라면 '젠틸레 아스페토'라고 평했을 게 분명한 전형적으로 아름다운 용모였다. 누구와 만나든 자유였던 사람 가운데 볼로냐 유력자의 아내들까지 있었던 것도 무리는 아니다. 무엇보다 이 포로는 애인을 가질 자유까지 있었다.

아버지는 이 아들을 되찾기 위해 모든 수단을 동원한다.

우선 소식을 듣자마자 황제가 직접 볼로냐의 '포데스타(장관)'에게 편지를 썼다. 반은 간청이고 반은 협박하는 내용이었다. 사람의 운에는 늘 부침이 있는데 그 기미를 살펴 판단하는 것은 중소 규모 정도의 도시 통치를 맡은 사람이 해야 할 도리라는 설득도 볼로냐 장관에게는 통하지 않았던 듯하다. 장관이 황제에게 보낸 답신은 딱 한 줄, 때로는 강아지가 멧돼지를 잡을 때도 있다는 말이 전부였다.

황제는 엔초와 함께 북부 이탈리아의 군사적 제패를 추진하던 베로나의 참주 에첼리노에게 명해 군대를 이끌고 가, 볼로냐에 군사적 압력을 가하게 한다. 하지만 볼로냐 측은 이 도발에 응하지 않고 성문을 굳게 닫고 있었다.

세 번째 수단은 대주교라는 평화적인 사절을 볼로냐로 보내, 엔초의 몸무게와 똑같은 무게의 은을 줄 테니 석방해달라고 요구했다. 볼로냐는 이것도 듣지 않았다. 대학 도시라 강력한 군사력을 지니지 않은 볼로냐에게 가장 중요한 것은 대량의 은보다 황제군이 공격하러 오지 않는 것이었다.

엔초가 쾌적한 포로 생활을 즐겼다는 것은 아니다. 수없이 탈출을 시도했다. 한번은 몸을 숨긴 긴 궤를 태운 짐수레가 시청사 경비 앞을 지날 때까지는 잘 나갔는데 그 짐수레가 지나가는 길에 만난 여자들이 긴 궤 틈으로 살짝 나온 빛나는 금발을 발견하고 경비병들을 부르는 바람에 다시 시청사로 돌아와야 했다.

이후 엔초의 '감옥'이 진짜 감옥으로 바뀐 것은 아니다. 전과 마찬가지로 시청사 꼭대기에 감금된 상태에는 변함이 없었으나 침실에만 철제 격자를 설치하고 밤에는 그 안에 놓인 침대에서 자는 것으로 바꾸었다.

이 엔초가 아버지와 다른 점을 꼽자면 악의와는 인연 없이 살았다는 점일 것이다.

이탈리아어로는 악의를 'cattiveria'라는 말로 표현하는데 나쁜 의미로 사용되지 않는다. 이 '악의'의 유무가 초일류와 일류를 나누는 요소가 되기 때문이다. 축구에서도 경기에 졌을 때 반성한다는 뜻으로 "악의가 부족했다"라는 식으로 말한다.

비범한 아버지가 있다는 것은 아이에게는 불행이다. 아버지가 명한 대로 하면 늘 잘되었으니까 자기 생각대로 해보려고 할 필요조차 느끼지 못했을지 모른다. 필요가 없으니 악의의 감각을 갈고닦을 기회조차도 놓치고 만 것이다.

구출과 탈출도 매번 실패로 끝나자 아직 삼십 대 중반도 되지 않은 엔초는 현재를 즐기는 생활 방식을 선택한 듯하다. 시 짓기를 즐긴 그에게는 볼로냐만이 아니라 토스카나 지방의 도시에서도 시와 문학의 애호가들이 모여들었다. 이 시대에 이미 이탈리아에는 시나 소설 애호가 가운데 명문 출신 여성이 있었다. 그들 중 하나와는 애정으로까지 발전해 두 딸을 낳기도 했다. 엔초에게 모여든 이 문학 애호가 동아리는 단테에서 시작된 이탈리아 속어 문학의 일익을 담당하게 된다.

매사냥 취미도 아버지에게 물려받았는지 직접 글을 쓰고 그림까지 그린 글을 책으로 만들었다. 다만 전체적인 구성부터 부분마다 깊이 파헤치는 방법까지 아버지의 글쓰기와는 비교할 바가 아니었다. 매사냥에 대한 애정은 컸으나 표현부터 시작해 모든 게 대충이었다.

포로가 된 엔초는 취미에 몰두하는 후반기 인생을 보냈다. 몰두할 수밖에 없었던 거겠지만.

포로 인생은 쉰여섯 살로 죽을 때까지 23년간 계속된다.

1년 뒤에 찾아오는 아버지의 죽음도, 그 뒤를 이은 이복동생 콘라트의 죽음도, 또 17년 뒤에 찾아오는 또 다른 이복동생 만프레디의 죽음도, 엔초는 포로의 신세로 알게 된다. 엔초가 지은 시가가 애가가 된 것도 무리는 아니다. 그 가운데 한 편만 소개한다.

"날아라, 나의 노래여. 풀리아의 평원으로 날아가렴. 내 마음은 밤낮을 가리지 않고 날아가네. 햇살이 반짝이는 저 대지를 향해."

죽음은 1272년에 찾아온다. 황금색으로 물결쳤던 풍부한 금발에도 백발이 섞이게 되었는데 그와 얼굴을 맞댄 것만으로 여자뿐만 아니라 남자까지 순간 숨을 멈추게 만드는, 빼어난 용모는 조금도 변함이 없었다고 한다.

마지막 일 년

/

/

아버지는 풀리아에서 1250년을 맞았다.

북부 이탈리아의 교황파(겔프)에 끼친 영향은 피에르 델라 비냐의 배신보다 엔초의 퇴장이 더 컸다. 밀라노가 리더인 롬바르디아 동맹이 다시 고개를 들기 시작한다. 이제까지 북부 이탈리아의 황제파(기벨린)를 이끌고 싸웠던 사람이 엔초였기 때문이다.

엔초를 대신할 사람을 발견하는 게 쉽지 않았다.

콘라트는 독일 땅에서 교황파와 교전 중이었다. 안티오키아의 페데리코는 담당 지역인 중부 이탈리아에서 손을 뗄 수 없었다. 열여덟 살이 된 만프레디에게 군대를 줘서 보냈으나 대군을 이끌기에는 아직 너무 젊었다. 프리드리히는 엔초가 차지했던 지위에 우베르토 팔라비치노를 등용한다.

우베르토 팔라비치노는 프리드리히보다는 세 살 정도 연하로 북부 이탈리아 봉건 영주 가문에서 태어났다. 다만 장남으로 태어나지 못해 다른 생계 수단을 찾을 수밖에 없어서 아버지에게 받은 수하를 이끌고 전쟁 전문가가 된 것이다. 50년 뒤에 시작되는 르네상스 시대의 주류인 용병대장의 시초였다. 팔라비치노 가문이 원래 황제파여서 이미 16년 전부터 프리드리히의 군대에 합세했고 최근 몇 년 동안은 엔초의 지휘 아래에서 일했다. 그러므로 황제 편에서 싸운 것도 어디까지나 돈을 따른 것으로 보일 텐데, 그의 경우는 그것만이 아니었다.

그래도 전쟁의 프로다. 전쟁 청부업에서는 전투의 실적만이 보수를 비롯한 모든 것을 결정한다. 쉰세 살이라는 나이에 경험도 풍부한 데다 이제까지 한 번도 주어진 적 없는 많은 병사를 받은 전쟁 전문가는 단숨에 승부에 나선다. 엔초가 포로로 잡혔다는 소식에 다시 고개를 들기 시작한 북부 이탈리아의 도시들(코무네)은 이 전쟁 전문가가 이끄는 군사력을 한 몸에 받게 된다.

곧바로 브레시아가 함락하고 파비아가 항복한 다음 피아첸차가 성문을 열었다. 이 세 코무네는 모두 밀라노의 위성도시나 마찬가지였다. 그리고 빅토리아의 소실로 황제가 쓴맛을 보게 했던 파르마까지 황제군 앞에 굴복했다.

여기서 잊지 말아야 할 것은 이들 북부 이탈리아의 자치도시(코무네)에는 리더 역할의 밀라노까지 포함해 도시 안에 항상 교황파(겔프)와 황제파(기벨린)가 있다는 점이다. 황제파가 우세해지면 그 도시 안의 황제파가 정권을 잡고, 교황파가 뒤집으면 도시 안의 교황파도 힘을 얻는다. 바로 이것이 자유를 기치로 내건 '자치도시(코무네)'의 실태였다.

그러므로 엔초가 잡혔다는 소식에 이제 황제는 끝났다고 판단하고 교황파로 기울었던 도시들이 팔라비치노의 공세로 황제파로 돌아선 것에 불과했다.

그 옛날 알렉산더 대왕이 말하지 않았나. 전쟁에서 승리하는 것은 주도권을 쥔 쪽이다. 북부 이탈리아에서의 황제파(기벨린)의 우세는 중부 이탈리아에도 영향을 미쳤다. 이탈리아반도의 정세는 아들 리카르도의 죽음과 포로가 된 또 다른 아들 엔초의 공백을 반년 만에 완전히 메웠다.

이제까지 프리드리히는 강력한 회복력을 보였는데 이때도 마찬가지였다. 이제 황제도 끝났다고 여겼던 사람들은 이번에도 또 배반당했다.

고난을 겪는 것은 업적을 일구려는 사람의 숙명이다. 고난을 피하고 싶다면 아무것도 하지 않는 삶을 택하면 된다. 그러므로 문제는 고난을 만나는 게 아니라 그것을 만회하는 힘의 유무에 있다. 게다가 만회는 빨리 하지 않으면 효과가 없다. 그러기 위해서는 적보다 빠르게 주도권을 손에 넣어야 했다.

이런 황제파의 우세에 북부 이탈리아의 교황파는 시내에 몸을 숨기고 잔뜩 웅크리고 있어야 했는데, 알프스산맥 서쪽으로 도망친 교황 인노켄티우스는 이번에야말로 진정한 공포에 시달리고 있었다. 알프스를 넘는 길을 세력권에 둔 사보이아 백작은 이제 완전히 황제파였다. 프리드리히가 마음만 먹으면 황제군이 알프스를 넘어 프랑스로 쳐들어오는 것도 충분히 가능했다. 게다가 그 프랑스는 왕 이하 요인 대부분이 십자군으로 오리엔트에 간 상태라 만약 황제군이 프랑스를 공격하면 교황을 지킬 군대는 어디에도 없었다.

설상가상으로 교황에게 최악의 소식이 날아든다.

2년 전 여름에 남프랑스 에그모르트에서 요란하게 떠난 프랑스 왕 루이가 이끈 제7차 십자군이 나일강 입구에 있는 도시 다미에타를 점령하는 상당한 전과를 올린 것까지는 좋았는데 나일강을 거슬러 올라가면서부터 형세가 역전되었다. 그리고 목적지인 카이로까지는 아직 먼 지점에서 왕을 비롯한 전군이 포로가 되는 완패를 맛보았다는 것이다.

십자군이라 해도 군사 행동이다. 신앙심 깊은 루이에게는 전략이라는 감각이 전혀 없었음을 드러내는 부분인데, 십자군 역사상 전례 없는 참담한 패배로 끝난 게 확실했다.

이슬람교도도 포로 교환에 무관심했던 것은 아니므로 십자군 쪽이 데리고 있는 포로가 많다면 교환은 성립되었을 것이다. 하지만 루이 쪽에 포로는 없었다. 2만 5천이라는 전군이 왕까지 포함해 포로가 되어 있었으니까.

이 패배 소식을 들은 프리드리히는 승자가 된 카이로의 술탄에게 프랑스 왕 루이의 석방을 요청하는 서한을 보냈다. 하지만 카이로의 술탄도 프리드리히와 협력해 그리스도교도와 이슬람교도의 강화를 맺었던 알 카밀의 손자 대가 되어 있었다. 게다가 그는 병약해 할아버지만큼 강력하지 못했다. 프랑스 왕 루이는 끝내 천문학적인 몸값을 내고 자신과 동생 세 명, 그리고 부하들의 자유를 사야 했다. 전략안은 없어도 인격은 고결했던 루이는 몸값을 다 내는 1254년까지는 오리엔트에 머물렀으므로 1250년 시점 유럽에 프리드리히와 대등하게 맞설 적수는 하나도 없었다. 같은 시기, 독일에서는 콘라트가 교황이 옹립한 윌리엄에 대해, 이 네덜란드인이 네덜란드로 도망쳐 갈 수밖에 없을 정도로 결정적인 승리를 거두었다.

이러한 동향들은 남부 이탈리아 포자 왕궁에 머물고 있던 황제에게 즉시 보고되었다. 크리스마스 다음 날인 성 스테파노 축일이 오면 쉰여섯 살이 되는 프리드리히는 자신이 5년 전 리옹 공의회의 판결에 아랑곳하지 않고 그때보다 더 강한 힘을 지니게 되었음을 느꼈다.

연구자 가운데는 이 기회를 이용해 직접 군을 이끌고 북부 이탈리아로 향해 롬바르디아 동맹을 지상에서 말살하고 여세를 몰아 프랑스로 진공해 로마 교황의 영향력을 철저히 끌어내렸어야 한다고 주장하는 사람도 있다. 풀리아 지방에서 꼼짝도 하지 않았던 그를 '아파테이아'라고까지 평하기도 한다. '무기력(아파테이아)'까지는 아니더라도 체력이 떨어졌다는 것이다.

쉰여섯 살이라 해도 열네 살에 스스로 성인 선언을 한 이래 42년간 긴장 상태로 살아온 쉰여섯이다. 떨어지는 체력을 그도 느끼지 않았을까.

하지만 프리드리히는 왕이 없는 프랑스를 공격해 망명 중인 교황을 궁지에 몰자는 생각은 하지 않았을 것이다.

우선 첫째, 이는 오랫동안 지켜온 프랑스 왕과의 불가침 협정에 반하는 행위다. 둘째는 교황의 몰락인데, 신의 일만 담당하는 로마 교황이라면 프리드리히에게 나쁠 것이 전혀 없다. 종교든 신앙이든, 평범한 사람이라면 누구든 이런 종류의 정신 상태가 조금은 필요한 법이다. 억눌러 없애려 해도 반드시 다시 돌아온다. 그렇다면 양자가 책임 분담을 명확하게 해두면 양자 모두 평화롭게 살 수 있지 않을까.

프리드리히가 도전한 것은 교황 인노켄티우스 3세가 꺼냈고 후대 교황들의 신조가 된 '교황은 태양이고 황제는 달'이라는 말이었다. 예수 그리스도가 말한 '신의 것은 신에게, 황제의 것은 황제에게'라는 말에는 찬성했다. 이렇게 생각하면 당연한 일인데, 프리드리히의 머릿속에는 가톨릭·그리스도 교회의 절멸은 전혀 없었다. 이 시기의 그가 '아파테이아'로 보였더라도, 행동하지 않았을 뿐이지 생각하지 않았던 것은 아니다.

카세르타 백작과 결혼하면서까지 어떻게든 아버지 옆에 있기를 선택한 딸 비오란테의 추천으로, 황제는 9월, 이제까지 한 번도 해보지 않은 장기 휴가를 보내기로 한다.

휴가라 해도 그 당사자가 프리드리히이니 포자 왕궁에서 느긋하게 시간을 보냈을 리 없다. 어디를 가든 프리드리히가 자기 집처럼 생각했던 풀리아 지방, 포로 신세인 엔초가 햇살이 반짝이는 대지라고 노래했던 풀리아 지방에 흩어져 있는 성을 돌아다니며 매사냥을 즐겼다. '자기 집'이니까 경호원을 대동할 필요도 없었다. 통치기구의 별명인 궁정(코르테)도 포자에 그냥 두었다.

그래도 일 중독에서는 완전히 벗어나지 못한 듯, 체류지 성에서 심부름꾼을 보내 인사부터 세금 징수까지 자세한 지령을 내렸다. 풀리아를 포함한 남부 이탈리아와 시칠리아섬으로 이루어진 '시칠리아 왕국'은 프리드리히가 만들어낸 정치체제에 의해 주민 반란과는 연이 없는 통치가 이어지고 있었으나 눈에 띈 문제점은 당장 시정해야 성이 차는 프리드리히였다. 그런데도 역시 휴가는 상당히 흡족했던 듯하다. 10월이 지나 11월이 되었는데도 포자 왕궁으로 돌아오지 않았다.

마지막 매사냥

/

/

남쪽 나라 풀리아라 해도 겨울은 겨울이다. 가끔은 눈도 내린다. 2월, 북부 이탈리아의 매서운 추위 속에서 매사냥에 나섰던 것이 빅토리아 소실의 원인이었는데 11월의 남부 이탈리아였으니 건강을 우선시할 프리드리히가 아니었다.

11월 25일, 평소처럼 날이 밝기도 전에 출발한 매사냥은 토레마조레 성에서 루체라로 향하는 평원에서 이루어진다. 마침 그 중간쯤 왔을 때 황제는 강렬한 통증을 느꼈다.

토레마조레까지 돌아가기에는 너무 멀었다. 루체라까지는 12킬로미터가 남았다. 30킬로미터 떨어진 포자 왕궁으로 옮기는 것도 황제의 상태로 보건대 불가능했다. 바로 근처에 있던 언덕 위의 작은 성으로 옮기는 수밖에 없었다.

카스텔 피오렌티노라는 이름의 그 마을은 사냥용으로 건설된 성을 중심으로 생긴 마을인데 프리드리히는 한 번도 방문한 적 없었다. 하지만 지금은 어디든 가서 한시라도 빨리 황제를 쉬게 하는 게 중요했다. 그래서 작은 성밖에 없는 카스텔 피오렌티노에라도 가게 된 것이다.

원인이 무엇이었는지 정확한 사실은 아무것도 모른다. 탈수증이라 기록한 연대기가 많은데 외상이 없는 병 대부분을 탈수증으로 분류해버리던 것이 중세였다.

포자 왕궁에서 급히 왕실 의사가 불려온다. 말을 몰아 달려온 왕실 의사 조반니 다 프로치다는 나폴리만에 떠 있는 섬 중 하나인 프로치다섬 영주의 아들로 태어났으면서도 살레르노 의학교에서 의학을 배운 남자로, 진단 결과를 정확하게 말하는 점이 프리드리히의 마음에 들어 얼마 전부터 프리드리히의 왕실 의사로 일하고 있었다.

왕실 의사 조반니는 6일 밤낮을 병상을 지켰는데 이때도 솔직했다. 황제에게 더는 손쓸 방도가 없다고 알린 것이다. 황제도 이제 끝이다 싶었는지 포자에 있던 고관들을 불러 모으라고 명령했다. 12월 1일이었다.

이날 막 포자로 돌아온 만프레디가 제일 먼저 달려왔다. 비오란테의 남편이 되어 지금은 황제의 사위인 카세르타 백작도 말을 채찍질했던 사람 중 하나다. 남부 이탈리아 담당 육군 총사령관 루포도, 법무부 장관인 몬테네로도, 상급 재판소 장관인 로베르토도, 말을 재촉해 겨울 벌판을 달려 도착한다. 일흔세 살이 된 팔레르모 대주교 베라르도도 달려왔다. 대주교와 만프레디 두 사람은 도착한 뒤로는 한시도 황제의 곁을 떠나지 않았다.

증상은 일진일퇴를 되풀이했다. 상태가 좋을 때의 프리드리히는 고관들의 보고에 귀를 기울이고, 짧은 지시를 내리기도 했다. 그 모습을 본 성안 사람들은 황제의 뇌는 제대로 기능하고 있음을 알았다. 뭘 조합했는지는 모르겠으나 왕실 의사 조반니가 내민 약은 통증을 멎게 하는 데 도움을 준 듯하다. 고관들의 보고를 들은 다음 황제는 편안하게 잠들었으니까.

일진일퇴를 거듭하던 병세도 '퇴, 악화'일 때가 길어진다. 12월 7일, 왕국 전속 공증인이 불려왔다. 유언장을 작성하기 위해서였다.

라틴어로 유언을 구술하는 프리드리히의 목소리는 금방이라도 꺼질 듯 약했으나 문장 구성만은 분명했고 단어도 간결하고 명쾌했다. 연대기 작가들도 마지막까지 의식은 또렷했다고 적고 있다.

유언

/

/

두 번째 왕비이자 예루살렘 왕국의 왕녀인 욜란데가 낳은 적자 콘라트는 그해 스물두 살이 되었는데 황제는 적자 중 최연장자인 이 아들에게 신성로마제국과 시칠리아 왕국의 통치권을 남긴다. 지금 식으로 말하면 콘라트가 후계 서열 1순위 상속자인 셈이다.

다만 이 콘라트가 후계자를 남기지 못하고 죽는 경우, 통치권은 적자로는 다음에 해당하는 엔리코에게 넘어간다. 이 엔리코도 아들을 남기지 못하고 죽으면 모든 통치권은 만프레디에게 간다고 명기했다. 만프레디는 그해 열여덟 살이 되었으나 어머니의 결혼으로 적자가 되었기에 적자 인정이 늦어졌기 때문이다. 프리드리히도 이런 종류의 차별만은 따랐다.

독일어로 읽으면 하인리히가 되는 엔리코는 세 번째 왕비였던 영국 왕녀 이사벨에게서 태어났는데 이때 아직 열두 살이었다. 그래도 태어났을 때부터 적자였다. 그러므로 이 열두 살에게는 아버지가 지닌 칭호 가운데 하나인 '예루살렘의 왕'이 남겨졌다.

만프레디는 이 시점에서 바로 타란토 공작령이 주어졌다. 긴 장화 모양인 이탈리아반도의 발바닥에 해당하는 타란토 공작령 일대에는 몬테 산탄젤로라는 성소도 있다. 오리엔트에서 돌아온 순례자들이 유럽 땅을 처음 밟고 참배하는 성소인데 외가인 노르만 왕조를 물려받은 프리드리히에게는 특별한 의미가 있는 곳이다.

프랑스 북부 노르망디 지방에서 오리엔트까지 순례를 떠났다가 돌아가는 길에 이 성소를 참배한 노르만인 기사들이 그대로 남부 이탈리아에 정착하면서 노르만 왕조가 시작된 것이다. 프리드리히는 이른바 조상의 땅인 이 지방을 가장 사랑했던 사람 비안카가 낳은 외아들에게 남긴 것이다. 이리하여 만프레디는 열여덟의 나이에 '시칠리아 왕국'의 최대 영주가 되었다.

폐위할 수밖에 없었던 적장자 하인리히에게는 두 아들이 있었는데 프리드리히의 손자인 이 둘은 모두 남부 이탈리아에서 자랐다. 황제는 그중 장남에게 오스트리아 공작령을 남긴다. 오스트리아는 신성로마제국 안에서도 유력한 봉건 영지로, 황제가 될 콘라트를 그 영주가 보필하라는 뜻이 담겨 있었다.

남부 이탈리아와 시칠리아섬으로 이루어진 '시칠리아 왕국'의 주민에게는 황제의 죽음을 이유로 한 특별 공출금 면제를 명기했다. 조의금은 됐다는 뜻이다.

또 왕국 안의 감옥에 갇힌 사람들은 사면으로 전원 석방한다고도 적었다. 다만 배신죄로 복역 중인 자는 제외되었다. 고대나 중세에서 배신은 말싸움 끝에 사람을 죽인 것보다 중죄였다.

왕실 빚의 전액 변제도 명기했고, 또 새로운 십자군 원정이 필요해지면 그 출자금으로 금화 10만 온치아를 지출하라는 말을 남겼다.

로마 교황에는 로마부터 중동부 이탈리아를 아우르는 교황령, '성 베드로의 자산'이라 불린 교황의 영토를 반환한다고 적었다. 다만 이 반환에는 조건이 붙어 있었다.

황제의 정당한 권리를 교황이 인정하면 돌려주겠다는 것이다. 즉 로마 교황이 신성로마제국 황제와의 역할 분담에 응하면 반환하겠다는 뜻이었다.

이 유언장에는 황제가 교황에게 파문을 풀어달라고 청하는 말은 한마디도 없다. 프리드리히는 파문된 몸으로 죽기를 선택한 것이다.

생각해보면 황제 프리드리히가 교황들에게 요구한 것은 간단하고 명료했다.

신(예수)은 영혼의 구제는 교황 이하 성직자들의 역할이고, 육신의 구제는 황제를 비롯한 세속 통치자들의 역할이라 했으므로, 그것을 충실히 실행하면 그만이라는 것이었다.

이것이야말로 중세 유럽을 뒤흔들었던 '겔프(교황파)'와 '기벨린(황제파)'의 쟁점이었다.

그 항쟁의 핵심 존재였던 프리드리히는 인생의 마지막 순간까지도 자기 생각을 관철한 것이다. 자신은 자신이 생각하는 모습의 황제로 죽겠다고.

죽음

/

/

이탈리아에서는 죽음으로의 여행을 일몰이 없는 세계로 들어간다고 말한다. 죽음이란 내일이라는 날이 더는 찾아오지 않는 세계에 들어간다는 의미일 것이다. 프리드리히에게도 내일이 없는 세계를 향해 여행을 떠나는 날이 찾아왔다.

1250년 12월 13일, 이제까지 프리드리히는 만프레디에게 앞으로 형제가 사이좋게 협력하라고 말하곤 했는데 이날은 병상 옆으로 의자를 당겨온 팔레르모 대주교 베라르도에게 손을 맡긴 채 하루를 보냈다.

두 사람은 새삼 대화를 나눌 필요도 없었을 것이다. 40년이라는 세월을 함께 걸어온 사이였다. 프리드리히가 파문당하면 성직자인 베라르도도 함께 파문당했다. 그 대주교에 분노한 교황이 대주교구를 빼앗으면 빼앗긴 채 있었다. 카이로의 술탄에게 가라고 요구하면 그리스도교 고위 성직자이면서도 이슬람교도와 교섭하는 것도 싫어하지 않았다. 조카에게 빠져 아이를 낳아도 쓴웃음 정도만 짓고, 프리드리히가 원하는 대로 해주었다.

헌장 작성부터 대학 신설, 교황과의 교섭까지 프리드리히의 생각을 실현하는 데 항상 앞장서서 협력했던 베라르도였다. 자신은 봉건 영주 집안에서 태어났으면서도 봉건사회에서 법치국가로의 이행이라는 프리드리히의 생각에 그도 동감했기 때문이다. 열일곱 살 연하의 프리드리히가 맞는 마지막 날, 베라르도에게는 그의 곁을 지키는 것 이외의 선택지는 없었을 것이다.

생각하면 기묘한 광경이다. 파문당한 자의 마지막 고해를 본인도 파문당한 몸이라 원래는 그 고해를 듣고 용서를 내릴 자격조차 없는 성직자가 한 것이다. 하지만 다른 이들에게는 기묘하게 보이더라도 그들에게는 기묘하지 않았다. 오히려 그 자리에 있던 사람 누구도 기묘하게 느끼지 않을 정도로, 그 광경은 실로 자연스러웠다.

연대기 작가에 따르면 이때 프리드리히는 얕은 숨을 몰아쉬며 베라르도에게 "포스트 모르템 니힐post mortem nihil"이라고 말했다고 한다. "죽으면 아무것도 없다"라고 했다니 정말 그랬을지 아무래도 이상하다. 무엇보다 이렇게 기록한 연대기 작가는 이 시기, 남부 이탈리아에서 멀리 떨어진 파리에 있었으니까. 그렇지만 프리드리히라면 했을 만한 이야기라 그 연대기 작가도 이 말을 쓴 게 아닐까. 죽음의 순간에 그 자리에 있던 사람들, 유언장에도 팔레르모 대주교 베라르도를 비롯한 고관들의 이름이 이어졌고, 마지막으로 왕실 의사 조반니의 서명으로 끝나는 입회인 외에 만프레디까지 포함해 십여 명이나 되었을 동석자 누구 하나, 이 프리드리히의 마지막 말을 기록으로 남긴 사람은 없다. 게다가 그 자신, "죽으면 아무것도 없다"라고 생각했을까. 사실은 생각하지 않았을 것 같다.

죽음이 프리드리히를 찾아온 것은 2주만 지나면 쉰여섯 살이 되는 날이었다.

다음 날, 시신은 포자 왕궁으로 옮겨졌다. 황제의 유지를 세부까지 완벽하게 수행하기 위해서다.

다만 서유럽에서는 이집트와의 관계가 깊었던 고대 로마 시대조차 미라를 만드는 일은 거의 없었다. 하물며 중세는 그리스도교의 가르침에 따라 시신에는 되도록 손을 대지 않는 매장 방식을 취했다. 다만 시신이 손상되지 않을 정도의 처리는 했는데 오리엔트에서 수입해야 하는 몰약이 필수품이라 고위 사람들에게만 이루어졌다.

그 몰약을 올리브유와 섞어 시신에 바르고, 같은 용액에 담근 얇은 면포로 시신을 감싸는 처리는 고대에서도 이루어졌는데 이렇게 시신 처리를 끝내고 시신을 안치한 석관을 밀폐하면 상당한 효과를 볼 수 있었다.

포자 왕궁에서도 이런 종류의 시신 처리가 이루어진 게 분명하다. 프리드리히의 바람대로 팔레르모에 매장하려면 그 전에 소화해야 할 긴 여행이 기다리고 있었으므로.

이러한 작업이 진행되는 동안, 프리드리히의 아들 가운데 유일하게 아버지의 마지막을 지켰던 만프레디는 아버지로부터 명령받은 일을 실행에 옮겼다.

첫 번째는 황제의 죽음을 숨기지 않고 바로 공표할 것.

프리드리히는 죽으면 아무것도 없는 게 아니라 죽은 후에도 당당하게 정면 도전하는 쪽을 선택한 것이다.

두 번째는 후계 서열 1순위 상속인인 콘라트에게 황제의 죽음을 알리고 최대한 빨리 독일에서의 입지를 굳힌 다음 이탈리아로 남하해 시칠리아 왕국의 상속권을 확실히 할 것.

열여덟 살의 만프레디는 네 살 연상인 이복형제에게 보낸 서한 마지막에 다음 문장을 덧붙였다.

"법치에 대한 집요할 정도의 열정과 너무나 철저한 공정함, 한없는 지적 탐구심, 다방면에 걸친 풍부한 재능, 출생에서 온 진정한 고귀함까지, 만약 육체의 죽음으로 소멸하지 않는 게 있다면, 프리드리히는 앞으로도 우리 마음속에 영원히 살아 있을 겁니다."

황제의 시신을 시칠리아 팔레르모까지 옮겨오는 장례는 포자를 떠난 뒤로는 풀리아 지방의 항구도시를 차례로 통과해 남쪽으로 향한다. 바를레타, 트라니를 거쳐 조비나초부터는 내륙으로 들어갔다가 거기서부터 타란토로 나와 배를 타고 시칠리아로 향하는 여정이었다.

오랫동안 프리드리히를 경호해온 사라센인 보병대가 선두에 섰다. 그들에게서 조금 떨어져 짙은 붉은색 벨벳을 덮은 시신을 태운 마차가 나아간다. 바로 뒤로는 말을 탄 만프레디와 대주교 베라르도가 따랐다. 만프레디는 노령인 대주교에게 마차를 타라고 권했으나 베라르도는 거절하고 죽은 이의 시신에서 떨어지려 하지 않았다. 정부 고관들과 통과하는 도시의 시장도 말을 타고 이 둘을 따른다. 그 뒤에 기병 여섯 개 소대가 따랐고 기도문을 올리는 수도사들이 걸으면서 따르는 긴 장례 행렬이었다.

눈부신 햇살로 유명한 남부 이탈리아의 풀리아 지방이라 해도 12월 말이다. 그래도 사람들은 말발굽이 돌바닥에 부딪혀 울리는 소리와 수도사들의 낮은 기도 소리만 들리는 느린 장례 행렬을 연도에 모여 말없이 지켜보았다.

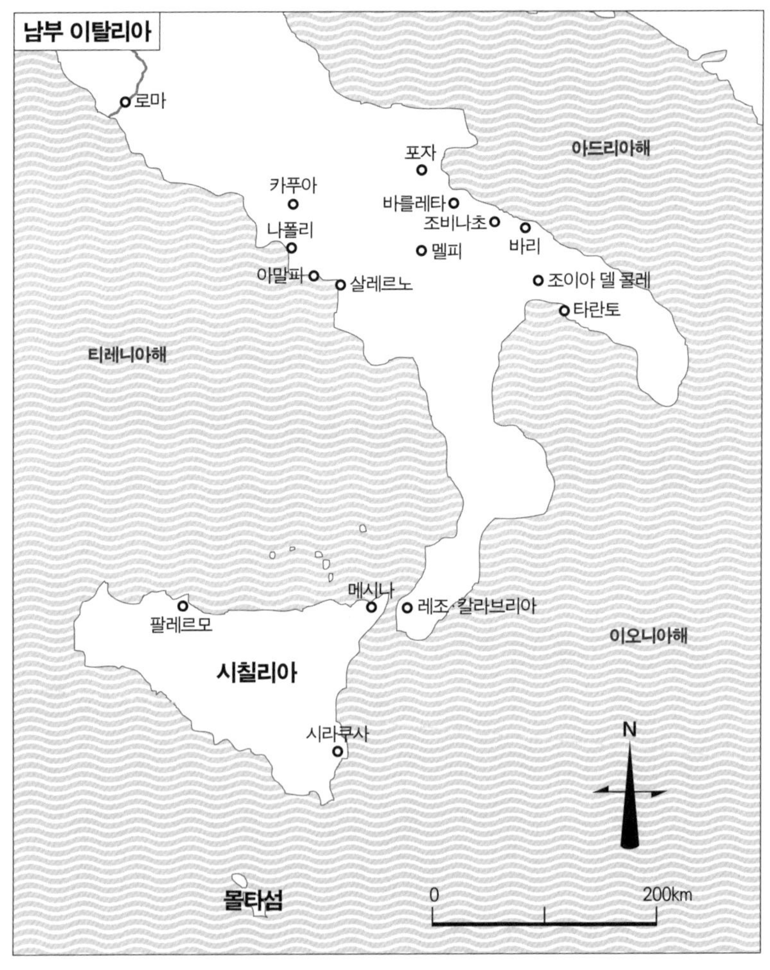

12년 전이니까 마흔네 살이던 해에 프리드리히는 체류 중인 북부 이탈리아에서 이 풀리아 사람들에게 다음과 같은 편지를 보냈다.

"황제 자리에 오른 지 오래인 내가 풀리아 사람으로 여겨지는 것은 불명예이기는커녕 명예로 생각하고 있다.

책무는 종종 내게 풀리아를 떠나도록 강요한다. 그때마다 내가 느끼는 것은 자기 집에서 멀리 떠나온 도망자의 심정과 비슷하다. 감미롭고 온화한 기후와 아낌없이 쏟아지는 햇살이 가득한 대지도 나를 따뜻하게 감싸준다. 하지만 그보다 더 풀리아를 내 집으로 여기게 하는 것은 그곳에 사는 너희들의 나에 대한 따뜻한 마음이다.

내게 불운이 찾아오면 너희들은 자기 일처럼 슬퍼해준다. 내가 성공했을 때는 너희들은 나보다 기뻐하고 환호성을 올리며 나의 귀환을 맞아준다."

2년 뒤에는 중부 이탈리아의 비테르보에서 다음과 같이 써 보냈다.

"풀리아로 돌아올 때는 왠지 어느새 걸음을 재촉하고 있다. 내 나라 안에서 돌아가기로 마음먹었을 때 이리 마음이 급해지는 곳은 풀리아뿐이다."

장례 행렬은 조비나초에서 내륙으로 들어가, 조이아 델 콜레로 향했다. 그곳으로 가는 길의 비톤토라는 마을에서 황제를 배웅한 사람 가운데 연대기 작가 마테오가 있다. 자세한 장례 행렬 모습을 적어 남긴 이 사람도 말발굽 소리와 수도사들의 나지막한 기도 소리뿐인 조용한 장례 행렬을 말없이 지켜보는 주민이 끊이지 않았다고 적고 있다. 40년 이상이나 봐온 그들의 통치자와의 마지막 이별이었다.

황제는 항구도시 바를레타의 성에서 남부 이탈리아 해안 지방 사람들의 송별을 받았는데 조이아 델 콜레 성에서는 내륙 지역 사람들의 송별을 받았다. 시신이 하룻밤 머문 성은 프리드리히가 진심으로 사랑한 유일한 여인이었던 비안카에게 선물했고, 그녀가 오래 살다 숨을 거둔 성이기도 했다.

조이아 델 콜레를 떠나서는 아무 데도 들르지 않고 타란토까지 남하한다. 타란토 항구에는 프리드리히가 키워낸 시칠리아 왕국의 해군 선박이 기다리고 있었다.

황제의 시신을 태운 배의 출항은 작은 고깃배에 이르기까지 항구에 정박해 있던 모든 배의 선원이 노를 높이 치켜든 가운데 이루어졌다. 이게 바로 프리드리히가 그토록 사랑했던 남부 이탈리아에 이별을 고하는 순간이었다.

시칠리아섬의 항구도시 메시나에 잠깐 들르는 정도로 기항했을 뿐 배는 곧장 팔레르모로 향한다. 팔레르모에 도착한 것은 다음 해 2월이다. 시칠리아 왕국의 수도인 이 팔레르모의 대성당에서 1251년 2월 25일, 엄중하면서도 장엄하게 장례가 치러졌다.

황제의 유언은 세부적인 사항까지 완벽하게 실행되었다.

하나. 수도에서 치러지는 장례식에는 고위 인사들뿐만 아니라 일반 주민들도 참례하도록 할 것.

실제로 겨울이라도 맑았던 팔레르모대성당 앞 광장은 성당에 들어가지 못한 사람들로 가득했다.

둘. 장례식은 팔레르모 대주교가 집전할 것.

대주교 베라르도는 주군이라기보다 오랜 맹우였던 사람의 장례를 아름다우면서도 엄중하게 진행했다.

셋. 관으로는 그것을 이용할 것.

그것이란 외할아버지 루제로 2세가 이집트에서 가져온 대리석을 이용해 만든 관이었다. 노르만 왕조 전성기 때의 시칠리아 왕이 주문한 것이니만큼, 적반암이라는 최고급 대리석에 조각한 것으로, 관을 지키며 서 있는 네 개의 원기둥도 같은 색 대리석으로 만들어졌다. 깊이 있는 붉은 색이 황제의 색이 된 것은 고대 로마의 하드리아누스 황제가 특히 좋아했던 색이었기 때문이다.

이 대리석 석관은 이를 주문했던 루제로 2세가 시칠리아·아랍 양식의 묘소를 선택했기 때문에 사용하지 않고 남아 있었다. 아직 십 대였던 프리드리히가 그것을 발견하고 자신은 저걸 쓰기로 마음먹은 것이다. 이는 시칠리아 사람 대다수가 알고 있었으므로 그것이라고만 해도 통했다.

그리고 이제 황제 프리드리히의 마지막 안식처가 된 '그것'은 이미 오래전 대성당에 안치된 할아버지 루제로 2세와 아버지 하인리히 6세, 어머니 콘스탄체, 그리고 하인리히의 첫 왕비였던 아라곤 왕가 출신 콘스탄체의 관과 나란히 놓이게 된다. 이것도 프리드리히가 바라는 바였다.

적반암 대리석 관에 안치된 시신은 얇은 옷감의 속옷에 두꺼운 비단을 겹친 옷으로 단장한 모습이었는데, 그 색은 모두 붉은색이었다. 고대 황제의 색은 보라색이었으나 그리스도 교회가 보라색을 상복으로 정하는 바람에 그리스도교가 강력했던 중세에 황제의 색깔은 붉은색이었다.

프리드리히도 공식 석상에서는, 제후를 소집한 '디에타'라도, 왕국의 고관들을 소집한 '콜로퀴움'이라도, 또 자신의 결혼식이라도, 항상 붉은색 옷을 착용했다. 죽음으로의 여행을 떠날 때 입은 옷도 황제는 붉은색으로 정한 것이다. 이리하여 황제 프리드리히 2세도 붉은색에 감싸여 내일이 찾아오지 않는 세계로 여행을 떠난 것이다.

9장

-

그 후

1250년 12월 13일의 황제의 죽음을 프랑스에 망명 중인 교황이 안 것은 해가 바뀐 1월도 말이 되어서였다.

로마 교황 인노켄티우스는 기쁨에 미쳐 날뛰며, 제일 먼저 프리드리히의 영토인 독일과 이탈리아 주민 전체에게 교황 서한을 보낸다.

"기뻐하라. 하늘이여, 기뻐하라. 그리고 그리스도교도라면 모두 밖으로 나와 신선한 서풍을 가슴 깊이 들이키고 새로운 날의 시작을 향해 아침 이슬로 입술을 적시자. 지금 드디어, 이제까지 우리를 내리치던 섬광이 사라지고 우리를 가두었던 폭풍우가 가버렸다."

이렇게 시작되며 반황제파의 봉기를 재촉하는 교황의 서한은 독일과 이탈리아뿐만 아니라 영국과 스페인에도 보내졌다. 서민만 봉기하면 교황의 목적을 이룰 수 없었다. 제1차 십자군이 보여주듯 자신의 병력을 거느린 왕과 제후가 일어서야 황제파 괴멸이라는 교황의 목적을 달성할 수 있다.

하지만 교황이 아무리 선동해도 유럽 각국의 왕후들은 꿈쩍하지 않았다.

불안

/

/

프리드리히는 1214년에 이미 프랑스 왕과, 요즘 말로 하면 독·불·이 불가침조약을 체결했다. 프리드리히의 영토는 독일과 이탈리아에 걸쳐 있었으므로 이는 사실상 독일 플러스 이탈리아와 프랑스가 불가침을 약속한 것이다.

협정 체결 당시 열아홉 살이었던 프리드리히에게 있어서는 독일과 이탈리아에 걸친 제국의 확립을 위해 움직이려 할 때 프랑스 왕이 적으로 돌아서지 않도록 하는 게 중요했다. 한편 마흔아홉 살이었던 프랑스 왕 필리프 오귀스트도 자국 안의 봉건 제후를 교묘하다기보다는 악질적인 방법으로 복속시키던 중이었다. 강력한 프랑스를 만드는 데 매진하던 때 신성로마제국 황제가 개입하지 않는다면 고마운 일이었다. 이 협정이 40년 가까이나 이어진 것은 양자의 이해가 일치했기 때문이다.

독일 제후들도 움직이지 않은 것은 마찬가지였다. 리옹 공의회 후에 교황이 옹립한 황제 후보는 둘 다 황제파 제후가 미는 콘라트에 패배했다. 두 번째 후보였던 네덜란드 공작 윌리엄은 프리드리히가 죽은 그날 마침

대패해 네덜란드로 도망쳐 돌아갔다.

영국과 스페인은 이미 혼인 관계로 프리드리히 측에 들어와 있었다. 게다가 이 시기 프랑스의 왕은 완패로 끝난 제7차 십자군의 사후 처리로 여전히 오리엔트에 있었다. 즉 프랑스는 왕이 없는 상태였다.

로마에서 대관한 해부터 헤아려도, 프리드리히는 무려 30년에 걸쳐 유럽 정계의 최고 자리를 지켜왔다. 그 최고가 지금 사라진 것이다. 큰 별이 떨어진 모습을 목격한 왕후들이 제일 먼저 느낀 감정은 '불안'이었다. 앞으로 누가 저 자리를 대신할 것인가, 대신할 사람은 있는가 하는 장래에 대한 불안이었다.

프리드리히가 '내 집'이라 불렀던 '시칠리아 왕국'의 제후들이 느낀 것도 장래에 대한 불안이었다.

'카푸아 헌장'에서 시작되어 '멜피 헌장'으로 열매를 맺은 프리드리히에 의한 봉건사회에서 법에 근거한 군주정 국가로의 이행이 성공한 것은 봉건 제후들이 이제까지 거느려온 영지의 유지를 프리드리히가 인정했기 때문이다.

'영지는 계속 거느려도 좋다. 다만 앞으로는 영지 안의 모든 일은 각 영주가 멋대로 결정하는 게 아니라 황제인 내가 정한 법에 근거해 정해야만 한다.' 이것이 시칠리아 왕국의 왕이었던 황제 프리드리히가 제후들에게 요구한 것이다.

그랬기 때문에 시칠리아 왕국의 제후들은 프리드리히의 개혁에 찬성했고 그가 임명하는 대로 정부 고관을 맡아 왕국 통치에 적극적으로 참여했다.

이런 상태가 30년간 이어졌다. 30년간, 그들은 프리드리히라는 우산 아래 있으며 보호를 받았다. 즉 그들의 영지는 프리드리히가 있는 한 '콘스탄티누스 대제의 기진장'을 방패로 영유권을 마음대로 휘두르는 로마 교황으로부터 보호받을 수 있었던 것이다.

그런 프리드리히가 이제 없다. 누가 그를 대신할지는 황제가 유언장에 명기했다. 하지만 후계 서열 1순위 상속인인 콘라트는 스물두 살, 그다음 서열인 엔리코는 열두 살, 콘라트가 이탈리아로 올 때까지 황제 대리로 지명된 만프레디는 열여덟 살이었다. 죽은 프리드리히를 대신할 사람이 과연 있을까 하는 불안은 사라지지 않았다.

만프레디는 아버지의 장례식이 끝나자마자 남부 이탈리아로 향했다. 군주정 유지의 가장 좋은 방법은 피통치자 앞에 통치자가 항상 모습을 드러내는 것이다. 시칠리아는 섬이었으나 당시 풀리아라 불린 남부 이탈리아는 육지였으므로 모습을 드러낼 필요가 있으면 이곳이 먼저였다. 포자 왕궁에도 가고 바를레타를 비롯한 다른 성에도 모습을 드러냈다. 그리고 이 작전은 한동안이지만 성공했다.

교황들의 집념

/

/

유럽 전체를 뒤덮은 불안 속에서 아마 유일하게, 섬광은 사라지고 폭풍우는 갔으니 밖으로 나와 서풍을 가슴 깊이 들이키고 아침 이슬로 입을 적시고 싶은 기분이었던 것은 롬바르디아 동맹의 자치도시가 집중되어 있던 북부 이탈리아였을 것이다. 유럽 각국의 왕후들이 봉기하지 않는 것에 실망한 교황 인노켄티우스는 이 북부 이탈리아에 희망을 건다. 용기를 내어 알프스를 넘는다. 이탈리아 땅을 밟은 것은 실로 7년 만이다. 로마로 향하는 교황은 그야말로 오랜만에 '밖으로 나온' 각지 교황파로부터 엄청난 환영을 받았다.

하지만 교황의 로마 귀환과 함께 북부와 중부 이탈리아가 교황파(겔프) 일색으로 바뀐 것은 아니다. 북부 이탈리아에는 에첼리노 다 로미노와 우베르토 팔라비치노라는 황제파(기벨린) 베테랑이 아직 버티고 있었다. 중부 이탈리아는 안티오키아의 페데리코가 건재했다. 그런데도 교황은 로마 귀환 후에도 프리드리히 2세가 속한 가문이라 유명한 호엔슈타우펜 가문을 괴멸시키겠다는 집념을 버리지 못했다. 게다가 그 결의를 공공연하게 드러내는 것도 서슴지 않았다. 즉 호엔슈타우펜의 피를 이어받은 인물은 누구든 운명은 정해져 있다, 그런 그들을 도우려는 자는 누구든 로마 교황의 적이 됨을 각오하라고 말하고 다녔다.

하지만 말만 해봤자 소용이 없다는 점은 교황도 리옹 공의회 이후 뼈저리게 느꼈다. 군사력으로 쓰러뜨릴 사람을 찾아낼 필요가 있었다.

하지만 프랑스 왕 루이는 오리엔트에 가 있으니 이야기가 되지 않는다. 그래서 영국 왕 헨리에게 접근한다. 동생인 콘월 공작 리처드에게 시칠리아 왕국을 줄 테니까 영국군을 이끌고 남부 이탈리아를 공격하라고 권한 것이다.

무엇보다 헨리는 여동생이 혼인을 했기 때문에 프리드리히와는 사돈지간이다. 게다가 여동생이 낳은 엔리코는 콘라트의 뒤를 잇는 상속인으로 건재했다. 그런 나라를 공격하는 것은 왕도 싫어했지만, 동생이 더 싫어해 없던 일이 되었다.

하지만 교황의 뜻은 강했다. 그러면 왕자 에드워드는 어떠냐고 나왔다. 이 이야기도 없던 일로 끝났다. 성직자의 집념이 강한 것은 유럽에서는 상식인데 그것을 여실히 보여주는 것이 이 시기에 차례로 베드로의 자리에 앉은 로마 교황들이었다.

독일에서는 콘라트가 치명적인 실수를 저질렀다. 교황파인 윌리엄이 패주했으니 이 시기 그의 지위는 탄탄했을 터이다. 소집한 제후 앞에서 아버지의 죽음을 공식적으로 알리고 아버지의 유언을 정식으로 발표하는 자리인 '디에타'는 독일을 황제파로 굳힐 좋은 기회였다.

그날 그가, 제후들 앞에서 무엇을 어떻게 이야기했는지는 모른다. 아는 사실은 스물두 살의 1순위 상속인은 봉건 제후들이 모두 품고 있던 프리드리히 사후의 불안을 일소하지 못했다는 것이다.

무슨 말을 해서 상대를 자기편으로 끌어오는 재능, 열일곱 살 무렵의 프리드리히에게는 있었던 재능을, 아들은 갖고 있지 못했던 듯하다.

독일의 봉건 제후들도 큰 별이 떨어졌다고 느낀 것은 마찬가지였다. 프리드리히의 죽음으로 그들이 품은 불안은 콘라트를 만난 뒤에도 그대로 남고 말았다. 그들은 교황에게 고개를 숙일 마음은 없었다. 하지만 장래에 대한 불안은 그대로 남고 말았다.

여기서 콘라트는 또 실수를 저지른다. 불안이란 받은 사람들 사이에 전염될 뿐만 아니라 전염시킨 사람도 전염되는 듯하다. 제후들의 차가운 반응에 그도 불안해졌는지 독일에서의 지반 굳히기에 전념하기보다 우선 이탈리아로 가기로 한 것이다. 1251년 가을이었다. 프리드리히의 죽음으로부터 아직 1년도 지나지 않은 때였다.

1252년 1월이 되어, 콘라트와 만프레디는 남부 이탈리아에서 아버지의 사후 처음으로 만났다. 아버지와 마찬가지로 콘라드는 독일에서 성장했다. 반대로 만프레디는 태어난 곳도 자란 곳도 남부 이탈리아였다. 영국인 연구자도 다음과 같이 평했다. 독일에서 자란 융통성 없고 근엄한 스물세 살과 이탈리아에서 자란 탓에 재기발랄한 열아홉 살은 성격부터가 완전 달랐다고.

겉보기에 형제의 사이는 좋았다. 아버지에 심취했던 만프레디가 형제와 사이좋게 지내며 협력하라는 아버지의 유언을 지킨 것이다.

하지만 이는 로마 교황에는 아주 위험한 신호로 보였다. 교황 인노켄티우스는 우선 콘라트에게 파문 전 단계의 벌을 내린다.

3월, 독일에서 콘라트에게 첫 아이가 태어났다. 콘라트 주니어라는 의미에서 코라딘이라 불리게 된 아들이다.

9월, 팔레르모 대주교 베라르도가 죽었다. 교황은 로마에 들어가자마자 프리드리히의 최고 충신이었던 이 대주교에게 굳이 편지를 보내 그리스도 교회로 돌아오라고 권했다. 하지만 죽은 황제가 가장 신뢰했던 사람인 베라르도는 성직자이면서도 로마 교황의 권고에 귀 기울이지 않고 답신조차 보내지 않았다. 프리드리히와 마찬가지로 파문당한 채 죽는 길을 선택한 것이다. 일흔다섯 살에 찾아온 죽음이었다.

1253년, 프리드리히의 서거로부터 2년이 지나고 3년째에 들어섰다.

콘라트는 군대를 이끌 때는 상당한 전과를 올렸다. 무인이라기보다는 문인에 가까웠던 동생 만프레디도 책임을 분담하는 차원에서 남부 이탈리아를 지키느라 분투했다. 하지만 공세로 돌아선 교황도 검을 다시 넣을 마음은 없었다.

황제파(기벨린)로 점찍힌 사람은 그것만으로 파문당했다. 베로나의 참주 에첼리노처럼 파문에 눈 하나 깜빡이지 않은 사람은 예외였고 그와 함께 북부 이탈리아의 황제파 세력을 지탱했던 우베르토 팔라비치노는 애당초 돈으로 움직이는 용병대장이었던 만큼 아주 쉽게 교황파(겔프)로 변절한다.

무엇보다 만프레디의 어머니 비안카의 친정이었던 란치아 가문까지 황제 서거 후의 '불안'에 전염되었다. 다만 가문 전체가 아니라 몇 명이었으나 교황은 그중 하나를 보란 듯이 롬바르디아 동맹의 리더인 밀라노의 '포데스타(장관)'에 임명했다.

북서부 이탈리아의 유력 영주 사보이아 백작도 불안에 전염된 사람이다. 사보이아 백작이 만프레디와의 결혼 무효를 원하자 교황은 허가했다. 그리스도교는 원래 이혼을 인정하지 않는다. 결혼식은 올렸으나 실제 결혼생활은 하지 않았다면 무효지만, 만프레디와의 사이에 딸이 있고, 그 딸은 이미 스페인 아라곤 왕의 후계자인 왕자와 약혼한 상태였다. 그래도 교황은 같은 침대를 쓰지 않았다는 이유로 이혼을 인정한 것이다.

이리하여 북부 이탈리아는 황제파(기벨린)에서 교황파(겔프)로 바뀌었다. 북부 이탈리아에서 교황파가 되지 않았던 곳은 국익을 최우선시해 두 파의 항쟁에 가담하지 않았던 베네치아공화국뿐이었다.

상황이 이렇게 되면 '불안'의 전염은 남부 이탈리아로도 퍼진다.

특히, 시칠리아 왕국 가운데서도 교황령과 인접한 왕국 북부에 영지를 지닌 유력 제후를 직접 강타했다.

카세르타 백작인 리카르도 산세베리노와 아체라 백작인 토마소 다퀴노이다.

왕국 안에서 유력 대영주였던 두 가문은 프리드리히가 작성한 '멜피 헌장'에서 각 부문을 담당하는 대신 일곱 명과 함께 왕실최고회의를 구성한 여섯 명 중 둘이었다. 카세르타 백작도 아체라 백작도 아버지 시대에는 왕국 안의 봉건 제후 대표로서 법에 근거한 군주정 국가의 건설을 목표로 한 프리드리히에게 적극적으로 협력했다.

그 아들 세대도 프리드리히는 차세대를 짊어질 간부 후보생으로 육성했고, 그 가운데서도 이 둘은 자신의 딸과 결혼시켜 황제의 사위로 만들었다. 이 둘 가운데 카세르타 백작 리카르도는 7년 전에 일어난 황제와 엔초 살해를 도모한 음모를 가장 빨리 프리드리히에게 알린 사람이었다.

죽은 황제와 이토록 인연이 깊었던 유력 제후마저 황제 사후에 유력자들을 덮친 '불안'에 전염되고 만 것이다. 교황령과 근접한 땅에 영지를 거느리고 있는 점이 시칠리아 왕국의 제후들 가운데서도 제일 먼저 전염된 요인이라고 생각한다. 스물다섯 살의 콘라트와 스물한 살의 만프레디에게서, 프리드리히를 대신할 역량을 발견하지 못했는지도 모른다.

이 둘과 결혼한 프리드리히의 딸 비오란테와 마르게리타는 남편의 변심 앞에서 아무것도 할 수 없었을 것이다. 실제로 아무것도 하지 못했다. 중세에서 강한 여자는 자기 소유의 영지, 즉 자기만의 수입원을 지닌 여자였다. 서자라도 아들들에게는 영지를 주었던 프리드리히였는데 딸들에게까지는 그럴 여유가 없었다.

그래도 카세르타 백작과 아체라 백작은 결혼 무효까지는 요청하지 않았다. 남편이 형제들을 배신하는 것을 지켜보면서 비오란테는 10년, 마르게리타는 30년이나 더 살았다. 영주라는 존재를 우선시한 남편들이었으나 아내는 아내였던 셈이다.

하지만 이 해, 프리드리히가 콘라트 다음 상속인으로 지명한 엔리코가 죽었다. 병이 들었던 듯한데, 열다섯 살의 나이에 생을 마감한 것이다. 영국 왕의 여동생이었던 세 번째 왕비가 낳은 적자라, 프리드리히도 유언장에 더 나이가 많은 만프레디를 제치고 두 번째 상속인으로 지명했다. 호엔슈타우펜 가문의 남자들이 볼로냐의 포로로 잡혀 있는 엔초를 비롯해 하나씩 퇴장하기 시작한 것이다.

콘라트의 죽음

1254년으로 해가 바뀌어도, 퇴장의 움직임은 멈추지 않았다.

5월, 며칠 동안 병을 앓은 뒤 콘라트가 죽었다. 이탈리아로 오고 2년, 몰라볼 정도로 활발한 군사 행동을 계속했는데, 말라리아에 걸려 죽었다고 한다. 이제 막 스물여섯이 되었을 때였다.

교황 측은 만프레디에 의한 독살설을 유포한다. 하지만 확실한 병명은 모른다. 교황 측은 프리드리히의 죽음조차 만프레디가 베개로 눌러 질식시켰다는 말을 퍼뜨리고 다녔을 정도니 이것도 그런 종류였을 거라고, 연구자들도 말하고 있다.

무엇보다 적자인 형이 죽으면 제일 곤란한 사람이 만프레디였다. 만프레디는 열두 살까지는 서자였다. 적자가 된 것은 어머니인 비안카가 정식 부인으로 바뀐 10년 전부터로, 중세 그리스도교 세계에서 이 차이는 아주 컸다. 특히 서자 출신의 왕을 절대 인정하지 않는 로마 교황이 적의를 드러내고 있던 이때, 만프레디에게는 콘라트를 독살해 득이 될 게 하나도 없었다.

콘라트의 사후, 만프레디는 대교황 작전을 변경했다. 강경 일변도였던 콘라트의 작전에 반해 타협 작전으로 바꾼 것이다. 적자 아들이 둘 다 죽어버린 후 만프레디의 바람은 단 하나, 남부 이탈리아와 시칠리아섬으로 이루어진 시칠리아 왕국, 프리드리히가 어머니에게 물려받은 세습 자산인 시칠리아 왕국을 물려받는 것뿐이었다. 독일도 북부 이탈리아도 필요 없다, 노르만 왕조 시대의 '시칠리아 왕국'이면 충분하다고. 그렇게만 되면 독일과 남부 이탈리아를 한 군주가 통치하는 상황을 싫어하는 로마 교황들도 반대할 이유가 없다고 본 것이다.

콘라트가 죽고 2개월 뒤, 스물두 살이 된 만프레디는 여덟 살 위인 형 안티오키아의 페데리코와 함께 교황이 체류 중인 아나니 마을을 방문했다. 교황 인노켄티우스 4세는 프리드리히의 아들 둘과의 회담에서는 확실히 말하지 않았다. 하지만 그 2개월 후인 9월, 만프레디의 파문을 공표한다.

'시칠리아 왕국'의 정통 왕은 콘라트가 남긴 아이여야 한다. 권리도 없이 시칠리아 왕국을 손에 넣은 만프레디는 그것만으로도 파문에 처할 만하다는 것이 이유였다. 그러면서도 교황은 두 살이 된 코라딘의 이탈리아행을 온갖 이유를 붙여 저지했다. 이탈리아에 있는 호엔슈타우펜의 피를 끊는 것이 최우선 사항. 그것이 교황의 생각인 점은 매우 확실했다.

하지만 그해 12월, 교황 인노켄티우스 4세가 죽는다. 그 닷새 뒤 교황 알렉산데르 4세가 취임했다. 만프레디는 이 새 교황에게 희망을 건다. 교황에 대한 접근 작전을 재개한 것이다. 아무래도 새 교황은 전 교황보다 프리드리히와 아들들에 대한 증오가 강하지 않을 것이라 판단했기 때문이다.

그런데 상황은 호전되지 않았다. 상황이 바뀌지 않은 채 1255년이 지나고 1256년으로 들어선 4월, 형 페데리코가 전사한다. 서른두 살밖에 되지 않았다. 이탈리아어로는 페데리코라는 이름이 아버지와 같아서 '안티오키아의 페데리코'로 불리는 일이 많았던 프리드리히의 이 아들은 서자라는 신분을 불만 없이 받아들이고 아버지가 살아 있을 때부터 아버지로부터 주어진 중책을 속속 해치웠다. 아버지의 사후에도 변함없이 여덟 살 아래였던 동생에게 기꺼이 협력했다. 만프레디는 스물네 살에 누구보다 든든하게 여겼던 사람을 잃었다.

시칠리아 왕 만프레디

/

/

그로부터 2년이 흐른 1258년이 되어서야 만프레디도 드디어 결정을 내린다. 아버지의 죽음으로부터 8년, 형 콘라트의 죽음으로부터도 4년이 흘러 있었다.

만프레디도 정말 고민스러웠을 것이다. 아버지의 유언장에는 제국과 함께 '시칠리아 왕국'도 콘라트가 물려받고 혹시 콘라트가 후사 없이 죽으면 계승권은 엔리코에게로, 그 엔리코도 후사 없이 죽어야 만프레디가 계승하게 되어 있었다. 콘라트도 엔리코도 죽었지만, 프리드리히의 사후 2년 뒤에 태어난 콘라트의 아들 코라딘은 여섯 살로 독일에 건재했다.

아버지의 유언을 충실하게 따르려면 타란토 공작이란 이름으로 왕국 최대 영지를 거느린 영주인 만프레디는 이 여섯 살짜리 아이가 성인이 될 때까지 섭정해야만 했다. 하지만 콘라트의 과부가 재혼하며 아들을 다른 사람에 맡겨둔 터라, 코라딘의 이탈리아행은 실현되지 못한 채 차일피일 미루어지고 있었다. 만프레디도 강력히 요구하지 않았다. 아마 그는 독일은 코라딘이, 남부 이탈리아는 자신이 다스리기를 바랐던 게 아닐까 한다. 그것은 그가 교황에 관계 개선을 요구할 때도 내걸었던 조건이기도 했다. 독일과 이탈리아를 같은 사람이 통치하지 않으므로 로마 교황도 동의하리라 생각한 것이다. 성직자란 세속인 이상으로 집념이 강하다는 것을, 단테의 표현을 빌리자면 '금발에 아름답고 용모 단정'한 스물여섯 살은 생각하지도 못했을지 모른다.

▶ 시칠리아 왕을 대관하는 만프레디

1258년 8월 10일, 스물여섯이 된 만프레디는 팔레르모대성당에서 시칠리아 왕국의 왕으로 대관식을 거행했다. 교황 알렉산데르에게 알리기는 했으나 허가까지는 요청하지 않았다.

프리드리히가 만들어낸 법치 체제의 '시칠리아 왕국'은 만족할 만한 수준으로 통치되고 있었다. 이 또한 아버지가 남긴 선물인데 남부 이탈리아와 시칠리아섬이 바다를 끼고 마주 보고 있는 북아프리카 이슬람 제국과의 관계도 여전히 양호해 만프레디는 바다 쪽 방어는 신경 쓸 필요가 없었다. 경제 측면에서도 북부 이탈리아에서 철수한 뒤로는 특별세로부터 해방되어, 왕국의 영민은 낮은 세금과 정치상 안정의 과실이기도 한 경제적 번영을 만끽하고 있었다.

대관식 2개월 뒤, 왕 만프레디는 나폴리대학의 재개를 실현했다. 전 교황 인노켄티우스의 지시로 유럽 최초의 세속인만으로 운영되는 대학 '페데리코2세대학'은 7년간 폐쇄된 채 있었던 것이다.

또 왕 만프레디는 자기 이름을 딴 항구 건설에도 착수했다. 만프레도니아라고 하는 이 항구도시는 바를레타, 트라니, 바리, 브린디시와 함께 풀리아 지방에서 바다로의 출입구로 번영한다. 이렇게 시칠리아 왕국은 아버지가 통치한 시대와 마찬가지로 이슬람 세계의 오리엔트와 그리스도교 세계의 유럽을 잇는 중계지로 존속했다.

이들 항구도시를 통과하는 것은 물자만이 아니었다. 만프레디는 이 면에서도 아버지를 따랐는지 이슬람교도든 유대교도든 사람의 왕래가 왕성했다. 카이로 술탄이 보낸 사절 역시 프리드리히 때와 마찬가지로 만프레디를 빈번히 찾아왔다. 만프레디는 고대 그리스어부터 아랍어로 번역되고 다시 히브리어로 번역된 아리스토텔레스의 저작 하나를 직접 읽고 유럽 사람들도 더 읽어야 한다는 생각에 라틴어 번역을 후원한 바 있다. 영지 규모는 노르만 왕조 시절로 돌아간 시칠리아 왕국이었으나 법에 근거

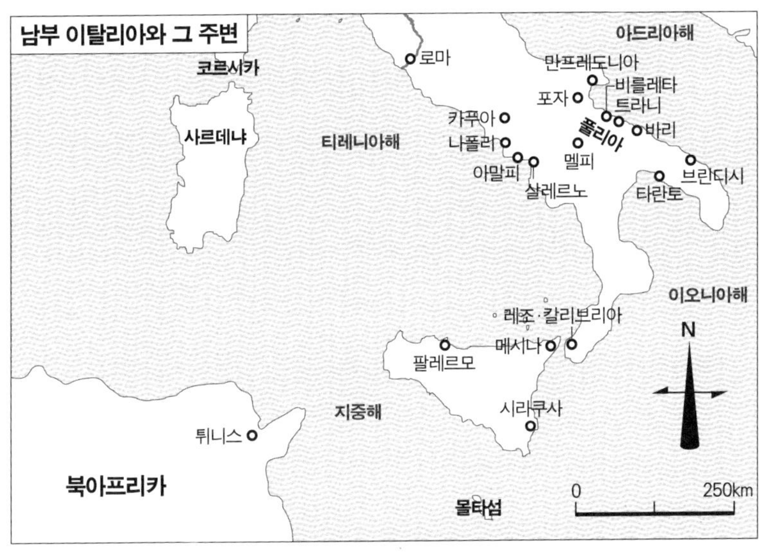

한 통치나 다른 문화와의 교류, 이교도와의 공생에서도 프리드리히 시대를 그대로 이어갔다.

만약 로마 교황들에 의한 외국 군사력 도입이 이전과 마찬가지로 실패로 끝났다면 남부 이탈리아와 시칠리아는 이후로도 만프레디의 통치 아래에서 이어졌을 것이다. 만프레디는 이탈리아인이 좋아하는 타입의 '군주(프린치페)'였으니까.

1259년, 로마 교황의 인정을 받지는 못했으나 사실상 왕의 지위를 확립한 만프레디도 스물일곱 살이 되었다. 전 교황 인노켄티우스가 무효로 선언해 사보이아 백작의 딸과는 이혼하고 그해 봄에 재혼한다. 상대는 그리스 최대 왕국 이피로스의 왕의 딸로, 이름은 헬레네였다.

그리스 여자인데 이름이 헬레네라고 하면 중세의 연대기 작가들도 '트로이의 헬레나'를 떠올려 절세의 미녀라고 생각하고 만다. 그래서 만프레디의 재혼 상대도 절세의 미녀가 되는데, 절세까지는 아니더라도 미녀였던 듯하다. 게다가 이곳저곳에 애인을 만드는 버릇만큼은 아버지에게 물려받지 않은 만프레디와 아내 사이에서는 차례차례 3남 1녀가 태어났다.

시칠리아 왕국은 만프레디 아래에서 평안했다.

독일은 콘라트의 죽음 후 5년 동안, 사실상 신성로마제국 황위가 빈 상태가 이어졌다.

프랑스는 완패로 끝난 제7차 십자군의 후유증에 시달려, 그 책임자인 왕 루이를 보는 사람들의 시선은 차가웠다. 무엇보다 왕제 아르투아 백작의 죽음뿐만 아니라 이슬람 측에 잡힌 왕을 비롯한 전원을 석방시키느라 막대한 액수의 몸값을 내는 바람에 국고는 텅텅 빈 상태였다. 가장 많은 돈을 빌려준 제노바 은행이 파산했을 정도다. 빚을 갚지 않는 것은 당시 왕들의 상습적인 수단이었다. 그런 시대에 유언장에 전액 상환을 지시한 프리드리히가 오히려 이례적이었다.

영국도 '마그나 카르타' 이후 약해진 왕권을 회복하지 못했다. 이런 유럽의 상황 속에서 시칠리아 왕국만이 다시 찾아온 봄을 구가하고 있었다.

그러나 맑은 하늘도 계속 이어지지 못했다. 2년 뒤인 1261년, 호엔슈타우펜 가문에 온건했던 교황 알렉산데르 4세가 죽는다. 다음 교황이 선출되는 데는 2개월이 걸렸다. 만프레디를 대표로 하는 호엔슈타우펜 가문을 온건하게 대할지, 강경책으로 돌아갈지를 놓고 추기경들이 분열해 있었기 때문이다. 두 달 뒤, 강경파가 승리했다. 새 교황으로 프랑스 출신의 우르바누스 4세가 선출되었다.

교황의 이름은 콘클라베에서 선출된 직후 교황이 직접 정한다. 교황의 이름이 무엇이냐에 따라 새 교황의 '시정 방침'까지 예측할 수 있다.

제1차 십자군 제창자라기보다 선동자가 바로 프랑스 출신의 우르바누스 2세였다. 1261년에 선출된 우르바누스 4세도 프랑스 출신인 데다 교황 선출 전에는 예루살렘 총주교(파트리아르카) 자리에 있었다. 예루살렘 총주교라고 하면 대대로 외교 교섭만으로 예루살렘을 이슬람교도 술탄에게서 되찾아왔다는 이유로 반프리드리히에 섰던 대표자다. 예루살렘이 그리스도교도에게 돌아왔음에도 예루살렘에 발을 들여놓지 않고 아코 총주교 관저에 머물렀던 사람들이기도 하다.

반황제에 열정을 불태웠던 사람이 교황에 선출되어 로마로 돌아온 것이다. 게다가 프랑스인이었다. 파문에 처하는 것 정도로는 황제파(기벨린)가 쓰러지지 않는다는 사실도 알고 있다. 이 교황이 전임자들보다 더 적극적으로 프랑스 왕에 접근한 것도 당연했다.

프랑스 왕의 변심

/

/

프랑스 왕 루이 9세가 왜 이 시기에 아버지 필리프 오귀스트 이후의 불개입 방침을 깼는가. 왜 프리드리히의 죽음으로부터 13년이나 지난 1263년이 되어 로마 교황에 의한 호엔슈타우펜 괴멸 작전에 합류했는가.

첫 번째 이유는 제7차 십자군의 실패 이후 루이의 입장이 약해진 데 있다. 그런 루이에게는 동생 하나에게 군대를 줘서 시칠리아 왕국을 공격하라는 교황의 권유를 전처럼 단호하게 거절할 힘이 없었다. 무엇보다 자기만의 영토를 가지고 싶다는 동생 샤를의 바람을 거부할 수 없었다. 리옹 공의회 후에는 분명히 거부했으나 제7차 십자군 실패 뒤로는 거부할 수 없게 된 것이다.

두 번째 이유는 루이 자신의 십자군 원정에 관한 일관된 생각이었다. 마흔여덟 살이 된 왕 루이의 머릿속에는 13년 전의 제7차 십자군에서 맛본 설욕을 갚고자 하는 생각밖에 없었다. 신앙심 깊은 루이는 자신이 이 세상에 있는 것은 성지를 해방하라는 신의 뜻을 실현하는 것임을 믿어 의심치 않았다.

마흔여덟이 되어도 그렇게 생각하는 형을, 형보다 더 현실적인 동생이 설득하는 일은 어렵지 않았다. 동생은 시칠리아 왕국이 자기 것이 되면 원정이 쉬워진다고 형을 설득했다. 서른일곱 살이 된 왕제 샤를은 앙주 가문의 샤를이라고 불리는데, 앙주 백작령은 결혼한 아내의 영지로 그는 데릴사위에 불과했다. 즉 법적으로 확실한 영지가 없는 왕자였다.

로마 교황 우르바누스 4세도 왕제 샤를에게 적극적으로 힘을 빌려준다. 루이의 설득에는 만프레디의 출신을 들이댔다. 그는 서출이므로 왕으로는 '잡종'이라며 비천한 출신의 '어둠의 군왕'에게 그리스도교도의 통치를 맡길 수 없다고 설득한 것이다.

루이 9세에게도 아이는 많았으나 전부 왕비 마르그리트가 낳은 아이였다. 애인과는 연이 없이 살아온 루이의 입장에서 적자는 태어날 때부터 적자여야 했다. 만프레디처럼 애인이 낳아 열두 살이 될 때까지 서자였던 아이는 평생 서자이며 'bastardo(잡종)'였다.

요컨대 이 한 가지, 만프레디가 '잡종'이라는 이 한 가지가 오랫동안 망설여온 루이에게 결정적인 한 걸음을 내딛게 한다. 열두 살에 왕위에 오른 루이는 프리드리히와의 불가침조약이 얼마나 고마운 일이었는지 잘 알았다. 그런 그에게 오랫동안 유지해온 노선을 깨는, 정신적인 변명을 준 것이다.

물론 루이에게는 대패로 끝난 십자군에 의한 재정 적자로, 동생에게 건넬 여유 군자금까지는 없었다. 그것도 로마 교황이 마련한다. 교황은 피렌체의 금융업자를 설득해 25만의 작은 금화, 금괴로 치면 9백 킬로그램을 샤를에게 융자해주게 한다.

이렇게 자금 면의 걱정도 해결한 루이가 동생 샤를의 시칠리아 왕국 정복에 출발 신호를 내렸을 때는 프리드리히가 죽은 해로부터 13년이 지나 있었다. 1263년도 말이 된 뒤였다.

사정이 이러면 되도록 빨리 실행할 필요가 있다. 다음 해 1264년 5월에는 프랑스군의 선발대가 로마에 도착했고 7월에는 제1군이 로마에 도착했다.

10월, 교황 우르바누스 4세가 죽었다. 프랑스인 교황은 이미 그 전에 프랑스 출신 추기경을 여럿 임명해 놓았기 때문에 새 교황을 선출하는 추기경 회의(콘클라베)는 프랑스 출신이 다수를 차지하고 있었다. 당연히 선출된 새 교황도 프랑스인 클레멘스 4세였다. 만프레디 타도 움직임은 비탈길을 내려가기 시작하며 빨라졌다.

이때보다 250년 뒤 르네상스 시대 사람인 니콜로 마키아벨리는 종교와 정치는 분리되어야 한다고 주장하는《군주론》과《정치론》을 써서 지금까지 고전으로 인정받는 정치사상가인데, 그는 저서에 이렇게 썼다.

"로마에 본거지를 둔 그리스도 교회가 이탈리아에 해를 끼친 것은 자신의 문제를 해결할 만한 군사력을 거느리지 못한 로마 교황이 다른 나라의 군사력을 끌어들일 힘은 지니고 있었다는 점에 있다. 이탈리아 내부 문제를 해결하기 위해, 이처럼 항상 다른 나라의 왕에 의존해온 역대 로마 교황 덕분이다. 이탈리아는 외국 세력의 침략에 오랫동안, 그것도 되풀이해 고통받게 된다."

이렇게 쓴 마키아벨리의 저작은 로마 교황청으로부터 금서 처분을 받는데 로마 교황청 같은 것은 스위스에라도 옮겨 가는 게 이탈리아를 위해서는 좋은 일이라고도 썼으니까 저작이 금서로 지정되어 관료로서의 출세가 좌절되는 정도로 끝난 게 그나마 다행이다.

하지만 이렇게 생각한 사람이 마키아벨리 하나만은 아니다. 마키아벨리와 같은 시대 사람인 귀차르디니는 죽기 전에 보고 싶은 세 가지 가운데 첫 번째로 정치에 개입하지 않는 성직자들을 꼽았다.

그러나 프리드리히도 만프레디도 그들보다 250년 전에 살았다. 서출이든 잡종이든 실력만 있으면 왕위를 노릴 수 있었던 르네상스 시대보다 250년이나 앞서 산 것이다. 그리고 만프레디의 예는 로마 교황이 다른 나라의 군사력을 이탈리아로 끌어들인 최초의 예가 된다.

왕제 샤를

/

/

프랑스군이 연달아 로마에 도착한 1264년도 끝나고, 다음 해 1265년 5월이 되어 왕제 샤를이 교황의 대대적인 환영을 받으며 로마에 도착한다.

6월, 바티칸의 성베드로대성당에서는 로마 교황이 샤를에게 시칠리아 왕국의 통치권을 수여하는 식이 거행되었다.

당시는 아직 180년 뒤에 가짜로 판명되는 '콘스탄티누스 대제의 기진장'이 진짜라고 믿었던 시대임을 잊지 말길 바란다. 대제가 기증했으므로 유럽 전역의 진정한 영유권은 로마 교황에 있다고 믿어지던 시대로, 교황은 이때도 샤를에게 시칠리아 왕국의 '통치권을 위탁'한 것이다.

여기에 줄곧 반대한 것이 황제 프리드리히였는데 샤를은 이런 종류의 이데올로기 논쟁에는 관심이 없었다. 더부살이 중인 그의 급선무는 자기만의 왕국을 획득하는 것이었으므로 영유권이 아닌 통치권의 수여라 하더라도 문제 삼지 않고 받아들인 것이다. 교황 앞에 무릎을 꿇은 샤를은 "로마 교황의 신하로서 교황령의 일부인 시칠리아 왕국을 다스리겠다"라고 맹세했다.

다만 이때 거행된 식은 공식적인 것은 아니었다. 정식 대관식은 프랑스에서 마지막 부대가 로마에 도착한 다음에 하기로 했기 때문이다.

술수를 부리는 자는 늘 의심이 많은 법이다. 교황이 보기에는 왕국의 통치권은 주었으나 어디까지나 정략적인 방책이라 생각했을 것이다. 실제로 정식 대관식은 프랑스군 전원이 로마에 입성한 다음 해 1266년 1월이 되어서야 이루어졌다.

로마 바티칸, 즉 그곳을 본거지로 하는 교황 권력의 상징인 성베드로대성당에서 치러진 대관식은 이전까지는 신성로마제국 황제만이 누릴 수 있는 특전이었다. 황제보다 하위인 왕에게 특전이 주어진 것은 이때가 처음이었다. 로마 교황 측은 그저 다른 나라를 침략하러 가는 샤를 왕제의 군대에 대의명분을 주기 위해 이전의 관례까지 깬 것이다.

그동안 만프레디는 뭘 하고 있었을까.

남부 이탈리아와 시칠리아섬으로 이루어진 시칠리아 왕국의 왕으로 있었다. 왕으로서 통치하고 있었다. 아버지의 죽음 이후 16년째를 맞고 있었다. 그리고 이제부터 모든 불상사가 차례로 일어난다. 열여덟이었던 그도 서른네 살이 되어 왕으로 성장했다. 빅토리아 소실 때 잃어버렸던 아버지의 매사냥 저작도 그가 다시 편집하고 아름다운 삽화를 넣어 완성했다. 매사냥이라면 전문가라 할 수 있는 만프레디가 감수했으므로 구성이나 언어 선택 모두 충분히 믿음직한 작품이 되었다. 문장을 보면 죽은 아버지에 바치는 선물임을 알 수 있다.

그런데 금발에 용모 단정한 서른네 살이 아버지 프리드리히와 다른 점이 두 가지 있었다.

첫 번째는 프리드리히라면 아무리 위기에 직면해도 절대 포기하지 않고, 불굴의 정신으로 만회할 방법을 찾았는데, 만프레디에게는 그 정도의 끈기는 없었다.

그가 방법을 궁리했다면 황제파(기벨린)에서는 멀어졌으나 교황파(겔프)로는 붙지 않은 옛 황제파 제후를 되돌릴 수 있었다.

프리드리히에게는 있었던 '악의', 곧 철저히 임했다면 오히려 다른 이를 위한 일이 되었을 '악의'가 그에게는 없었다.

두 번째는 그다지 원하지도 않았는데 손에 넣은 왕국의 왕이 된 만프레디는 온갖 수단을 이용해 자신의 왕국을 얻으려는 샤를의 마음을 몰랐다. 상상하지 못하면 경시하기 마련이다.

왕으로서는 나무랄 데 없었던 만프레디가 경시한 것에는 교황청도 있다. 교황청의 입장에서 생전 무슨 짓을 해도 쓰러뜨릴 수 없었던 프리드리히의 사후 16년째에 마침내 찾은 실효성 있는 말이 샤를이었다.

샤를과 교황이 결탁해 남부 이탈리아로 침공하는 1266년이 프리드리히 사후에 일어난 진정한 위기라는 자각이 만프레디에게 없었던 게 아닐까 한다.

1266년 1월 6일, 로마의 성베드로대성당에서 샤를 당주(앙주의 샤를)는 교황 클레멘스 4세에 의해 정식으로 시칠리아 왕의 통치권을 받았다.

1월 20일, 2만 5천으로 구성된 프랑스군이 남하를 시작한다. 라티나 가도를 통해 카푸아로 향했다.

2월 10일, 카푸아가 샤를 앞에 성문을 연다. 이것이 샤를에 의한 시칠리아 왕국 침공의 첫걸음이 된다.

만프레디도 반격에 나섰다. 이쪽도 절대적인 충성을 맹세하는 루체라의 사라센인 병사 7천을 더해 총 2만을 넘긴 군대였다. 그 군대를 이끌고 남하해오는 프랑스군을 왕국의 북쪽 변경 어딘가에서 맞서 싸울 생각이었다. 즉 적의 출격을 기다리지 않고 자신이 먼저 선수를 치는 쪽을 선택한 것이다.

2월 26일, 양군은 아피아 가도를 통과하는 베네벤토 근처 평원에서 맞붙었다.

만프레디의 죽음

/

/

1266년 2월 26일에 벌어진 '베네벤토 전투'라는 이름으로 알려진 전투는 역사적으로는 중요할지 모르나 전투로서는 특필할 만한 가치가 없는 전투다. 군대 규모로는 프랑스군이 조금 우세거나 호각이었음에도 군대를 이끄는 사령관은 양쪽 다 명장과는 거리가 멀었다.

서른네 살의 만프레디는 작은 전투 정도는 경험해본 적 있으나, 본격적인 회전 경험은 없었다. 마흔 살의 샤를도 제7차 십자군에 참전해 전투 경험은 있었으나 십자군 역사상 최고의 대패를 맛보았으니 경험이라고 해봤자 패전 경험뿐이다. 이후에도 샤를은 유능한 사령관임을 입증한 바 없다.

전략 전술에 뛰어난 명장이 이끌지 않는 전투는 혼전이 되기 쉽다. '베네벤토 전투'도 전투가 시작되자마자 혼전이 되었다. 맹목적으로 적진에 돌진할 뿐인 전투였다. 그래도 패색은 만프레디 쪽에 감돌기 시작했다.

열세로 돌아섰을 때 사령관이 택할 선택지는 두 가지다. 둘 다 율리우스 카이사르가 선택해 성공한 방법이다.

첫째는 스스로 말을 몰아 전선으로 나가서 두려움에 도망치기 시작하는 아군 병사들을 질책하고 격려해 하나로 모아서 바로 반격에 나서는 방법이다.

둘째는 스스로 말을 달려 병사들을 질책하고 격려하는 것까지는 같으나, 그로 인해 모은 병사들을 이끌고 퇴각해 다음을 기약하는 방법이다.

첫 번째 방법을 택하지는 못할지라도 두 번째 방법이라면 만프레디도 충분히 가능했다. 여기서 승리한다 해도 샤를은 앞으로 적국에서 싸워야 한다. 그 '적국'이란 만프레디의 아버지 프리드리히가 베푼 선정에 만족하며 살아가는 백성이 있는 남부 이탈리아다. 그러므로 자국 영토 깊숙이 끌어들인 다음 군량 보급에 문제가 생긴 적을 쓰러뜨리는 일은 충분히 가능했다.

그런데 만프레디는 그 둘 중 어느 것도 택하지 않았다. 기병의 선두에 서서 적진으로 돌진한 것이다. 그런 그를 보고 아군이 다시 마음을 다잡고 사령관을 따라 적진에 돌격하기를 기대했을지 모른다. 하지만 이 방법으로 알렉산더 대왕이 승리한 것은 수하 병사들이 대왕의 이 방법에 익숙했기 때문이다.

중세 시대 전투에서는 승리한 쪽의 병사는 죽은 적병의 갑옷부터 무기, 속옷까지 벗기고 나체로 방치하는 게 상례였다. 빼앗은 물건을 팔면 그들의 수입이 되기 때문이다.

만프레디의 생사는 전투가 끝난 뒤에도 확인할 수 없었다. 그날 밤 샤를이 교황에 보낸 편지에도 만프레디의 생사는 아직 확인하지 못했다고 적혀 있다.

그러나 '금발에 용모 단정함'이 발목을 잡았다. 겹겹이 쌓인 시체들 속에 다른 시신이 있음을 발견한 병사의 보고로 생전의 만프레디를 아는 사람이 호출되었다. 그 사람은 란치아 가문 가운데 교황파로 변절한 남자로, 만프레디에게는 백부에 해당하는 사람이었다. 이리하여 비로소 만프레디의 죽음이 확인되었다.

확인을 끝내고도 시신은 그대로 방치되었다. 만프레디는 교황에 의해 파문되었다. 가톨릭교회는 파문당한 사람에게 묘를 쓰는 일을 허락하지 않았다.

하지만 프랑스 병사들은 함께 싸우는 자들만의 정을 느꼈다. 게다가 용감하게 싸운 뒤 쓰러진 적의 총대장이다. 그들은 방치된 적장의 나체 위에 저마다 돌을 쌓아 묘를 만들어주었다.

단 한 번의 전투로 노르만의, 그 뒤를 이은 호엔슈타우펜의, 시칠리아 왕국은 붕괴되었다.

그로부터 5일 뒤, 트라니 항구를 통해 친정인 그리스로 도망치려던 왕비 헬레네와 아이들 넷이 승선 직전에 붙잡혀 그대로 라고페솔레 성으로 호송된다. 내륙에 있는 성이라 바다와 멀었기 때문이다.

생전의 만프레디가 그 어디보다 사랑했다는 작은 호수에 면한 아름다운 성은 아주 잠깐의 유폐 장소에 불과했다. 이들 모자는 곧 각기 떨어져 왕비는 다시 내륙의 노체라 성으로 옮겨진다. 왕비는 5년 뒤에 이 유폐 장소에서 죽는다.

아직 어린 딸 하나와 아들 셋도 헤어진다. 딸 베아트리체만은 나폴리로 보내져 샤를의 거처 일각에 유폐되었는데 18년 뒤에 석방되어 이복언니가 결혼한 아라곤 가문의 스페인으로 간다. 그곳에서 운이 좋았는지 이탈리아 귀족과 결혼해 3남 1녀를 낳고 평온한 결혼 생활을 보낸다.

그러나 아들 셋은 카스텔 델 몬테로 끌려가 그곳에서 오랜 유폐 생활을 견뎌야 했다. 그 아름다운 세계 유산은 어린 나이에 포로가 된 만프레디의 아들들을 30년 이상 가둔 장소이기도 했다. 넓은 평야 가운데 우뚝 솟은 성이라 유폐 장소로도 적합했을 것이다.

30년 뒤에 유폐 장소가 나폴리로 바뀌었으나 이동 중에 탈출에 성공해 영국으로 도망친 한 명을 제외하고 두 왕자는 나폴리에서 20년을 더 유폐되었다가 죽음을 맞는다. 시칠리아 왕국의 왕이 된 샤를에게는 만프레디의 피를 물려받은 자를 자유롭게 해줄 마음이 없었을 것이다.

베네벤토 전투에서 2년이 지난 1268년, 만프레디의 피를 물려받지는 않았어도 콘라트가 남긴 아들이므로 호엔슈타우펜의 피를 이어받은 코라딘이 독일 황제파 제후들에 떠밀리듯 이탈리아로 남하해왔다. 놀란 교황은 재빨리 코라딘을 파문하고 샤를에게도 어떻게 좀 하라는 편지를 보낸다. 어떻게든 해야 했던 것은 샤를도 마찬가지였다. 남부 이탈리아의 제압을 중단하고 군대를 이끌고 북상했다.

독일과 이탈리아 황제파(기벨린)의 유일한 희망이었으니까 병력은 꽤 모아 보내주었을 테지만, 전투 경험이 전혀 없는 열여섯 살이 상대였으므로 샤를도 쉽게 쓰러뜨릴 수 있었다.

1268년 8월 23일, 로마 동쪽에 있는 티볼리보다 더 동쪽인 탈리아코초에서 벌어진 전투는 샤를의 승리로 끝났다. 도망친 코라딘은 붙잡혀 곧장 나폴리로 연행된다. 그리고 전투에서 두 달밖에 지나지 않은 10월 29일, 나폴리 중앙 광장에서 참수당한다.

전쟁을 시작했다는 이유만으로 사형되지 않는다는 조항은 고대 로마법에도 이미 기록되어 있다. 하지만 샤를과 로마 교황은 로마법 같은 건 몰랐다. 혈통을 끊는 게 더 중요했다. 열여섯 살 소년에게 죄가 있다면 프리드리히의 피를 물려받은 손자였다는 것뿐이다.

2년 뒤인 1270년, 프랑스 왕 루이 9세는 숙제였던 십자군 원정을 다시 떠난다. 제8차가 되는 이 십자군에는 샤를도 참가했는데, 그리스도교도가 성지라 부르는 팔레스티나에도, 중근동 이슬람 세력의 중심인 이집트에도 가지 못하고 튀니지아에 상륙한 것으로 끝나버렸다. 왕 루이가 상륙은 했으나 병에 걸려 죽는 바람에 그대로 유턴해 돌아올 수밖에 없었기 때문이다.

그런데도 가톨릭교회는 루이를 27년 뒤에 성인으로 추대했다. 그리스도교에서는 결과보다 동기가 중요하다는 것이다. 이것이 원정에 성공한 프리드리히는 이단으로 규탄당하고 두 번이나 실패한 루이는 성인이라는 명예를 얻은 이유였다.

1272년, 유폐되어 있던 볼로냐에서 만프레디의 이복형인 엔초가 죽었다.

1년 뒤인 1273년, 과거 프리드리히의 충신이었으며 콘라트도 모셨던 합스부르크 가문의 루돌프가 신성로마제국 황제로 선출된다. 프리드리히 이후 계속된 황제 공위 시대가 20년 만에 드디어 끝난 것이다. 하지만 이 사람도 로마에서의 대관식을 올리지 못하고 죽는다.

로마 교황들의, 강력한 황제 알레르기는 프리드리히가 죽은 다음에도 오래 남아 있었다는 이야기다.

열여섯 살 소년의 목을 베면서까지 자신의 왕국 획득에 힘쓴 샤를도 그로부터 14년이 지난 1282년에 통렬한 보복을 당한다. 여기에는 한 남자의 집념과 한 여자의 기개가 작용했다.

남자는 프리드리히의 마지막을 지키고 황제의 유언장에도 측근으로 서명한 왕실 의사 조반니 다 프로치다이다.

여자는 스페인 아라곤 왕가로 시집간 만프레디의 장녀 콘스탄체였다.

시칠리아의 만종

/

/

코라딘이 참수된 다음, 샤를은 맹렬하게 황제파(기벨린) 토벌에 나서, 시칠리아 왕국 안의 황제파는 스페인으로 도망치기에 이른다. 아라곤 왕의 아내가 된 콘스탄체의 궁정이 이런 사람들의 피난처가 되었다. 군중 틈에서 코라딘의 처형을 지켜보았던 의사 조반니도 그런 사람 가운데 하나였다. 이 의사는 황제 사후 만프레디 곁에 있었고 그의 죽음 뒤에는 코라딘 밑에서 일한 황제파(기벨린)였다.

의사 조반니에게 모든 이야기를 전해 들은 왕비 콘스탄체는 남편인 왕을 설득하기 시작한다. 의사가 생각한 복수에 성공하려면 왕의 명령에 따라 하나가 되어 움직이는 군대가 꼭 필요했다. 동시에 아무리 프랑스인의 고압적인 지배에 불만이 크더라도 민중을 설득하고 그들이 봉기를 위해 조직될 시간도 필요했다. 이 모든 준비가 완료되는 데 14년이 필요했다. 집념 그 자체였다. 이 봉기 계획은 세부적인 사항까지 의사 조반니와 란치아 가문 중 황제파에 남은 코라도와 만프레디 밑에서 해군 제독을 지냈던 라우리아가 짰다.

1282년 부활절은 3월 31일에 찾아왔다. 그날의 만종이 봉기의 신호였다. 이미 바다에는 며칠 전에 바르셀로나를 떠난 스페인의 군 선단이 모습을 드러내고 있었다. 육지에서의 봉기에 호응해 바다에서의 상륙이 계획된 것이다.

모든 교회에서 일제히 만종이 울려 퍼지는 가운데 "프랑스 병사를 죽여라!"라고 소리치는 사람들이 그 구호를 착실히 실행에 옮겼다. 전투라기보다 학살이었다. 시칠리아 사람들의 가슴속에는 프랑스를 증오하는 마음이 가득했던 것이었다. 상륙한 스페인 병사들도 프로인 만큼 더 높은 확률로 죽여나갔다. 고작 하룻밤 사이에 시칠리아섬 전역에서 프랑스 세력이 일소되었다.

나폴리에서 그 소식을 들은 샤를이 급히 군을 파견했지만 이미 늦었다. 주위가 바다인 시칠리아에는 강력한 해군을 보내지 않는 한 상륙조차 힘들었다. 그리고 해군력은 만프레디 시대에 살아남은 군대와 스페인 연합군 쪽이 더 강력했다.

그야말로 하룻밤 사이에 샤를은 남부 이탈리아와 시칠리아섬으로 이루어진 '시칠리아 왕국'의 반을 잃은 것이다. 나폴리를 수도로 하고 시칠리아섬은 세금을 징수하는 곳으로만 여겼던 샤를의 통치가 실패했다는 말이기도 했다.

프랑스인 왕을 쫓아낸 뒤의 시칠리아 통치자로는 아라곤 왕비 콘스탄체가 취임한다. 만프레디의 딸이 돌아온 것이다.

이때의 봉기는 6백 년 뒤 주세페 베르디에 의해 오페라로 만들어진다. 〈I Vespri siciliani(시칠리아의 만종)〉라는 제목의 작품이다. 주인공이 바리톤인 것은 프리드리히의 왕실 의사였던 조반니가 주인공이기 때문이다.

하지만 1282년 '시칠리아의 만종'은 메시나 해협을 건너 본토 남부 이탈리아까지는 울려 퍼지지 못했다. 그러므로 샤를은 본토인 남부 이탈리아에서는 여전히 왕이었다. 카스텔 델 몬테에 유폐된 만프레디의 아들 셋과 나폴리에 억류된 딸의 운명도 변함없었다.

그래도 샤를에게 '만종'은 틀림없는 타격이었던 듯, 3년 뒤 분노에 치를 떨며 죽었다고 한다. 당연하다. 이 시대의 시칠리아는 바람 좋고 햇살 가득한 따뜻한 기후에 문화의 향기가 가득했을 뿐만 아니라 이슬람 나라들과의 교류도 활발해 유복한 데다 세금을 많이 받을 수 있는 토지도 있었으니까. 프리드리히의 거듭된 군사 행동을 자금 면에서 지탱한 것도 이 시칠리아였다.

'시칠리아의 만종'으로부터 9년이 지난 1291년, 마지막 보루였던 아코가 함락됨으로써 시리아 팔레스티나 땅에 2백 년간 이어져온 십자군 국가가 붕괴한다. 이슬람교도의 숙원이었던 마지막 그리스도교도 한 사람까지 지중해에 처넣겠다는 바람이 2백 년 뒤에 실현된 것이다. 그리고 이는 제1차 이후 십자군 원정의 깃발을 들었던 로마 교황의 권위 추락으로 이어졌다.

기존 권위의 실추는 새로운 시대의 개막이기도 하다.

십자군 정신이 결정적으로 쇠퇴한 것은 아코의 함락 때문인데, 새로운 시대의 도래는 승리한 이슬람보다 패배한 그리스도교 쪽에 찾아왔으니까 불가사의한 일이다. 아니, 불가사의할 것도 없을지 모른다. '불안'에서는 아무것도 생기지 않지만, '위기'에서는 생기니까. 위기의 어원인 라틴어 'crisis'에는 '소생'이라는 의미도 있으니까. 다만 그 기회는 위기를 자각한 사람에게만 온다.

1298년, 중부 이탈리아의 아시시에서는 화가 조토가 성 프란체스코의 생애를 그림으로 이야기한 프레스코 벽화 제작을 시작했다.

같은 시기, 피렌체에서는 프리드리히의 죽음 15년 뒤에 태어난 단테가 한창 저작 활동 중이었다.

르네상스의 방문을 알리는 여명이 지평선을 붉게 물들이기 시작한 것이다.

황제 프리드리히 2세가 죽은 해로부터 48년밖에 지나지 않은 때였다.

종언의 땅

/

/

프리드리히가 숨을 거둔 카스텔 피오렌티노를 방문한 것은 한여름이었다. 청명한 날씨는커녕 이글대는 태양이 가차 없이 내리쬐는 날이었다. 피서 겸 풀리아 지방을 찾은 것인데 그가 죽은 겨울이 아니라 여름에 찾아간 것이다.

주변 일대는 보리밭이 펼쳐져 있었고 그 가운데 살짝 높이 솟은 언덕이 바로 카스텔 피오렌티노다. 그가 살았던 시대는 수렵용 성과 작은 교회, 낮 동안 밭일을 하던 농민이 만종 소리와 함께 돌아갈 집이 있던 마을이었다. 8백 년 가까이 지난 지금은 아무것도 남아 있지 않다. 오랜 비바람과 인간의 약탈로 인해 폐허로 변했기 때문이다.

그 폐허로 오르는 길도 포장은커녕 사람이 밟아 다져진 흔적조차 없어서 지프 타입의 차로 올 걸 하고 후회했다.

언덕을 다 올라봤자 유적의 이름값을 하는 것은 하나도 없다. 그곳에서 보이는 평야에도, 한여름인 까닭에 인적조차 없고 저 멀리 달리는 차도 없다. 그야말로 허탈해질 정도로 아무것도 남아 있지 않았다.

과거에는 존재했을 마을 입구에는 후대에 만들어진 듯한 철제문이 반쯤 열린 채 남아 있었는데 그것도 완전히 녹슬어 벌겋게 변해 있었다. 그 문을 통과해 안으로 들어가도 시든 풀이 이어질 뿐 남유럽의 태양은 여름철 풀과 강자가 꾸었던 꿈의 흔적 같은 감상조차 허락하지 않았다. 불을 붙이면 순식간에 불타오르겠구나. 그런 즉물적인 상상만 들었다.

그래도 360도 사방의 전망이 보이는 이 언덕의 가장 높은 곳에는 2000년 12월 13일에, 서거 750년을 기념해 세워졌다는 팔각형 기둥이 세워져 있었다. 팔각형으로 할 수 있는 것은 죄다 팔각형으로 지은 카스텔 델 몬테를 모방한 게 분명하다.

이 팔각기둥에는 이거야말로 황제 프리드리히의 묘비라고 말하고 싶었던 듯, 라틴어로 다음과 같이 새겨놓았다.

FRIDERICVS DEI GRATIA ROMANORVM IMPERATOR ET SEMPER AVGVSTVS

REX IERVSALEM ET SICILIE DVX SVEVIAE

26-XII-1194 IESI 13-XII-1250 FIORENTINO

"프리데릭스, 신의 은총으로 로마제국 황제, 항상 아우구스투스, 예루살렘과 시칠리아의 왕, 스베비아(슈바벤)의 공작

1194년 12월 26일 예시 출생, 1250년 12월 13일 피오렌티노에서 사망"

슈바벤 지방은 호엔슈타우펜 가문의 출생지로, 그 뒤로 이어지는 문자를

제외하면 프리드리히가 항상 공문서 처음에 기록했던 그의 호칭이었다.

▶ 프리드리히를 기념하는 팔각형 석비

이 팔각기둥의 나머지 삼면에는 베네딕트회 수도사이자 영국 출신의 연대기 작가인 매슈 파리스Matthew Paris의 연대기 속 문장이 새겨져 있다.

삼면이니까 한 면에는 이 연대기의 원문인 라틴어. 다른 한 면에는 그것을 독일어로 번역한 것. 마지막 한 면에는 이탈리아어 번역 순서로 이루어졌다.

이름만 해도 라틴어로 읽으면 '프리데릭스' 혹은 '프레데릭스', 독일어로는 '프리드리히', 이탈리아어로는 '페데리코'이니까 세 개의 언어로 기록하는 것도 당연하다.

1220년에 태어나 1259년에 죽은 이 수도사는 프리드리히와 같은 시대에 살았던 사람이나 황제와는 한 번도 만난 적 없다. 하지만 당시 유럽 정계의 중심인물로 살았던 프리드리히의 죽음을 알고 그해 서른이었던 영국인 수도사는 다음과 같이 기록했다.

"이해, 황제 프리드리히가 죽었다. 세속 군주 가운데 가장 위대한 통치자로 세계의 경이를 모았고 여러 면에서 멋지고 새로운 업적을 이룩한 개혁가였다."

'STVPOR MVNDI(세계의 경이)'가 이후 프리드리히의 대명사가 된다. 유럽의 교양인에게 '스투포르 문디'라고만 하면 누구를 가리키는지 안다. 지금도 여전히 이 말을 주제목으로 하고, 황제 프리드리히 2세의 생애를 부제목으로 한 책도 적지 않다.

폐허에는 잠시 앉아 쉴 곳조차 없었다. 딱 한 그루, 하늘 높이 뻗은 나무 아래에 그냥 주저앉을 수밖에 없었다.

보이는 게 전혀 없더라도 생각은 할 수 있다.

황제 프리드리히 2세는 그를 전문적으로 연구한 몇 명이 말했듯 역사상 패배자였다.

그 자신은 황제인 채 죽었으나 그의 자손은 호엔슈타우펜 공작조차 되지 못했으므로, 가계의 존속이 가문의 가장에게 있어 가장 중요한 일이라면 거기에 실패한 그는 패배자임이 분명하다.

그러나 프리드리히의 사후로부터 53년, 만프레디의 죽음으로부터 37년 뒤인 1303년, 프랑스 왕 필리프 미남왕이 교황 보니파키우스 8세를 체포

하는 사건이 발생한다. 그리고 2년 뒤인 1305년부터 1377년까지 72년에 걸쳐 역사에서 말하는 '아비뇽 유수'가 이어진다. 로마 교황이 7대에 걸쳐 남프랑스의 소도시인 아비뇽에 프랑스 왕에 의해 유폐된 것이다. 로마도 이탈리아반도도 이 동안 교황이 없는 상태로 지냈다.

다른 이의 군사력을 방패로 삼아야 하는 숙명을 지닌 로마 교황이 절대 피해야 하는 일은 다른 이 가운데 하나만을 강력하게 만드는 것이다. 프리드리히에 대한 증오에 매달려 독일과 이탈리아에 걸친 신성로마제국 황제를 약화시킨 교황청은 그로 인해 프랑스 왕을 강력하게 만들고 말았다. 그리고 더는 누구도 고려할 필요가 없어진 프랑스 왕은 아비뇽에 로마 교황을 유폐하는, 전례 없는 행동까지 결행할 수 있었다. 그렇다면 반세기 후라 해도 진정한 의미의 패배자는 로마 교황들이 아닐까.

참고로 13세기에는 프리드리히를 재판하고, 16세기에는 갈릴레오 갈릴레이를 재판했던 'Inquisizione(이단 재판소)'는 21세기인 지금도 'Congregazione per la Dottrina della Fede(신앙교리성)'이라고 이름을 바꾼 채 남아 있다. 다만 현대에서 신앙의 방식이 옳고 그름을 재판받는 대상은 가톨릭교회 성직자뿐이나. 일반 세속인은 대상이 아니라는 것이다. 역사가 이 정도 진보했다는 걸까.

이런저런 상념에 잠겨 있는데 문득 어떤 생각이 찾아왔다. 죽은 프리드리히가 매로 변해 이곳으로 날아오지나 않을까.

생전에 그토록 사랑했던 매다. 사후 그 매로 변신하는 것이야말로 바라 마지 않았을까. 우뚝 솟은 언덕에 선 프리드리히의 마지막 땅은 그야말로 매를 날리기에 최적의 장소였다.

날아오른 매에게는 승자나 패자는 상관할 바 아닐 것이다. 인생을 살아낸 사람에게 승자나 패자는 관계없는 일인 것과 마찬가지로.

FRIDERICVS
DEI GRATIA
ROMANORVM
IMPERATOR
ET SEMPER
AVGVSTVS
REX IERVSALEM
ET SICILIE
DVX SVEVIAE
26·XII·1194
IESI
13·XII·1250
FIORENTINO

연표

서력 (만 나이)	황제 프리드리히 2세	관련 사항	기타 세계 정세
1194년	12월 26일, 이후 신성로마제국의 황제가 되는 프리드리히 2세, 이탈리아 중서부 마을 예시에서 출생. 아버지는 하인리히 6세(신성로마제국 황제, 그의 아버지도 황제로 '붉은 수염'이라는 별명으로 유명한 프리드리히 1세), 어머니는 콘스탄체(노르만 왕조 시칠리아 왕 루제로 2세의 딸)		**일본** 미나모토노 요리토모, 정이대장군이 되다(1192) **한국** 최충헌 무신정권 수립 (1196)
1197년 (3세)	아버지 하인리히 사망		
1198년 (4세)	5월, 팔레르모대성당에서 시칠리아 왕에 즉위. 이와 함께 풀리아 공작, 카푸아 공작이 되다 11월, 어머니 콘스탄체 사망. 어머니가 지정한 인노켄티우스를 후견인으로 세운 후 팔레르모에서 자유롭게 성장한다	1월, 인노켄티우스 3세가 로마 교황에 즉위	**한국** 만적의 난 **일본** 미나모토노 요리토모 사망(1199)
1208년 (14세)	6월, 숙부 필리프, 독일에서 대립파에 암살당하다 12월 26일, 스스로 성인이 되었다며 독립 선언	교황의 제창으로 '알비 십자군' 시작(1234년까지)	**일본**《신고금와카집》편찬(1205)
1209년 (15세)	8월, 인노켄티우스의 권유로 스페인 아라곤 왕가의 콘스탄체와 결혼	10월, 교황의 추천으로 작센 공 오토가 신성로마제국 황제에 즉위	**영국** 케임브리지대학 설립
1210년 (16세)		10월, 오토가 교황령과 함께 시칠리아 왕국의 여러 도시를 침략해 파문당함	
1211년 (17세)	팔레르모 대주교 베라르도를 상담자로 삼는다. 이후 베라르도는 평생의 협력자가 된다 콘스탄체와의 사이에서 장남 하인리히(엔리코)를 얻는다		
1212년 (18세)	독일 제후에게 새 황제로 선정되다. 팔레르모대성당에서 장남 하인리히를 시칠리아 왕으로 즉위시키고 독일로 출발 12월, 마인츠대성당에서 신성로마		**일본**《만장기(方丈記)》편찬, 와다 합전(1213)

	제국 제위를 받는다 프랑스 왕 필리프 2세와 동맹 체결		
1214년 (20세)		부빈 전투. 필리프 2세, 영국 왕 존과 오토 동맹군을 격파	
1215년 (21세)	독일령 서쪽 끝에 있는 아헨대성당에서 정식으로 황제관을 받는다. 십자군 원정 선언 이 무렵 튜턴 기사단단장 헤르만을 측근으로 기용. 베라르도와 함께 라테라노 공의회에 파견. 이후 헤르만도 평생의 협력자가 된다	패배한 존, 마그나 카르타에 서명하고 다음 해 사망 교황, 라테라노 공의회 개최	
1216년 (22세)	가을, 황후 콘스탄체와 장남 하인리히를 시칠리아에서 독일로 불러들임 겨울, 하인리히를 슈바벤 공작으로 임명 독일 귀족의 딸 아딜라이데와의 사이에서 서자 엔초를 얻음(이후 사르데냐 왕)	7월, 인노켄티우스 3세 사망. 호노리우스 3세가 새 교황으로 즉위	**중국** 칭기즈칸 서방 정복 시작(1219) **일본** 호조 씨의 집권 정치 시작(1219)
1220년 (26세)	볼로냐대학 시찰. 법학자 에피파니오와 알게 되고 나중에 중용. 같은 시기에 수사학에 정통한 피에르 델라 비냐와 만나 측근으로 삼는다 11월 20일, 로마에서 대관식 11월 말, '카푸아 헌장' 반포. 법치국가의 기초 마련. 엔리코 디 모라를 법무부 장관에 임명		
1221년 (27세)	카푸아에서 나폴리로. 나폴리대학 개교 구상을 얻다 에피파니오와 함께 나폴리에서 살레르노로. 이곳의 의학교를 강화 2월, 처음으로 풀리아 입성	겨울, 시칠리아 농촌에서 이슬람교도의 폭동 발생	**일본** 조큐의 난
1222년 (28세)	6월, 황후 콘스탄체 사망(39세)		
1223년 (29세)	풀리아 전역에서 성채 건설 개시. 포자에 왕궁 건설 5월, 시칠리아에서 봉기에 가담한 아랍인과 그 가족을 풀리아 지방의 루체라로 집단 이주 이 무렵, 시칠리아 해군의 부흥을	프랑스 왕 필리프 2세 사망	

	도모해 몰타섬 출신의 엔리코 등용		
1224년 (30세)	유럽 최초의 국립대학인 나폴리대학(현재의 페데리코2세대학) 개교. 초대 교장에 에피파니오 임명. 토마스 아퀴나스 등 배출 안티오키아의 마리아에게서 서자 안티오키아의 페데리코 출생(이후에 알바 백작, 토스카나 지방 통치 대리)		
1225년 (31세)	7월, 교황에게 정식으로 십자군 원정을 요청받음 11월, 예루살렘 왕녀 욜란데와 결혼		
1226년 (32세)	수학자 피보나치와 만나 아라비아 수학 도입 도모. 연금을 주며 수학 연구에 종사하게 함. 또 피보나치의 소개로 아리스토텔레스 연구자 마이클 스콧을 알게 됨 이집트 술탄 알 카밀의 사신 파라딘과 회견 시녀 아나이스와의 사이에서 딸 비안코피오레가 태어남 황제파 중진 란치아 후작의 딸 비안카 란치아와 만남	3월, 밀라노를 중심으로 한 북부 이탈리아 여러 도시가 '롬바르디아 동맹'을 부흥시키고 황제파와 대립	**중국** 서하가 몽골군에 항복
1227년 (33세)	9월, 십자군을 이끌고 브린디시를 떠났으나 전염병으로 오트란토로 피난. 헤르만을 오리엔트로 먼저 보내고 포추올리에서 휴양 11월, 그레고리우스 9세에게 파문 당함 욜란데에게서 차남 콘라트 출생 욜란데 사망(16세)	3월, 호노리우스 3세 사망. 그레고리우스 9세가 새 교황으로 즉위	**중국** 칭기즈칸 사망 **일본** 도겐, 중국에서 돌아옴
1228년 (34세)	3월, 그레고리우스에게 두 번째 파문을 당함 6월, 십자군을 이끌고 브린디시 출항. 7월, 키프로스섬 도착. 이곳에서 내정 혼란을 처리한 후 9월에 아코 상륙 아코 및 야파(현재의 텔아비브)에서 알 카밀의 특사 파라딘과 교섭. 교섭에 의한 평화와 예루살렘 수복을 도모		

1229년 (35세)	2월, 알 카밀과의 교섭이 타결되어 예루살렘 수복 실현. 베이루트~야파 사이의 항구도시는 그리스도교 측의 영토가 된다. 유효기간은 10년이며 쌍방의 의사에 따라 갱신 가능 3월, 예루살렘 입성. 예루살렘의 왕으로 대관식 거행 5월, 교황의 뜻에 따라 전 예루살렘의 왕 브리엔이 시칠리아 왕국을 침입. 남부 이탈리아를 향해 아코 출발 6월, 브린디시 입항		
1230년 (36세)	9월, 교황의 생가 아나니에서 교황과 '평화의 키스'를 나누며 화해. 파문 해제 팔레르모 대주교 베라르도의 조카에게서 서자 리카르도를 얻음(이후 키에티 백작, 스폴레토 공작)		
1231년 (37세)	9월, '멜피 헌장' 반포. 법치국가 설립 도모	그레고리우스 9세, 헌장 발포를 '신과 신도에 대한 적대 행위'라 비난	**한국** 고려에 몽골군 침입
1232년 (38세)	독일에서 장남 하인리히의 통치에 대한 불만이 높아짐. 질책당한 하인리히가 반황제파와 손을 잡음 애인 비안카 란치아와의 사이에 서자 만프레디 탄생(이후 시칠리아 왕)		**일본** 조에이시키모쿠 제정 **중국** 몽골제국, 금을 멸망시킴(1234)
1235년 (41세)	차남 콘라트를 데리고 독일로. 하인리히를 종신형에 처함(1242년에 자살) 영국 왕녀 이사벨(존의 딸, 현재 왕 헨리 3세의 친여동생)과 결혼		**중국** 몽골제국, 수도 카라코룸 건설
1236년 (42세)	교황 측에 서서 황제와 대립해온 북부 이탈리아 롬바르디아 지방의 여러 도시(롬바르디아 동맹)과의 전투에서 승리. 북부 이탈리아의 동쪽 반이 황제 측에 서다 콘라트 독일 왕 즉위		
1237년 (43세)	롬바르디아 동맹군과 다시 전투, 코르테누오바 전투에서 격파. 롬바르디아 동맹은 사실상 해산		

1238년 (44세)	3월, 동맹의 맹주 밀라노가 강화를 신청했으나 교섭 결렬 7월, 이탈리아의 최북단 브레시아를 공격하나 공방전 장기화. 10월, 크레모나로 철수 이사벨과의 사이에서 3남 엔리코 출생(이후 예루살렘 왕)	이집트 술탄 알 카밀 사망	**태국** 태국 민족에 의한 수코타이 왕조 성립
1239년 (45세)	3월, 그레고리우스에게 세 번째 파문을 당함		
1240년 (46세)	교황과의 대립 심각해짐. 이 무렵, 비냐와 함께 타데오 다 세사를 측근에 둔다		**러시아** 몽골군, 키예프 대공국 침공, 함락시킴
1241년 (47세)	5월, 멜로리아 해전에서 제노바 측을 물리치고 공의회에 출석하려던 성직자를 포박해 남부 이탈리아에 유폐 8월, 교황령에 대한 침공 개시. 그레고리우스의 사망으로 철수 겨울, 이사벨 사망(27세)	그레고리우스 9세, 로마에서의 공의회 개최를 공표 8월, 그레고리우스 사망. 이후 22개월 동안 교황 공위 지속	
1243년 (49세)		6월, 새 교황 인노켄티우스 4세 즉위	
1244년 (50세)	교황에 직접 회담 신청	인노켄티우스 4세, 회담 약속을 깨고 리옹으로 도망	**일본** 도겐이 에이헤이지를 세움
1245년 (51세)	리옹 공의회에 황제 대리로 타데오 다 세사를 보냄 7월, 공의회에서 타데오의 주장이 파기되고 이단자로 단죄됨. 제위와 시칠리아 왕위 박탈도 결의	6월, 교황이 리옹 공의회 개최 공의회 후, 교황은 튀링겐 백작 라스페를 독일 왕으로 세우고, 다시 네덜란드 공작 윌리엄을 황제로 세워 현 독일 왕 콘라트의 추방을 기도했으나 모두 실패	
1246년 (52세)	3월, 부하인 판돌포와 자코모 등 교황의 처남을 통해 교황의 뜻을 전달받아 프리드리히와 엔초 살해를 계획. 실행 전에 발각되어 음모자 일당은 단죄당함 콘라트, 교황이 옹립한 라스페군과의 전투에 패했으나 6개월 뒤 다시 싸워 승리		

	비안카 란치아와 정식 결혼. 비안카와의 사이에서 태어난 서자 만프레디가 적자가 됨		
1247년 (53세)	2월, 이탈리아 전역의 새로운 통치 체제를 결정 파르마에서 인노켄티우스의 뜻을 받은 쿠데타 발발. 반황제파가 됨. 여름, 파르마 포위를 위해 근처에 빅토리아 건설	교황, 처남과 추기경들을 통해 파르마에서 황제에 반기를 드는 쿠데타 계획	**일본** 호지 대전투
1248년 (54세)	2월, 빅토리아로 이동. 매사냥에 나간 사이 파르마군이 빅토리아를 급습해 소실. 측근 타데오 다 세사 사망. 저서 《매사냥의 서》도 약탈당함 3월부터 파르마 주변을 포함한 롬바르디아 전역 장악에 성공 비안카 란치아 사망(38세)	프랑스 왕 루이 9세, 제7차 십자군 원정에 나섬	
1249년 (55세)	1월, 건강 악화(홍반성 낭창) 2월, 최측근 비냐를 반역죄로 체포. 비냐는 1개월 후에 자살 5월, 리카르도(키에티 백작) 사망 사르데냐 왕인 서자 엔초가 볼로냐군과의 전투 중에 포로가 됨		
1250년 (56세)	엔초 대신 수하의 무장 팔라비치노를 북부 이탈리아 통치 담당으로 보내 해당 지역 황제파 회복에 성공 9월부터 휴양과 시찰을 겸해 남부 이탈리아에서 생활 11월, 매사냥에 나갔다가 발병, 근처 카스텔 피오렌티노로 실려감 12월 7일, 유언을 구술(① 콘라트를 1순위 상속인으로 하며 신성로마제국과 시칠리아 왕국을 맡긴다. ②엔리코를 예루살렘 왕으로 한다. ③만프레디를 타란토 공작으로 한다. ④장남 하인리히의 아들을 오스트리아 공작으로 한다) 12월 13일, 카스텔 피오렌티노에서 사망(55세 11개월) 교황이 추천한 황제 후보 네덜란드 공작 윌리엄, 콘라트에게 패해 네덜란드로 귀환	제7차 십자군, 이집트 다미에타 부근에서 이슬람에 완패, 전원 포로가 됨	**이집트** 맘루크 왕조 수립

1251년	2월, 팔레르모대성당에서 장례 독일 제후, 콘라트 통치에 불안을 느낌 콘라트, 독일을 출발해 이탈리아로 향함	인노켄티우스 4세, 로마로 귀환	**한국** 팔만대장경 완성
1252년	콘라트의 장남 코라딘 출생 9월, 최측근 베라르도 사망	교황, 콘라트를 단죄	
1253년	베네치아를 제외한 북부 이탈리아, 황제파에서 교황파로 태세 전환 콘라트를 잇는 차기 상속인 엔리코 사망(15세)		**일본** 도겐 사망
1254년	콘라트 사망(26세) 9월, 만프레디, 인노켄티우스 4세에게 파문당함	12월, 인노켄티우스 4세 사망. 알렉산데르 4세가 새 교황으로 즉위	
1256년	안티오키아의 페데리코 전사(32세)		
1258년	8월, 만프레디가 팔레르모대성당에서 시칠리아 왕 대관식 거행 만프레디, 전 교황에 의해 폐쇄되었던 나폴리대학 다시 문을 염. 항구도시 만프레도니아 건설		**중근동** 몽골군, 바그다드 점거 **한국** 쌍성총관부 설치
1261년		알렉산데르 4세 사망. 우르바누스 4세 새 교황으로 즉위	**일본** 고승 신란 사망(1262)
1264년		우르바누스 4세 사망. 클레멘스 4세 새 교황으로 즉위	
1265년	만프레디, 아버지 프리드리히가 남긴 초고를 바탕으로 《매사냥의 서》를 편찬, 복원해 완성		
1266년	2월, 만프레디가 프랑스 왕 루이 9세의 동생 샤를이 거느린 프랑스군과의 '베네벤토 전투'에서 패하며 전사(34세). 호엔슈타우펜 가문의 시칠리아 왕조 붕괴		
1268년	콘라트의 아들 코라딘, 샤를군에 잡혀 참수형(16세)		
1270년		루이 9세, 제8차 십자군을 이끌고 출발했으나 상륙지 튀지니아에서 객사	**한국** 삼별초의 항쟁 **중국** 원나라 수립(1271)

1272년	엔초, 유폐된 볼로냐에서 사망		
1273년	프리드리히의 충신이자 합스부르크 가문의 루돌프, 신성로마제국 황제에 즉위		
1282년	스페인 아라곤 가문과 결혼한 만프레디의 장녀 콘스탄체, 프리드리히의 왕실 의사였던 조반니 등이 이끄는 스페인군이 시칠리아로 향해 부활절 만종을 신호로 상륙. 프랑스 병사를 시칠리아에서 일소('시칠리아의 만종'). 샤를은 실각하고 3년 후에 사망. 콘스탄체, 시칠리아 통치자가 됨		**일본** 원나라 1차 침공(1274) **중국** 마르코 폴로, 쿠빌라이칸 접견(1275) **일본** 원나라 2차 침공(1281) **한국** 삼국유사 편찬(1285)
1291년		중동 그리스도교 세력 도시 아코가 이슬람 세력에 함락. 십자군 국가 소멸	
1298년	이 무렵부터 단테나 화가 조토 등의 활동이 왕성해지며 르네상스 태동		**일본** 에이닌 법령 반포(1297)
1303년		프랑스 왕 필리프 4세에 의해 로마 교황 체포(2년 후부터 7대에 걸쳐 로마 교황이 포로 상태에 있는 '아비뇽 유수' 시작)	**일본** 가겐의 난(1305)
2000년	12월 13일, 프리드리히 2세 서거 750주기를 기념해 그가 숨을 거둔 땅 카스텔 피오렌티노 성에 팔각형 기념석비를 건설		

도판 출전 일람

권두화 / 프리드리히 2세 저, 《매사냥의 서De Arte Venandi cum Avibus》, 바티칸도서관 소장(바티칸/이탈리아) 삽화 중에서

23페이지 / 작자 미상, 《쾰른 대연대기Chronica regia Coloniensis》, 벨기에왕립도서관 소장(브뤼셀/벨기에)

81페이지 / 작자 미상, 〈루이 9세와 왕비 마르그리트의 상〉, Renato Russo, Federico II ; Cronaca della vita di un imperatore e della sua discendenza, Editorice Rotas(Barletta), 1994

89페이지 / 하타케야마 모구(畠山モグ) 그림

133페이지 / 라파엘로, 〈아테네 학당〉, 바티칸궁전 소장(바티칸/이탈리아) © Shutterstock (셔터스톡)

160페이지 / 카스텔 델 몬테 (바리 근교/이탈리아) © Shutterstock(셔터스톡)

171페이지 / 권두화와 동일

208페이지 / 조반니 빌라니 저,《누오바 크로니카Nuova Cronica》바티칸도서관 소장(바티칸/이탈리아) 삽화 중에서

263페이지 / 위와 동일

280페이지 / 위와 동일

323페이지 / 위와 동일

348페이지 / 프리드리히 2세 기념석비 (카스텔 피오렌티노/이탈리아) © Antonio Scimone

352페이지 / 위와 동일

장도비라 / © 게티이미지뱅크

지도 제작 / 소고세이즈연구소(綜合精図研究所, p15, 21, 25, 32, 61, 71, 148, 149, 195, 246, 257, 300, 325)

참고문헌

- Abulafia D., *Henry Count of Malta and his Mediterranean Activities: 1203-1230*, in: *Malta 1240-1450*, A. Luttrell (ed.), s.l. 1975.
- Abulafia D., *The Two Italies: economic relations between the Norman kingdom of Sicily and the northern communes*, Cambridge 1977.
- Abulafia D., *Charles of Anjou and the Sicilian Vespers*, in: 《History Today》, ⅩⅩⅩⅡ, may 1982.
- Abulafia D., *Italy, Sicily and the Mediterranean, 1050-1400*, London 1987.
- Abulafia D., *Frederick II. A medieval emperor*, London 1988.
- Abulafia D., *Commerce and Conquest in the Mediterranean, 1100-1500*, Aldershot 1993.
- Ahmad A., *History of Islamic Sicily*, London 1975.
- Akasoy A., *Ibn Sab 'in's Sicilian questions: the text, its sources, and their historical context*, in: *Al-Qantara*, a ⅩⅩⅨ, n. 1, enero-junio de 2008, pp. 115-146.
- Albertus Magnus, De animalibus libri ⅩⅩⅥ, H. Stadler (ed.), in : *Beiträge zur Geschichte der Philosophie und Theologie des Mittelalters*, 15-16, Münster 1916-20, 2 voll..
- Alphandéry P. -Dupront A., *La Chrétienté et l'idée de croisade*, 2 voll., Paris 1954-59.
- Amari M., *Questions philosophiques adressés aux savants musulmans par l'empeur Frédéric II*, Journal asiatique, sième série, tome Ⅱ, Paris 1853, pp. 240-274.
- Amari M., *Storia dei Musulmani di Sicilia*, 3 voll.. Firenze 1854-72.
- Andenna C., *Tra nord e sud : Federico II e le città, in : Federico II "Puer Apuliae". Storia, arte e cultura*, H. Houben-O. Limone (ed.), Galatina 2001, pp.7-26.
- Andenna C., *Autonomie cittadine del Mezzogiorno dai Normanni alla morte di Federico II*, in: *Federico II nel Regno di Sicilia. Realtà locali e aspirazioni universali*, H. Houben–G. Vogeler (ed.), Bari 2008, pp.35-121.
- Angermeier H., *Landfriedenspolitik und Landfriedensgesetzgebung unter den Staufern*, in: *Probleme um Friedrich II.*, J. Fleckenstein (ed.), Sigmaringen 1974, pp.167-86.

- Anonimo di Trani, *I notamenti di Matteo Spinelli da Giovinazzo*, Minieri Riccio (ed.), Napoli 1870.
- Anonymi Vaticani, *Historia Sicula ab ingressu Normannorum in Apuliam usque ab a. 1282*, L.A. Muratori (ed.), *Rerum Italicarum Scriptores*,Ⅷ, Milano 1726, pp.741-80.
- Antonelli R., *La scuola poetica alla corte di Federico II*, in: *Federico II e le scienze*, P. Toubert e A. Paravicini Bagliani (ed.), Palermo 1995, pp.309-23.
- Arricchi G., *La fortuna di Leonardo Pisano alla corte di Federico II*. Atti del Convegno di Melfi su Dante e la cultura sveva, Melfi: novembre 1969 – Firenze 1970.
- Ascheri M., *Tribunali, giuristi e istituzioni dal medioevo all' età moderna*, Bologna 1989.
- Ascheri M., *I diritti del medioevo italiano*, Roma 2000.
- Averrois Cordubensis, *Commentarium magnum in Aristotelis 'De Anima' libros*, F. S. Crawford (ed.), in: *Corpus Commentariorum Averrois in Aristotelem. Versionum Latinarum Volumen 6/1*, Cambridge (Mass.) 1953.
- Averrois Cordubensis, *Commentarium medium in Porphyrii 'Isagonen' et Aristotelis 'Categorias'*, Hebrew text H. A. Davidson (ed.), Cambridge (Mass.) 1969.
- Baader G., *Die Schule von Salerno*, in《Medizinhistorisches Journal》, 13, 1978, pp.124-45.
- Babudri F., *Federico II nella tradizione culturale e popolare pugliese*, in:《Archivio Storico Pugliese》, 15, 1962.
- Baldwin J.W., *The Government of Philip Augustus*, Baltimore-London 1986.
- Barlow F., *The Feudal Kingdom of England, 1042-1216*, Pearson Education, Harlow 1999.
- Barone G., *Frate Elia da Cortona*, in:《Bollettino Storico Italiano per il Medio Evo》, 85, 1973.
- Barone G., *La propaganda antiimperiale nell'Italia federiciana: l'azione degli Ordini Mendicanti*, in: *Federico II e le città italiane*, P. Toubert – A. Paravicini Bagliani (ed.), Palermo 1994, pp.278-289.
- Baroni M.F., *Gli atti del comune di Milano nel secolo XIII, I. 1217-1250*, Milano 1976.
- Bauer U., *Der 'Liber introductorius'des Michael Scotus in der Abschrift clm 10268 der Bayerischen Staatbibliothek München. Ein illustrierter astronomisch-astrologischer Codex aus Padua, 14. Jahrhundert*, München 1983.
- Becker H. -J., *Die Appellation vom Papst an ein allgemeines Konzil. Historische Entwicklung und kanonistische Diskussion in späten Mittelalter und in der frühen Neuzeit*, Köln 1988.
- Bellafiore G., *Architettura in Sicilia nell'età islamica e normanna (827-1194)*, Palermo 1990.
- Bellafiore G., *Architettura nell'età sveva (1194-1266)*, Palermo 1993.

- Bellafiore G., *La Zisa di Palermo*, Flacconio Editore, Palermo 2008.
- Bellucci M., *Il Palazzo imperiale di Foggia*, in: 《Archivio Storico Pugliese》, 4, 1951.
- Benvenisti M., *The Crusader's Fortress of Montfort*, Jerusalem 1983.
- Benz E., *La teologia imperiale di Federico II*, in: 《Antologia di critica storica》, Bari 1957.
- Berger E., *Saint Louis et Innocent* Ⅳ. *Etude sur les rapports de la France et du Saint Siège*, Paris 1893.
- Bernini F., *I comuni italiani e Federico II di Svevia. Gli inizi: 1212-1219*, Milano 1949.
- Biondolillo F., *La poesia siciliana sotto gli Svevi*, in: *Studi meridionali*, 1, 1968.
- Blasius H., *König Enzio, Ein Beitrag zur Geschichte Kaiser Friedrich II.*, Diss., Breslau 1884.
- Blondel G., *Etude sur la politique de l'empereur Frédéric II en Allemagne et sur les transformations de la constitution allemande dans la première moitié du XIIIe siècle*, Paris 1892.
- Bonfil R., *Tra due mondi. Cultura ebraica e cultura cristiana nel Medioevo*, Napoli 1996.
- Bontempi P., *La battaglia di Tagliacozzo ovvero dei Campi Palentini*, Casamari-Veroli 1968.
- Bordone R., *La società urbana nell'Italia comunale (secoli XI-XIV)*, Torino 1984.
- Boscolo A., *La figura di re Enzo, in: Annali della Facoltà di Lettere e Filosofia dell'Università di Cagliari*, 17, 1950.
- Bradbury J., *Philip Augustus and King John: Personality and History*, in : Church (ed) 2007.
- Brezzi P., *La personalità di Federico II nella storiografia del suo tempo*, in: *Politica e cultura nell'Italia di Federico II*, S. Gensini (ed.), Pisa 1986, pp. 11-37.
- Brühl C., *L'itinerario italiano dell'imperatore: 1220-1250*, in: *Federico II e le città italiane*, P. Toubert e A. Paravicini Balgiani (ed.), Palermo 1994, pp. 34-47.
- Burnett C., *Michael Scot and the Transmission of Scientific Culture from Toledo to Bologna via the Court of Frederick II Hohenstaufen*, in: *Le scienze alla corte di Federico II*, direz. di A. Paravicini Bagliani, Palermo 1994, pp.101-126.
- Burnett C., *Master Theodore, Frederick II's Philosopher*, in: *Federico II e le nuove culture.* Atti del XXXI Convegno storico internazionale (Todi, 9-12 ottobre 1994), Spoleto 1995, pp.266-277.
- Burnett C., *Antioch as a Link between Arabic and Latin Culture in the Twelfth and Thirteenth Centuries*, in *Occident et Proche-Orient: Contacts scientifiques au temps des Croisades*, I. Draelants-A. Tihon-B. van den Abeele (ed.), Turnhout-Louvain 2000, pp.1-78.
- Burns J.H. (ed.), *The Cambridge History of Medieval Political Thought (c.350-c.1450)*, Cambridge-New York 1988.
- Butler F., *The Lombard Communes*, London 1906 (reprint: Westport (Conn.) 1969).

- Buyken T., *Das römische Recht in den Constitutionen von Melfi*, Wissenschaftl. Abh. d. Arbeitsgemeinschaft für Forschung des Landes Nordrhein-Westfallen, XⅦ, Köln 1960.
- Cadei A., *Castel del Monte*, in: *Enciclopedia dell' arte medievale*, vol. Ⅲ, Istituto della Enciclopedia Italiana Treccani, Roma 1922, pp.377-92.
- Cadei A., *I castelli federiciani: concezione architettonica e realizzazione tecnica*, in: *Federico II e le scienze*, P. Toubert – A. Paravicini Bagliani (ed.), Palermo 1994, pp.253-271.
- Cafaro P., *Il palazzo di Federico II a Foggia*, Foggia 1957.
- Campitelli A., *La classe mercantile e la giurisdizione consolare in Puglia nell'età federiciana*, in: *Atti delle Quarte Giornate Federiciane*, Oria: ottobre 1977 – Bari 1980.
- Cantù C., *Ezzelino da Romano. Storia di un ghibellino*, Milano 1848.
- Capasso B., *Pietro della Vigna. Osservazioni e documenti*, Caserta 1882.
- Caproni R., *La battaglia di Cortenova*, Bergamo, 1987.
- Cardini F., *Gerusalemme d'oro, di rame, di luce: pellegrini, crociati, sognatori d'Oriente fra XI e XV secolo*, Milano 1991.
- Cardini F., *In Terrasanta: pellegrini italiani tra Medioevo e prima età moderna*, Bologna 2002.
- Caspar E., *Hermann von Salza und die Gründung des Deutschordensstaates in Preussen*, Tübingen 1924.
- Centore G., *Taddeo da Sessa*, Caramanica, Minturno 2006.
- Chalandon F., *Histoire de la domination normande en Italie et en Sicilie*, Paris 1907, 2 voll. (reprint : New York 1960).
- Ciccia C., *Il 'De gloria paradisi' di Gioacchino da Fiore e la 'Divina Commedia'di Dante Alighieri*, in: Saggi su Dante e altri scrittori, Pellegrini, Cosenza, 2007.
- Cilento A., *I mosaici bizantini nella Sicilia normanna: Palermo, Monreale, Cefalù*, Magnus, Udine 2009.
- Cioppi A., *Enzo Re di Sardegna*, Sassari 1995.
- Cleve H., *Kaiser Friedrich II. und die Ritterorden*, in: 《Deutsches Archiv für Erforschung des Mittelalters》, 49, 1993, pp.39-73.
- Cocchiara G., *Federigo II legislatore e il regno di Sicilia*, Torino 1927.
- Cohn W., *Hermann von Salza*, M. & H. Marcus, Breslau 1930.
- Colasanti G., *La sepoltura di Manfredi lungo il fiume Liri*, in: 《Archivio Deputazione Romana Storia Patria》, 47, 1924.
- Comitato organizzatore presso la Società Siciliana di Storia Patria (ed.), *Atti del Convegno Internazionale di Studi Federiciani*, Ⅶ Centenario della morte di Federico Ⅱ imperatore e re

di Sicilia - (10-18 dicembre 1950), Università di Palermo, Catania e Messina, Stabilimento d'Arti Grafiche A. Renna, Palermo 1952.

- Custodero G., *Castelli di Puglia*, Capone Editore, Lecce 2004.
- Dante Alighieri, *La Divina Commedia*, G. Petrocchi (ed.), Torino 1975.
- Dante Alighieri, *De Vulgari Eloquentia*, P. V. Mengaldo (ed.), in: Dante Alighieri, *Opere minori*, II, Milano-Napoli 1978, pp.3-237.
- Dante Alighieri, *Monarchia*, F. Sanguineti (ed.), V edition, Garzanti, Milano 2007.
- Davico R., *Cultura araba ed ebraica nella scuola medica salernitana del medioevo*, in: *Salerno e la scuola medica*, I. Gallo (ed.), Salerno 1994. pp.53-87.
- David M., *La souveraineté et les limites juridiques du pouvoir monarchique du IXe au XVe siècle*, Paris 1954.
- De Blasiis G., *Della vita e delle opere di Pietro della Vigna*, Napoli 1860.
- Del Giudice G., *Riccardo Filangieri sotto il regno di Federico II, Corrado IV e Manfredi*, in: 《Archivio Storico Province napoletane》, 15, 1980.
- Dell'Erba L., *La monetazione sveva nell'Italia meridionale e in Sicilia*, in: 《Bollettino Circolo Numismatico Napoletano》, 13, 1929.
- Del Vecchio A., *La legislazione di Federico II*, Sala Bolognese 1984 (first edition: 1874).
- Demandt K. E., *Der Endkampf des staufischen Kaiserhauses im Rhein-Maingebiet*, in: 《Hessisches Jahrbuch für Landesgeschichte》, 7, 1957, pp.102-64.
- De Renzi S., *Il secolo decimo terzo e Giovanni da Procida*, Napoli 1860.
- De Robertis F.M., *La politica economica di Federico II di Svevia*, in: 《Atti delle seconde giornate federiciane, Oria, 16-17 ottobre 1971》, Società di Storia patria per la Puglia, Convegni, IV, Bari 1974, pp.27-40.
- Deslandres P., *Innocent IV et la chute des Hohenstaufen*, Paris 1907.
- De Stefano A., *L'idea imperiale di Federico II*, Bologna 1952.
- De Vergottini G., *Studi sulla legislazione imperiale di Federico II in Italia*, Milano 1952.
- De Vita R. (ed.), *Castelli, torri ed opere fortificate di Puglia*, Bari 1974.
- Di Cesare G., *Storia di Manfredi, re di Sicilia e di Puglia*, 2 voll., Napoli 1837.
- Dilcher H., *Die sizilische Gesetzgebung Kaiser Friedrichs II. Quellen der Constitutionen von Melfi und ihrer Novellen*, Köln-Wien 1975.
- Di Martino M., *Federico II fondatore dell'Università di Napoli*, Napoli 1922.
- Di Taranto C., *La Capitanata al tempo dei Normanni e degli Svevi*, Matera 1925.
- Dito O., *Castel Fiorentino. Nota storica*, Lucera 1894.

- Duby G., *Le dimanche de Bouvines (27 juillet 1214)*, Les Éditions Gallimard《Trente journées qui ont fait la France》, Paris 1973.
- Ducci A., *Re Enzo*, Bologna 2008.
- Edbury P. W., *The Kingdom of Cyprus and the Crusades*, 1191-1374, Cambridge 1991.
- Egidi P., *La colonia saracena di Lucera e la sua distruzione*, Napoli 1915.
- Enzensberger H., *La struttura del potere nel Regno: corte, uffici, cancelleria*, in: *Potere, società e popolo nell' età sveva (1210-1266)*. Atti delle seste Giornate normanno-sveve, Bari-Castel del Monte-Melfi 17-20 ottobre 1983, Bari 1985, pp.49-69.
- Fasoli G., *Federico II e la Lega Lombarda. Linee di ricerca*, in:《Annali dell' Istituto storico italo-germanico in Trento》, 2, 1976, pp.39-74.
- Fasoli G., *Castelli e strade nel "Regnum Siciliae". L'itinerario di Federico II.* in: *Federico II e l'arte del Duecento italiano*, A.M. Romanini (ed.), Galatina 1980, I, pp.27-52.
- Fasoli G., *Organizzazione delle città ed economia urbana*, in: *Potere, società e popolo nell' età sveva (1210-1266)*. Atti delle seste Giornate normannosveve, Bari-Castel del Monte- Melfi 17-20 ottobre 1983, Bari 1985, pp.167-89.
- Fava F., *Le idee religiose di Federico II di Svevia*, Messina 1899.
- Federico II di Svevia, *De Arte Venandi cum Avibus*, Anna Laura Trombetti Budriesi (ed.), VIII edition, Centro Europeo di Studi Normanni, Editori Laterza, Bari 2011 (I edition: Bari 2000).
- *Fibonacci tra arte e scienza*, Luigi Arialdo Radicati di Brozolo (ed.), Pisa, Cassa di risparmio, 2002.
- Fischer M. - Pedrotti W., *Le città italiane nel Medioevo*, Verona 1997.
- Filippo da Novara, *Guerra di Federico II in Oriente (1223-1242)*, S. Melani (ed.), Napoli 1994.
- Fliche A., *Le Procès de Frédéric II au Concile de Lyon*, in: *Atti del Convegno di Studi Federiciani*, Palermo: dicembre 1950 – Palermo 1952.
- Flori J., *Philippe Auguste*, Tallandier/Historia, Paris 2002.
- Folz A., *Kaiser Friedrich II. und Papst Innozenz IV. Ihr Kampf in den Jahren 1244 und 1245*, Strassburg 1905.
- Fornaciari G., *La lebbra di Enrico VII (1211-1242), figlio di Federico II e re di Germania*, Divisione di Paleopatologia dell'Università di Pisa, 2004.
- Fortini A., *Francesco d'Assisi e l'Italia del suo tempo*, Biblioteca di Storia Patria, Roma 1968.
- Fortunato G., *Il castello di Lagopesole*, Trani 1902.
- Fournier P., *Il regno di Borgogna o d'Arles dal XI al XV secolo*, cap. XI, vol. VII *(L'autunno del*

Medioevo e la nascita del mondo moderno) della Storia del Mondo Medievale, 1999, pp.383-410.

- Friedrich II, *Reliquia librorum Friderici II imperatoris De arte venandi cum avibus*, Johann Gottlieb Schneider (ed.), Leipzig 1788-89.
- Friedrich II, *De arte venandi cum avibus, nunc primum integrum ed. Carl Arnold Willemsen*, Leipzig 1942, I-II.
- Frugoni C. (ed.), *Il Villani illustrato. Firenze e l'Italia medievale nelle 253 immagini del ms. Chigiano L VIII 296 della Biblioteca Vaticana*, Biblioteca Apostolica Vaticana, Casa Editrice Le Lettere, Fireze-Città del Vaticano 2005.
- Fuiano M., *Carlo I d'Angiò in Italia*, Napoli 1977.
- Gabrieli F., *Storici arabi delle crociate*, Torino 1973.
- Gabrieli F., *La colonia saracena di Lucera e la sua fine*, (reprinted) in: *Atti delle quarte Giornate federiciane, Oria 29-30 ottobre 1977*, Bari 1980, pp.73-79.
- Gabrieli F. - Scerrato U., *Gli Arabi in Italia*, Milano 1979.
- Garfagnini G.C., *Aristotelismo e scolastica*, Torino 1979.
- Garufi C.A., *Documenti dell'epoca sveva*, in: 《Quellen u. Forschungen aus ital. Archiven u. Bibliotheken》, 8, 1905.
- Gensini S. (ed.), *Politica e Cultura nell'Italia di Federico II, Collana di Studi e Ricerche 1, Centro di Studi sulla Civiltà del Tardo Medioevo San Miniato*, Pacini Editore, Pisa 1986.
- Gensini S. (ed.), *Europa e Mediterranceo tra Medioevo e prima età moderna: l'osservatorio italiano*, Pisa 1992.
- Ghirardini L.L., *Il triste destino di Corradino di Svevia (1252-68)*, in: *Pagine di storia medioèvale*, 5, Parma 1982.
- Gioacchino da Fiore, *Expositio in Apocalypsim*, Venezia 1519.
- *Giochi matematici del Medioevo, i "conigli di Fibonacci" e altri rompicapi liberamente tratti dal Liber abaci*, a cura N. Geronimi (ed.), prefazione di Pietro Natasi, con quattro installazioni di Mario Merz, Milano, B. Mondadori, 2006.
- Giunta F., *La politica antiereticale di Federico II*, in: *Atti del Convegno Internazionale* di Studi Federiciani, Palermo: dicembre 1950 – Palermo 1952.
- Giunta F., *L'arcivescovo Berardo*, in: 《Archivio Storico Siciliano》, 4, 1954.
- Glessgen D., *La traduzione arabo-latina del Moamin eseguita per Federico II: tra filologia testuale e storia*, "Medioevo Romanzo", 25, 2001, pp.63-81.
- Gorski K., *L'ordine teutonico*, Torino 1971.
- Gottschalk H.L., *Al-Malik al-Kāmil von Egyptien und seine Zeit*, Wiesbaden 1958.

- Götze H., *Castel del Monte. Gestalt und Symbol der Architektur Friedrichs II.*, München 1991.
- Grabmann M., *Kaiser Friedrich II. und sein Verhältnis zur aristotelischen und arabiscen Philosophe*, in: *Mittelalterliches Geistesleben*, vol. Ⅱ, München 1936.
- Grant E., *Physical Science in the Middle Ages*, in: 《The Cambridge History of Science Series》, 1978.
- Grebner G., *Der 'Liber Introductorius' des Michael Scotus und die Aristotelesrezeption: der Hof Friedrichs II. als Drehscheibe der Kulturtransfers*, in: *Kaiser Friedrich II. (1194-1250). Welt und Kultur des Mittelmeerraums*, M. Fansa – K. Ermete (ed.), Mainz 2008, pp.251-57.
- Greci R., *Eserciti cittadini e guerra nell'età di Federico II*, in: *Federico II e le città italiane*, P. Toubert – A. Paravicini Bagliani (ed.), Palermo 1994, pp.344-363.
- Grégoire Ⅸ, *Les Registres de Grégoire IX*, L. Auvray (ed.), Ⅰ-Ⅲ, Paris 1896-1910.
- Gregorovius F., *Geschichte der Stadt Rom im Mittelalter*, Stuttgart 1865.
- Grossi P., *L'ordine giuridico medievale*, Roma-Bari 1997.
- Guerrazzi F., *La battaglia di Benevento*, Milano 1871.
- Guidoni E., *L'urbanistica dei comuni italiani in età federiciana*, in: *Federico II e l'arte del Duecento*, Galatina 1980.
- Guyotjeannin O., *I podestà imperiali nell'Italia centro-settentrionale (1237-1250)*, in: *Federico II e le città italiane*, P. Toubert – A. Paravicini Bagliani (ed.), Palermo 1994, pp.115-28.
- Hampe K., *Ein ungedrucker Bericht über das Konklave von 1241*, Stizungsberg. der Heidelb. Akad. der Wissenscahften, 1913.
- Hampe K., *Papst Innozenz* Ⅳ. *Und die sizilische Verschwörung von 1246*, Heidelberg 1923.
- Hampe K., *Zur Gründungsgeschichte der Universität Neapel*, Heidelberg 1923.
- Hartmann H., *Die Urkunden Konrads IV.*, 1944, S. 38-163.
- Hartwig O., *Über den Totestag und das Testament Friedrichs II.*, in: "Forschungen zur Deutschen Geschichte", 12, 1872.
- Haskins C.H., *Studies in the History of mediaeval Science*, Cambridge, Mass. 1927.
- Haskins C.H., *Studeis in mediaeval Culture*, Oxford 1929.
- Herde P., *Ein Pamphlet der päpstlichen Kurie gegen Kaiser Friedrich II. von 1245/46 (*《Eger cui lenia》*)*, in: 《Deutsches Archiv für Erforschung des Mittelalters》, 23, 1967, pp.468-538.
- Herde P., *Literary Activities of the Imperial and Papal Chanceries during the Struggle between Frederick II and the Pope*, in: *Intellectual Life at the Court of Frederick II Hohenstaufen*, W. Tronzo (ed.), Yale 1994, pp.227-39.
- Herde P., *Mongolensturm und Endzeiterwartung. Die Schlacht auf der Wahlstatt bei Liegnitz*

und die monogolischen Feldzüge in Osteuropa und im Nahen Osten, in: P. Herde, *Gesammelte Abhandlungen und Aufsätze*, Stuttgart 2002, Ⅱ/Ⅰ, pp.181-216.

- Heupel W. E., *Schriftuntersuchungen zur Registerführung in der Kanzlei Kaiser Friedrichs II.*, in: 《Quellen und Foschungen aus italienischen Archiven und Bibliotheken》, 46, 1996, pp.1-90.
- Hiestand R., *Ierusalem et Sicilie rez. Zur Titular Friedrichs II.*, in: 《Deutsches Archiv für Erforschung des Mittelalters》, 52, 1996, pp.181-89.
- Hilpert H.E., *Kaiser und Papstbriefe in den 'Chronica maiora'des Matthaeus Paris*, Stuttgart 1981.
- Holt J.C., *Magna Carta,* Cambridge University Press, Cambridge 1992.
- Honorius Ⅲ, *Regesta Honorii Papae III.*, P.Pressuti (ed.), Ⅰ. Ⅱ, Roma 1888-95.
- Horst E., *Friedrick der Staufer. Eine Biographie*, Classen-Verlag GmbH, Düsseldorf 1977.
- Houben H., *Enrico di Malta*, in: *Dizionario Biografico degli Ialiani*, 42, Roma 1993, pp.746-50.
- Houben H., *I vescovi e l'imperatore*, in: *Federico II nel Regno di Sicilia. Realtà locali e aspirazioni universali.* Atti del Convegno internazionale di Barletta, 19-20 ottobre 2007, H. Houben – G. Vogeler (ed.), Bari 2008, pp.173-88.
- Houben H., *Kaiser Friedrich II. (1194-1250). Herrscher, Menson und Mythos*, Stuttgart 2008.
- Huillard-Bréholles J.L.A,, *Historia diplomatica Friderici II*, Ⅰ-Ⅲ, voll., Paris 1852-61.
- Huillard-Bréholles J.L.A., *Vie et correspondance de Pierre de la Vigne, ministre de l'empereur Frédéric II*, Paris 1865.
- Humphreys R.S., *Gli avversari musulmani dell'imperatore: gli eserciti della confederazione ayyubida*, in: *Federico II e il mondo mediterraneo*, P. Toubert – A. Paravicini Bagliani (ed.), Palermo 1994, pp.302-19.
- Iacovelli G., *Ordinamenti sanitari nelle costituzioni di Federico II*, in: *Atti delle seste Giornate federiciane, Oria, 22-23 ottobre 1983*, Bari 1986, pp.227-37.
- Ibn Sab'ın, *Trattato sulle domande siciliane. Domanda II. Traduzione e commento*, M. Grignaschi (ed.), in: 《Archivio storico siciliano》, s. Ⅲ, 7, 1956, pp.7-91.
- Ibn Sab'īn al-Haqq, *Le questioni siciliane. Federico II e l'universo filosofico*, P. Spallino (ed.), Palermo 2002.
- Idrisi, *Il libro di Ruggero*, translated by Umberto Rizzano, Flaccovio Editore, Palermo 2008.
- Imperiale di Sant'Angelo C., *Genova e le sue relazioni con Federico II*, Venezia 1923.
- Innocent Ⅲ, *De contemptu mundi sive de miseria conditionis humanae Libri Tres*, in: *Patrologiae cursus completus. Serie latina*, 217, J.P. Migne (ed.), Paris 1841-64.

- Innocent Ⅳ, *Les registres d'Innocent IV*, Paris 1889-1921.
- Innocenzo Ⅲ, *Urbs et orbis. Atti del Congresso internazionale di Roma*, 9-15 settembre 1998, A. Sommerlechner (ed.), Roma 2003, 2 voll..
- Iorio R., *Federico II costruttore di castelli*, in: *La Puglia fra medioevo ed età moderna*, vol. Ⅲ, Milano 1981.
- Jacobs W., *Patriarch Gerold von Jerusalem, Ein Beitrag zur Kreuzzugsgeschichte Friedrichs II.*, Diss., Bonn 1905.
- Jacquart D., *La fisionomia: il trattato di Michele Scoto*, in: *Federico II e le scienze*, P. Toubert – A. Paravicini Bagliani (ed.), Palermo 1994, pp.338-353.
- Jennings I., *Magna Carta and its influence in the world today*, H.M. Stationery Office, 1965.
- Jones Ph., *The Italian City-State. From "Comune" to "Signoria"*, Oxford 1997.
- Jordan E., *Les origines de la domination angevine en Italie*, Paris 1909.
- Kamp N., *Andrea di Cicala*, in: *Dizionario Biografico degli Italiani*, Roma 1981, 25, pp.290-93.
- Kamp N., *Paolo di Cicala*, in: *Dizionario Biografico degli Italiani*, Roma 1981, 25, pp.318-20.
- Kamp N., *Costanza d'Aragona*, in: *Dizionario Biografico degli Italiani*, Roma 1984, 30, pp.356-59.
- Kamp N., *Der Episkopat und die Monarchie im staufischen Königreich Sizilien*, in: 《Quellen und Forschungen aus italienischen Archiven und Bibliotheken》, 64, 1984, pp.84-115.
- Kamp N., *Morra Heinrich v.*, in: *Lexikon des Mittelalters*, Ⅵ, 1993, col.845.
- Kamp N., *Fasanella (Matteo, Pandolfo, Riccardo, Tommaso)*, in: *Dizionario Biografico degli Italiani*, Roma 1995, 45, pp.194-204.
- Kamp N., *Moneta regis Königliche Münzstätten und königliche Münzpolitik in der Stauferzeit*, Hannover 2006.
- Kantorowicz E., *Kaiser Friedrich der Zweite*, Berlin 1927.
- Kedar B.Z. - Kohlberg E., *The Intercultural Career of Theodore of Antioch*, in: 《Mediterranean Historical Review》, 10, 1995, pp.164-76.
- Kennan E., *Innocent III and the first political crusade: a comment on the limitations of papal power*, in: 《Traditio》, XXⅦ, 1971.
- Kington T.L., *History of Frederick the Second, Emperor of the Romans*, voll.1-2, Cambridge, London 1862.
- Kisch G., *The Jews of Medieval Germany*, New York 1970.
- Kluger H., *Hochmeister Hermann von Salza und Kaiser Friedrich II. Ein Beitrag zur Frühgeschichte des deutschen Ordens*, Marburg 1987.
- Koch A., *Hermann von Salza, Meister des deutschen Ordens*, Leipzig 1884.

- Kölzer Th., *Costanza d' Altavilla*, in: *Dizionario Biografico degli Italiani*, Roma 1984, 30, pp.346-56.
- Kölzer Th., *Magna imperialis curia. Die Zentralverwaltung im Königreich Sizilien unter Friedrich II.*, in: 《Historisches Jahrbuch》, 114, 1994, pp.287-311.
- Kowalski H., *Zu den Münzbildnissen Friedrichs II. von Hohenstaufen*, in: 《Schriftenreihe der Numismatischen Gesellschaft》, 25, 1985, pp.55-68.
- Langley E.F., *The Poetry of Giacomo da Lentini, Sicilian poet of the thirteenth century*, Cambridge (Mass.) 1915.
- Laudage J., *Friedrich Barbarossa. Eine Biographie*, Pustet, Regensburg 2009.
- Le Goff J., *Saint Louis*, Éditions Gallimard, Paris 1996.
- Le Goff J., *Saint François d'Assise*, Éditions Gallimard, Paris 1999.
- Lejeune P., *Walter von Palearia*, Bonn 1906.
- [Leonardo Pisano (Fibonacci)], *Scritti di Leonardo Pisano*, B. Boncompagni (ed.), Roma 1857-62, 2 voll..
- Levi G., *Il cardinale Ottaviano degli Ubaldini*, in: 《Archivio Deputazione Romana di Storia Patria》, 14, 1891.
- Licinio R., *Le masserie regie in Puglia nel secolo XIII. Ambienti, attrezzi e tecniche*, in: 《Quaderni medievali》, 2, 1976, pp.73-111.
- Licinio R., *Uomini e terre nella Puglia medievale. Dagli Svevi agli Aragonesi*, Bari 1983.
- Licinio R., *Castelli medievali. Puglia e Basilicata: dai Normanni a Federico II e Carlo I d'Angiò*, Bari 1994.
- Licinio R. (ed.), *Castel del Monte e il sistema castellare nella Puglia di Federico II*, Modugno 2001.
- Lorck A., *Hermann von Salza: sein Itinerar.* 1880 (reprint: Bad Langensalza 2005).
- Lorenzo Valla, *La falsa donazione di Costantino*, Olga Pugliese (ed.), Biblioteca Universale Rizzoli, Ⅱ ed., Milano 2001 (Ⅰ edition: Milano 1994).
- Lotharii Cardinalis (Innocentii Ⅲ), *De miseria humanae conditionis*, M. Maccarone (ed.), Lucca 1955.
- Lothmann J., *Erzbischof Engelbert I. von Köln (1216-1225). Graf von Berg, Erzbischof und Herzog, Reichsverweser*, Köln 1993.
- Maccarone M. (ed.), *Chiesa e Stato nella dottrina di papa Innocenzo III*, Ateneo lateranense, Roma 1941.
- Maffei D., *Un'epitome in volgare del "Liber Augustalis"*, Editori Laterza, Bari 1995.
- Magaletta G., *Musica e poesia alla corte di Federico II di Svevia*, Foggia 1989.

- Maissoneuve H., *Études sur les origines de l'inquisition*, Paris 1960.
- Maleczek W., *La propaganda antiimperiale nell'Italia federiciana: l'attività dei legati papali, in: Federico II e le città italiane*, P. Toubert – A. Paravicini Bagliani (ed.), Palermo 1994, pp.290-303.
- Manfroni C., *Storia della marina ital. dalle invasioni barbariche al trattato di Ninfeo*, Livorno 1899.
- Manselli D. (ed.), *Eretici e ribelli del XIII e XIV secolo*, Pistoia 1974.
- Manselli R., *Ezzelino da Romano nella politica italiana del sec. XIII*, in: 《Studi ezzeliniani. Studi storici》, 45-47, 1963, pp.35-79.
- Manselli R., *La corte di Federico II e Michele Scoto*, in: *L'Averroismo in Italia*. Atti del Convegno internazionale di Roma, 18-20 aprile 1977, Roma 1979, pp.63-80.
- Marçais G., *L'architecture musulmane d'Occident*, Paris 1954.
- Marongiù A., *Le "Curie Generali" del Regno di Sicilia sotto gli Svevi, 1194-1266*, Roma 1949.
- Marongiù A., *Uno 《stato modello》 nel medioevo italiano: Il regno normanno-svevo di Sicilia*, in: "Critica storica", 1963.
- Martin J.M., *Le città demaniali*, in: *Federico II e le città italiane*, P. Toubert – A. Paravicini Bagliani (ed.), Palermo 1994, pp.179-95.
- Martin J.M. - Cuozzo E., *Federico II. Le tre capitali del regno: Palermo-Foggia-Napoli*, Generoso Procaccini, Napoli 1995.
- Matthew Paris (or Matther the Parisian), *Matthaei Parisiensis monachi S. Albani, Chronica Maiora*, H.R. Luard (ed.), 7 voll., London 1872-83.
- Maurici F., *L'emirato sulle montagne. Note per una storia della resistenza musulmana in Sicilia nell'età di Federico II*, Palermo 1987.
- Mayer H.E., *Das Pontifikale von Tyrus und die Krönung der lateinischen Könige von Jerusalem*, in: 《Dumbarton Oak Papers》, 21, 1967, pp.141-232.
- Mazzoleni J., *La registrazione dei documenti delle cancellerie meridionali dall'epoca sveva all'epoca viceregnale*, Napoli 1971, vol. I.
- Mc Vaughn M., *Medical Knowledge at the Time of Frederick II*, in: 《Micrologus》, 2, 1994, pp.3-17.
- Mehren A.F., *Correspondance du Philosophie soufi Ubn Sab'in abd Oul-Haqq avec l'empereur Frédéric II de Hohenstaufen publiéé d'après le manuscrit de la bibliothèque Bodléienne contenant l' analyse générale de cette correspondance et la traduction du quatrième traité sur l'immortalité de l' âme*, in: "Journal asiatique", 7iéme série, tome XIV, Paris 1879.
- Meier H. - Welcker, *Das Militärwesen Kaiser Friedrichs II.*, in: 《Militärgeschichtliche

Mitteilungen», 17, 1975, pp.9-48.

- Melloni A., *Innocenzo IV. La concezione e l'esperienza della cristianità come "regimen unius personae"*, Genova 1990.
- Meriggi A., *Federico d' Antiochia, vicario imperiale in Toscana*, in: Federiciana, Treccani, Roma 2005.
- Merkel C., *L' opinione dei contemporanei sull'impresa italiana di Carlo d' Angiò*, Atti Acc. Lincei, 1889.
- Minieri Riccio C., *Alcuni studi storici intorno a Manfredi e Corradino della imperiale casa di Hohenstaufen*, Napoli 1850.
- Minieri Riccio C., *I notamenti di Matteo Spinelli da Giovenazzo*, Napoli 1870.
- Mola S., *La Cattedrale di Trani*, Mario Adda Editore, Bari 1996.
- Mola S., *Itinerario federiciano in Puglia. Sulle tracce dell'imperatore*, reprint, Mario Adda Editore, Bari 2003.
- Momigliano E., *Gli Svevi*, Milano 1968.
- Monaco G., *L'uccisore di Corradino. La spietata ferocia dei due angioini Carlo I e Carlo II documentata dal loro epistolario*, Napoli 1968.
- Monti G.M., *Per la storia dell'Università di Napoli*, Napoli 1924.
- Monti G.M., *Pier della Vigna e le Costituzioni del 1231*, Bari 1930.
- Morghen R., *Il tramonto della potenza sveva in Italia: 1250-1266*, Roma 1936.
- Morpurgo P., *Philosophia naturalis at the Court of Frederick II: From the Theological Method to the "ratio secundum physicam" in Michael Scot's De anima'*, in: *Intellectual Life at the Court of Frederich II Hohenstaufen*, W. Tronzo (ed.), Yale 1994, pp.241-48.
- Neuenschwander E., *Leonardo Fibonacci*, in: *Lexicon des Mittelalters*, V. 1991, coll.1893.
- Nicolai de Jamsilla [Nicolò di Jamsilla], *Historia de rebus gestis Frederici II imperatoris eiusque filiorum Conradi et Manfredi Apuliae et Siciliae regum*, G. Del Re (ed.), in: *Cronisti e scrittori sincroni napoletani editi e inediti*, G. Del Re (ed.), Napoli 1868, II, pp.101-200.
- Nörr K. W., *Institutional Foundations of the New Jurisprudence*, in: *Renaissance and Renewal in the Twelfth Century*, R. L. Benson – G. Constable (ed.), Oxford 1985, pp.324-38.
- Norwich J.J., *The Normans in the South (1016-1130)*, Longmans, Green and Co. Ltd Publishers, London 1967.
- Norwich J.J., *The Kingdom in the Sun (1130-1194)*, Longmans, Green and Co. Ltd Publishers, London 1970.
- Orioli R., *Eresia e ghibellinismo*, in: *Federico II e le città italiane*, P. Toubert – A. Paravicini

Bagliani (ed.), Palermo 1994, pp.420-431.

- Ostrogorsky G., *Geschichte des Byzantinischen Staates*, München 1965.
- Palumbo P.F., *La fondazione di Manfredonia*, in: 《Archivio Storico Pugliese》, 6, 1953.
- Panvini Br., *La scuola poetica siciliana. Le canzoni dei rimatori nativi di Sicilia*, I–II, Firenze 1954-58.
- Paolucci G., *Le Finanze e la corte di Federico* II *di Svevia*, in: *Atti della R. Accademia di Palermo*, ser. III, tom.7, Palermo 1904.
- Parisio N., *Giovanni da Procida, cancelliere del Regno*, in: 《Archivio Storico Gentilizio Napoletano》, 1, 1894.
- Partner P., *The Lands of St. Peter*, London 1972.
- Pepe G., *Taddeo da Sessa e la politica religiosa di Federico II*, in: 《Civiltà moderna. Rassegna di critica storica》, 3, 1931.
- Percivaldi E., *I Lombardi che fecero l'impresa. La Lega Lombarda e il Barbarossa tra storia e leggenda*, Ancora Editrice, Milano, 2009.
- Petersohn J., *Heinrich Raspe und die Apostelhäupter oder: Die Kosten der Rompolitik Kaiser Friedrichs II.*, Franz Steiner Verlag, Stuttgart 2002.
- Piazzoni A. M., *Storia delle elezioni pontificie*, Casale Monferrato (AL), Edizioni Piemme S.p.A., 2005.
- Piccinni G., *Il Medioevo*, Milano 2004.
- Pirenne H., *Histoire économique et sociale du Moyen Age*, Presses Universitaires de France, 1963.
- Pispisa E., *Niccolò di Jamsilla, un intellettuale alla corte di Manfrdi*, Messina 1984.
- Pispisa E., *Il Regno di Manfredi*, Messina 1991.
- Porsia F., *Indirizzi della tecnica e delle scienze in età federiciana*, in: 《Archivio Storico Pugliese》. 31, 1978.
- Powell J.M., *The Liber Augustalis or Constitutions of Melfi promulgated by the Emperor Frederick II for the Kingdom of Sicily in 1231*, Siracuse (N.Y.) 1971.
- Prodi P., *Il sacramento del potere: il giuramento politico nella storia costituzionale dell'Occidente*, Bologna 1992.
- Pryor J.H., *The Crusade of Emperor Frederick II, 1220-29: The Implications of the Maritime Evidence*, in: 《The American Neptune》, 52, 1992, pp.113-32.
- Pybus H. J., *The Emperor Frederick II and the Sicilian Church*, in: 《Cambridge Historical Journal》, III, 1929-30, pp.134-63.

- Raccagni G., *The Lombard League, 1167-1225* (Oxford, 2010).
- Raffiotta G., *Alcuni saggi della politica fiscale di Federico II in Sicilia*, in: 《Archivio della facoltà di economia e commercio dell' Università di Palermo》, 7, 1953.
- Rashed R., *Fibonacci et les mathématiques arabes*, in: 《Micrologus》, 2, 1994, pp.145-60.
- Renouard Y., *Les Villes d'Italie de la fin du Xe siècle au début du XIV e siècle*, Nouvelle édition par Ph. Braunstein, 1975.
- Riccardo di San Germano, *La Cronaca*, translated by Giuseppe Sperduti, Cassino 1999.
- Ries R., *Regesten der Kaiserin Constanze, Königin von Sizilien. Germahlin Heinrichs VI.*, in: 《Quellen und Forschungen aus italienischen Archiven und Bibliotheken》, 18, 1926, pp.30-100.
- Rodenberg C., *Die Friedensverhandlungen zwischen Friedrich II. und Innozenz IV. 1243-44*, in: *Festgabe F. G. Meyer von Knonau*, Zürich 1913.
- Rolandino da Padova, *Vita e morte di Ezzelino da Romano*, F. Fiorese (ed.), Fondazione Valla, Milano 2004.
- Ronzi A., *Re Manfredi*, Siracusa 1883.
- Rossi G., *Gualtieri da Ocra, Gran Cancelliere del Regno di Sicilia sotto Federico II, Corrado IV e Manfredi*, Napoli 1829.
- Rossini G., *Federico II e l'assedio di Faenza*, in: *Atti e memorie Deputazione Storia Patria per le provincie dell'Emilia*, 6 (1941), Bologna 1941.
- Runciman S., *Geschichte der Kreuzzüge*, München 1957-60, 3 voll..
- Runciman S., T*he Sicilian Vespers; a history of Mediterranean world in the later thirteenth century*, Cambridge 1958.
- Russo R., *Federico II legislatore*, II edition, Editrice Rotas, Barletta 1997 (I edition: Barletta 1996).
- Russo R., *Federico II. Cronaca della vita di un imperatore e della sua discendenza*, V edition, Editrice Rotas, Barletta 2006 (I edition: Barletta 1994).
- Russo R., *Federico II. Album della vita*, Editrice Rotas, Barletta 2007 (I edition: Barletta 2004).
- Ruta C., *Federico II e la Sicilia, Fonti. Storiografie a confronto*, Promolibri, Palermo 2007.
- Sacchetti F., *Il Trecentonovelle*, E. Faccioli (ed.), Giulio Einaudi editore, Torino 1970.
- Salimbene de Adam, *Cronaca*, translated by Giuseppe Tonna, Reggio Emilia 2006.
- Santangelo S., *Re Enzo prigioniero e poeta*, in: *Atti delle Giornate Federiciane*, Palermo: dicembre 1950 – Palermo 1952.
- Santini G., *Giuristi e collaboratori di Federico II*, in: *Atti delle Terze Giornate Federiciane*, Oria: ottobre 1974 – Bari 1977.

- Savagnone F. G., *I compilatori delle "Constitutiones" di Federico II*, in: 《Archivio Storico Siciliano》, 46, 1925.
- Sbriccoli M., *Crimen laesae maiestatis. Il problema del reato politico alle soglie della scienza penalistica moderna*, Milano 1974.
- Scandone F., *Margherita di Svevia, figlia naturale di Federico II, contessa di Acerra*, in: 《Archivio Storico Provincie Napoletane》, 31, 1906.
- Schaller H.M., *Politische Propaganda Kaiser Friedrichs II. und seiner Gegner.*, Germering b. München 1965.
- Schaller H.M., *Della Vigna, Pietro*, in: *Dizionario Biografico degli Italiani*, Roma 1989, 37, pp.776-84.
- Schipa M., *Sicilia e Italia sotto Federico II*, Napoli 1929.
- Schmidinger H., *Gregor von Montelongo*, in: *Lexicon des Mittelalters*, IV, 1989, coll.1675 sg..
- Schminck C.U., *Crimen laesae maiestatis. Das politische Strafrecht Siziliens nach den Assinen von Ariano (1140) und den Konstitutionen von Melfi (1231)*, Aalen 1970.
- Settia A., *Comuni in guerra. Armi ed eserciti nell'Italia delle città*, Bologna 1965.
- Settia A., *Rapine, assedi e battaglie: la guerra nel medioevo*, Roma-Bari 2002.
- Siberry E., *Criticism of Crusading 1095-1274*, Oxford 1985.
- Simeoni L., *Note sulla formazione della seconda Lega Lombarda*, in: *L. Simeoni, Studi su Verona nel Medioevo*, IV, Verona 1962, pp.281-353.
- Simonde de Sismondi J.C.L., *Histoire des Républiques Italiennes du Moyen Age*, 1968.
- Smith D.M., *A History of Sicily: Medieval Sicily (800-1713), Moderno Sicily (after 1713)*, Chatto & Windus, London 1968.
- Sommerlechner A., *Stupor mundi? Kaiser Friedrich II. und die mitteralterliche Geschichtsschreibung*, Wien 1999.
- Sorio B., *Due Lettere: Missiva di Federico II (1857)*, Kessinger Publishing, 2010.
- Sperle C., *König Enzo von Sardinien und Friedrich von Antiochia*, Frankfurt a.M. 2001.
- Steinen W. von den, *Staatsbriefe Kaiser Friedrichs des Zweiten*, Breslau 1923.
- Sthamer E., *Die vatikanischen Handschriften der Konstitutionen Friedrichs II. für das Königreich Sizilien*, in: *Papsttum und Kaisertum, Paul Kehr dargebracht*, München 1926, pp.508-525.
- Stürner W., *Rerum necessitas und divina provisio. Zur Interpretation des Prooemiums der Konstitutionen von Melfi (1231)*, in: 《Deutsches Archiv für Erforschung des Mittelalters》, 39, 1983, pp.467-554.

- Stürner W., *Hagenau*, in: *Federico II. Enciclopedia Fridericiana,* I, p.811.
- Stürner W., *Magonza (1235), Pace di*, in: *Federico II. Enciclopedia Fridericiana*, II, pp.254-60.
- Stürner W., *Friedrich II, 1194-1250*, WBG (Wissenschaftliche Buchgesellschaft), Darmstadt 2009.
- Sudhoff K., Zum *'Regimen Sanitatis Salernitatum'*, in: 《Sudhoffs Archiv für Geschichte der Medizin》, 12, 1920, pp.149-80.
- Summo G., *Gli Ebrei in Puglia dall' XI al XVI secolo*, Bari 1939.
- Tabacco G., *La relazione fra i concetti di potere temporale e potere spirituale nella tradizione cristiana sino al secolo XIV*, Torino 1950.
- Tabacco G., *Ghibellinismo e lotte di partito nella vita comunale italiana*, in: F*ederico II e le città italiane*, P. Toubert – A. Paravicini Bagliani (ed.). Palermo 1994, pp.335-343.
- 다카야마 히로시(高山博) 모든 저작
- Tardioli F., *Le Costituzioni di Melfi di Federico II*, Roma 1985.
- Tavolaro A., *Elementi di astronomia nella architettura di Castel del Monte*, Bari 1974-1991.
- Tenckoff F., *Der Kampf der Hohenstaufen um die Mark Ancona und das Herzogtum Spoleto von der zweiten Exkommunikation Friedrichs II., bis zum Tode Konradins*, Diss., Münster 1893.
- Theiner A., *Codex diplomaticus dominii temporalis S. Sedis*, Roma 1861-62, 3 voll..
- Thorau P., *König Heinrich (VII.), das Reich und die Territorien. Untersuchungen zur Phase der Minderjährigkeit und der "Regentschafen" Erzbishof Engelberts I. von Köln und Herzog Ludwigs* Ⅰ*. von Bayern (1211) 1220-1228*, Berlin 1998.
- Thorndike L., *Sanitation Baths and Street-Cleaning in the Middle Ages and Renaissance*, in: 《Speculum》, 3, 1928, pp.192-203.
- Thorndike L., *Michael Scot*, London-Edinburg 1965.
- Thouzellier C., *Catharisme et Valdéisme en Languedoc à la fin du XIIe et au début du XIIIe siècle*, Louvain-Paris 1969.
- Tjerneld H., *Moamin et Ghatrif. Traités de fauconnerie et des chiens de chasse. Édition princeps de la version franco-italienne*, Stockholm-Paris 1945.
- Toomaspoeg K., *La politica fiscale di Federico II*, in: *Federico II nel Regno di Sicilia. Realtà locali ed aspirazioni universali*, H. Houben – G. Vogeler (ed.), Bari 2008, pp.231-47.
- Topsfield L. T., *Troubadours and Love*, Cambridge 1975.
- Travaini L., *Federico II mutator monetae: continuità e innovazione nella politica monetaria (1220-1250)*, in: *Friedrichs II.* Tagung des Deutschen Historischen Instituts in Rom im Gedenkjahr 1994, A. Esch – N. Kamp (ed.), Tübingen 1996, pp.339-62.

- Trombetti Budriesi A.L., Il 《*Liber Augustalis*》 *di Federico II di Svevia nella storiografia*, Bologna 1987.
- Udovich A.L., *I Musulmani e gli Ebrei nel mondo di Federico II: linee di demarcazione e di comunicazione*, in: *Federico II e il mondo mediterraneo*, P. Toubert – A. Paravicini Bagliani (ed.), Palermo 1994, pp.191-213.
- Van Cleve Th. C., *Markwald Anweiler and the Sicilian Regency*, Princeton 1937.
- Van Cleve Th. C., *The Emperor Frederick II of Hohenstaufen, Immutator Mundi*, Oxford 1972.
- Verger J., *Istituzioni e sapere nel XIII secolo*, Milano 1991.
- Verger J., *La politica universitaria di Federico II nel contesto europeo*, in: *Federico II e le città italiane*, P. Toubert – A. Paravicini Bagliani (ed.), Palermo 1994, pp.129-43.
- Villani G.M.F., *Croniche*, vol. I, Tipografia del Lloyd Austriaco, Trieste 1857.
- Villani F., *Foggia al tempo degli Hohenstaufen e degli Angioini*, Trani 1894.
- Vogel K., *Leonardo Fibonacci*, in: *Dictionary of Scientific Biography*, New York 1971, IV, pp.604-13.
- Voltmer E., *Personaggi intorno all' Imperatore: consiglieri e militari, collaboratori e nemici di Federico II*, in: *Atti del Convegno su Politica e Cultura nell'Italia di Federico II*, Pisa 1986.
- Voltmer E., *Federico d' Antiochia*, in: *Dizionario Biografico degli Italiani*, Roma 1995, 45, pp.663-68.
- Waldburg-Wolfegg H.G., *Vom Südreich der Hohenstaufen*, München 1954 (Ⅲ edition: 1960).
- Waley D., *The Papal State in the Thirteenth Century*, London 1961.
- Waley D., *Die italianischen Stadtstaaten*, München 1969.
- Watt W.M., *Muslim-Christian Encounters: Perceptions and Misperceptions*, London 1991.
- Weber H., *Der Kampf zwischen Papst Innozenz IV. und Kaiser Friedrich II. bis zur Flucht des Papstes nach Lyon*, Berlin 1900.
- Weiler B., *Henry III of England and the Staufen Empire*, 1216-1272, Woodbridge 2006.
- Wenck K., *Die heilige Elisabet von Thüringen*, in: 《Historische Zeitschrift》, 69, 1982.
- Werner M., *Prälatenschulden und home Politik im 13. Jahrhundert. Die Verschuldung der Kölner Erzbischöfe bei italienischen Bankiers und ihre politisichen Implikationen*, in: *Köln. Stadt und Bistum in Kirche und Reich des Mittelalters. Fs. für O. Engels*, Köln 1993, pp.511-70.
- Wesener G., *De actionibus inter Innocentium papam et Fridericum II anno 1243/44 et Concilio Lugdunnensi*, Bonn 1870.
- Wiegler P., *The Infidel Emperor*, London 1930.

- Willemsen C.A., *Die Falkenjagd*, Leipzig 1943.
- Willemsen C.A., *Apulien: Kathedral und Kastellen*, DuMont Reiseführer, Köln 1973.
- Winkelmann E., *Zu den Regestes der Päpste Honorius III., Gregor IX., Coelestin IV. und Innozenz IV.*, in: "Forschungen zur Deutschen Geschichte", 10, 1870, pp.247-271.
- Winkelmann E., *Zur Geschichte Kaiser Friedrichs II. in den Jahren 1239 bis 1241*, in: "Forschungen zur Deutschen Geschichte", 12, 1872, pp.261-294, 521-566.
- Winkelmann E., *Philipp von Schwaben und Otto IV. von Braunschweig*, 1.Bd., *König Philipp von Schwaben*, 1197-1208, Leipzig 1873. Neudruck Darmstadt 1963.
- Wolf G., *Die Testamente Kaiser Friedrichs II.*, in: "Zeitschrift der Savigny-Stiftung für Rechtsgeschichte", 79, 1962, pp.314 e sgg.
- Zahlten J., *Medizinische Vorstellungen im Falkenbuch Kaiser Friedrichs II.*, in: 《Sudhoffs Archiv》, 54, 1970, pp.49-103.
- Zazo A., *La battaglia del 26 febbraio 1266*, in: 《Saggi Biblioteca di Benevento》, 1, 1968.
- Zecchino O., *Le Assise di Ruggero II. Problemi di storia delle fonti e di dirtto penale*, Napoli 1980.
- Ziegler J., *The Beginning of Medieval Physiognomy: The Case of Michael Scotus*, in: *Kulturtransfer und Hofgesellschaft im Mittelalter. Wissenskultur am sizilianischen und kastilischen Hof im 13. Jahrhundert*, G. Grebner – J. Fried (ed.), Berlin 2008, pp.299-319.
- Zorzi A., *La giustizia imperiale nell'Italia communale*, in: *Federico II e le città italiane*, P. Toubert – A. Paravicini Bagliani (ed.), Palermo 1994, pp.85-103.
- Zweig F., *Puer Apuliae*, Esslingen 1949.

황제 프리드리히 2세의 생애(하)

초판1쇄 인쇄 2021년 6월 9일
초판1쇄 발행 2021년 6월 21일

지은이 시오노 나나미
옮긴이 민경욱

발행인 조인원
편집장 신수경
편집 김민경 김혜연 양승찬
디자인 디자인 봄에
마케팅 안영배 신지애
제작 주진만

발행처 (주)서울문화사
등록일 1988년 12월 16일 | 등록번호 제2-484호
주소 서울시 용산구 한강대로43길 5 (우)04376
편집문의 02-799-9346
구입문의 02-791-0762
이메일 book@seoulmedia.co.kr

ISBN 979-11-6438-968-1 (04920)
ISBN 979-11-6438-966-7 (세트)

• 책값은 뒤표지에 있습니다.
• 잘못된 책은 구입처에서 교환해 드립니다.